JOEL OSTEEN

¡DÉ EL SALTO!

OTROS LIBROS POR JOEL OSTEEN EN ESPAÑOL

Yo declaro

Cada día es viernes

Lecturas diarias tomadas de Cada día es viernes

Su mejor vida ahora

Lecturas diarias tomadas de Su mejor vida ahora

Su mejor vida ahora: Guía de estudio

Su mejor vida ahora: Diario de oración y reflexión

JOEL OSTEEN

¡DÉ EL SALTO!

CINCO CLAVES PARA SUPERAR LAS BARRERAS
Y VIVIR UNA VIDA EXTRAORDINARIA

Faith
Words

New York Boston Nashville

FaithWords
Hachette Book Group
237 Park Avenue
New York, NY 10017

www.faithwords.com

Impreso en los Estados Unidos de América

RRD-C (dividido)

Primera edición: octubre 2013
10 9 8 7 6 5 4 3 2 1

FaithWords es una división de Hachette Book Group, Inc.
El nombre y el logotipo de FaithWords es una marca
registrada de Hachette Book Group, Inc.

El Hachette Speakers Bureau ofrece una amplia gama de autores
para eventos y charlas. Para más información, vaya a
www.hachettespeakersbureau.com o llame al (866) 376-6591.

International Standard Book Number: 978-0-89296-971-5

ÍNDICE

PARTE I
Crea en grande

CAPÍTULO UNO
Prepárese para un cambio   2

CAPÍTULO DOS
Llega una inundación   13

CAPÍTULO TRES
Más lejos más rápido   26

CAPÍTULO CUATRO
Bendiciones explosivas   38

CAPÍTULO CINCO
Aumente su capacidad de recibir   48

PARTE II
Considere a Dios, no las circunstancias

CAPÍTULO SEIS
Fe inconmovible   58

CAPÍTULO SIETE
Tenga confianza en lo que tiene   70

CAPÍTULO OCHO
Sí está en su futuro   78

CAPÍTULO NUEVE
Dios está preparando el camino para la victoria   85

CAPÍTULO DIEZ
La bondadosa mano de Dios   92

PARTE III
Haga oraciones del tamaño de Dios

CAPÍTULO ONCE
Haga oraciones del tamaño de Dios   104

CAPÍTULO DOCE
Recuérdele a Dios lo que Él dijo   116

CAPÍTULO TRECE
El poder de creer 126

CAPÍTULO CATORCE
Tenga una fe poco común 136

PARTE IV
Mantenga la perspectiva correcta

CAPÍTULO QUINCE
Mantenga la perspectiva correcta 142

CAPÍTULO DIECISÉIS
Permanezca en el partido 150

CAPÍTULO DIECISIETE
Su segundo viento está de camino 160

CAPÍTULO DIECIOCHO
El Dios que cierra puertas 169

CAPÍTULO DIECINUEVE
Dios tiene el control de la tormenta 179

PARTE V
No se conforme con lo bastante bueno

CAPÍTULO VEINTE
No se conforme con lo bastante bueno 190

CAPÍTULO VEINTIUNO
Es usted incontenible 199

CAPÍTULO VIÉNTIDÓS
Desarrolle su perla 209

CAPÍTULO VEINTITRÉS
Sobrepóngase a ello 218

CAPÍTULO VEINTICUATRO
Ponga acciones detrás de su fe 228

CAPÍTULO VEINTICINCO
Dios terminará lo que Él comenzó 237

Usted nos importa 245

PARTE
I

Crea en grande

CAPÍTULO UNO

Prepárese para un cambio

Estaba yo en una larga fila para montarme en una popular atracción en un parque de diversión con nuestros dos hijos, Jonathan y Alexandra, hace años. Al principio, todo el mundo estaba en una única fila, pero a medida que nos acercábamos a la atracción entramos en una pequeña habitación de unos seis metros cuadrados. Nosotros éramos los primeros que estábamos dentro, y caminamos hacia las puertas. Mientras estábamos allí tan emocionados, sabiendo que podríamos escoger los mejores asientos, otras personas comenzaron a agolparse a nuestras espaldas. Yo intenté educadamente mantener nuestras posiciones en la parte frontal, pero algunos adolescentes astutamente se las arreglaron para ponerse por delante de nosotros. Después unos cuantos más, y después más, y más.

Terminamos siendo desplazados hasta la parte trasera de la sala, precisamente por donde habíamos entrado en primer lugar. Intenté que aquello no me molestase. Después de todo, estábamos allí para divertirnos. Una joven ayudante salió y se situó delante de las puertas frontales. Saludó a todos y dijo que estábamos a punto de subirnos a la atracción. Nos dio instrucciones para continuar.

Entonces dijo: "Muy bien, estamos listos. Ahora, dense la vuelta y salgan por las mismas puertas por donde entraron". Eso era precisamente donde nosotros estábamos. De repente, ¡los últimos fueron los primeros!

Del mismo modo, lo único que Dios tiene que hacer es cambiar la dirección, y usted pasará de atrás hacia adelante. Un toque de su favor puede ponerle cincuenta años por delante de donde usted pensaba que estaría. Puede que tenga un puesto bajo en la oficina pero sigue usted adelante, haciendo lo mejor posible, honrando a Dios, y de repente las cosas pueden cambiar. Un buen avance, una idea, una persona a la que usted le caiga bien, y levanta su vista y se encuentra en un puesto elevado. Usted no lo vio venir. Las cosas sencillamente encajaron en su lugar.

¿Qué sucedió? Usted entró en un cambio. Dios puede hacer que la oportunidad se encuentre con usted. Él tiene bendiciones inesperadas, cuando usted de repente conoce a la persona correcta, o repentinamente su salud mejora, o de repente puede pagar por completo su casa. Eso es Dios que cambia las cosas a su favor. Lo que solía ser una batalla, ahora ya no lo es. Lo que debería haber tomado años, sucede en una fracción del tiempo. Puede que usted sienta que en este momento está atascado. Nunca pudo lograr un sueño, nunca pudo vencer un problema. Sencillamente ha pasado demasiado tiempo. Ha perdido usted demasiadas oportunidades. Pero Dios está diciendo: "Prepárate. Estoy a punto de cambiar las cosas". Se abrirán puertas para usted que no se abrieron en el pasado. Quienes estaban en contra de usted, de repente cambiarán de opinión y estarán a su favor. Problemas que le han abatido durante años de repente cambiarán. Usted está entrando a un cambio. Debido a que ha honrado a Dios, Él le pondrá en una posición que nunca podría haber obtenido por sí solo. No es simplemente su educación, no es su talento, ni la familia de donde procede. Es la mano de Dios que le está cambiando hacia un nuevo nivel de su destino.

A veces usted necesita que se declaren fe y victoria sobre su vida. Las palabras tienen poder creativo. Cuando las recibe en su espíritu, pueden engendrar semillas de aumento en el interior. Esa es la razón de que haya escrito este libro. Usted no fue creado simplemente para arreglárselas en una vida promedio, insatisfactoria e infructuosa. Dios le creó para dejar su marca en esta generación. Usted tiene dones y talentos con los que no ha conectado. Hay nuevos niveles de su destino que aún están delante de usted. Pero dar el salto comienza en su pensamiento. A medida que ponga en acción estas claves, creando espacio para el aumento, esperando cambios del favor de Dios, haciendo oraciones audaces y manteniendo la perspectiva correcta, entonces Dios liberará torrentes de su bondad que le lanzarán por encima de las barreras del pasado hacia la vida extraordinaria que usted fue creado para vivir.

No sólo estoy intentando hacerle sentir bien. Estoy declarando: "Llega un cambio". Un cambio en su salud. Un cambio en sus finanzas. Un cambio en una relación. Puede que no lo parezca en lo natural, pero servimos a un Dios sobrenatural. Él está a punto de soplar en dirección a usted de una manera nueva.

No volverá a ver a los enemigos que usted ha visto en el pasado. Las adicciones y malos hábitos que le retienen están siendo rotos. El favor de Dios está siendo liberado de una manera nueva, y le impulsará hacia adelante. Lo que debería haberle tomado cuarenta años para lograr, Dios lo hará en un segundo.

El cambio es aceleración. El cambio le llevará donde usted no podría haber ido por sí solo. El cambio está venciendo lo que un informe médico dijo que era imposible. El cambio está viendo a ese hijo apartado cambiar de opinión y regresar al curso correcto. El cambio está produciendo su mejor año cuando las circunstancias dicen que usted debería tener un mal año. El cambio es ver a Dios no sólo proveer, sino también hacerlo de manera abundante y rebosante.

Su nueva actitud debería ser: "Dios, estoy preparado. Quito las limitaciones de ti. Extiendo mi visión. Puede que yo no vea un camino, pero sé que tú tienes un camino. Declaro que estoy entrando en un cambio".

Necesita usted comprobar puertas que han estado cerradas en el pasado. Las cosas han cambiado. El sueño que usted tenía de comenzar un nuevo negocio, de regresar a la universidad, de hacer un viaje misionero; puede que no haya sucedido la primera vez, pero está bien. Está preparado para usted esta vez. No abandone. Este es un nuevo día. Las cosas han cambiado. Vuelva a perseguir su sueño.

Cuando Dios sopla en su dirección, personas cambian de opinión. Puertas cerradas se abren de repente. Los *no* se convierten en *sí*. El *no* ahora se convierte en *este es su momento*.

Un gerente de la construcción al que conozco se había quedado sin empleo durante tres años después de haber tenido veinticinco años de trabajo continuo. Había tenido un puesto muy bueno en una exitosa empresa, pero cuando llegó la recesión y la construcción se detuvo, su empresa tuvo que despedirle. Él fue a una entrevista de trabajo tras otra, mes tras mes, sin éxito alguno. Finalmente aceptó un puesto de nivel mucho más bajo en una pequeña ciudad, donde tenía que viajar dos horas cada día. Eso estaba afectando su salud, su matrimonio y sus ahorros. Parecía que su situación laboral nunca cambiaría; pero unos seis meses después, su anterior jefe le llamó y le dijo: "Oye, ¿estás preparado para regresar al trabajo?".

Su antigua empresa había conseguido el mayor contrato de su historia. Él no sólo recuperó su trabajo, sino también todos sus beneficios. Solía tener que viajar por todo el país. Ahora trabaja en la ciudad; además, le aumentaron su salario de manera significativa. Él dijo: "Esto es abundante y rebosante".

¿Qué sucedió? Él entró en un cambio. De repente, las cosas cambiaron a su favor. Una llamada telefónica. Un contrato. Un buen avance. Él pasó de apenas poder arreglarse a tener mucho más que suficiente.

Ahora *usted* necesita prepararse. Esos cambios están en su futuro.

Los israelitas fueron esclavos por muchos años, y eran maltratados por sus captores. Eran obligados a trabajar largas horas y no les daban el descanso ni la comida adecuados. Cuando ellos no cumplían con la cantidad de trabajo requerida, eran golpeados con varas. Era muy injusto; pero un día, mediante una serie de acontecimientos, Dios los liberó sobrenaturalmente. La Escritura dice que cuando ellos se iban, "Dios hizo que tuvieran favor con sus enemigos".

Notemos que Dios *hizo* que tuvieran favor. Las mismas personas que les habían oprimido durante años, los mismos enemigos que los habían aplastado y maltratado, de repente cambiaron de opinión. Dijeron, en realidad: "Hemos decidido que ustedes ahora nos caen bien. Queremos ser buenos con ustedes".

Antes de que se fueran, los captores dieron a los israelitas su oro, plata y joyas. ¿Qué sucedió? Los israelitas entraron en un cambio. Dios cambió la opinión de su enemigo. Proverbios dice que Dios puede cambiar el corazón de un rey. Puede que nosotros no seamos capaces de cambiar la opinión de las personas, pero Dios puede hacerlo. Él controla todo el universo.

Puede que tenga personas así en su vida, alguien a quien usted no cae bien, un jefe con el que es difícil llevarse bien o un familiar que es irrespetuoso. Es fácil llegar a desalentarse y pensar: "Esto siempre será de este modo. Siempre estarán contra mí".

No, permanezca en fe. Dios tiene un cambio que va a llegar. Dios sabe cómo hacer que usted les caiga bien. Dios puede hacer que esas personas le vean bajo una nueva luz. Puede que hayan estado en su contra año tras año, pero cuando Dios cambie las cosas, ellos se esforzarán por hacerle bien. En lugar de obstaculizarle, le ayudarán.

Lo fundamental: Dios no permitirá que ninguna persona evite

que usted llegue a su destino. Puede que ellos sean más grandes, más fuertes o más poderosos, pero Dios sabe cómo cambiar las cosas, darles la vuelta, y hacer que usted esté donde debe estar.

Tengo un amigo que trabajaba para alguien que nunca le cayó bien. A nadie en la empresa le gustaba ese joven supervisor, que era condescendiente y una fuente de frustración año tras año. Al principio, parecía que ese joven podría estar supervisando en aquella empresa durante otros veinte o treinta años. Mi amigo tiene una buena actitud, pero en su interior pensaba: "Soportar a este hombre durante mucho tiempo será un verdadero dolor. No sé si puedo aguantarlo".

Entonces, una mañana llegó al trabajo, y la gerencia convocó una reunión de personal. Les explicaron que la esposa de aquel joven supervisor había sido trasladada a otro estado debido a su trabajo. El supervisor impopular había renunciado aquella mañana.

¡La mitad del personal se puso de rodillas y ofreció una oración de gratitud a Dios! ¿Qué sucedió? Un cambio divino. De repente, Dios cambió las cosas.

Deje de preocuparse por aquellos que intentan retenerle. Dios sabe cómo sacar de su vida a las personas incorrectas y hacer entrar a las personas correctas. Y si incluso Dios no les hace salir, dice en Salmos que usted puede "atravesar ejércitos y saltar muros".

Dios puede hacer que usted pase por encima de ellos, o los rodee, o incluso los atraviese, pero Dios le hará llegar donde debe usted estar. Lo cierto es que está usted a un cambio de ver realizarse un sueño. A un cambio de pagar por completo su casa. A un cambio de ver mejora en su salud. A un cambio de conocer a la persona correcta.

Dice en Isaías que este es el año de Dios para actuar. No el próximo año. No en cinco años. No en la eternidad. Este es el año en que Dios cambiará las cosas a su favor. Él está alineando todo. Lo que usted no podría hacer que sucediera por sí mismo, Dios hará que lo logre. Será mayor de lo que usted pensaba. Sucederá más rápidamente de lo que imaginaba, y será más satisfactorio de lo que nunca pensó que fuera posible.

En Génesis 48 está una historia de Jacob cuando era un hombre viejo y muy cercano a la muerte. Su hijo José llegó a visitarle para despedirse. Él y su padre estaban muy unidos. José era el hijo favorito de

Jacob. Él era el hijo más joven. Puede que le recuerde como el niño a quien Jacob regaló la túnica de muchos colores.

En cierto momento, Jacob creyó que José estaba muerto. El padre estaba muy triste hasta que descubrió que José estaba vivo y vivía en Egipto. Volvieron a reunirse precisamente cuando Jacob estaba a punto de fallecer. José estaba delante de él con sus dos hijos, Manasés y Efraín, nietos de Jacob.

Jacob dijo: "José, bendeciré a tus hijos como si fueran mis propios hijos".

La mano derecha en aquellos tiempos siempre daba la mayor bendición, que pertenecía al hijo primogénito. Esa era la tradición. Por tanto, José puso a su hijo mayor, Manasés, delante de la mano derecha de Jacob, y a su hijo menor, Efraín, delante de la izquierda.

Jacob estaba casi ciego. Cuando fue a dar la bendición, Jacob cruzó sus manos y puso la derecha sobre el hijo menor, Efraín, y la izquierda sobre el hijo mayor, Manasés.

José dijo: "No, papá. No puedes ver. Yo los puse correctamente. Puse a Manasés delante de tu mano derecha. Él lo merece. Dale la mayor bendición".

Entonces Jacob dijo algo muy interesante, que nos da perspectiva con respecto a nuestro Dios. Él dijo: "No, José. He cruzado mis manos a propósito. Efraín puede que haya llegado el segundo, puede que haya estado detrás, puede que no lo merezca. No estaba calificado para ello. No es el siguiente en la línea, pero yo le cambio a una nueva posición. Le llevo desde atrás hacia adelante. Le daré lo que no merece".

Así es nuestro Dios. Él tiene cambios en su futuro que le situarán en posiciones que usted no se ganó, para las que no estaba calificado, y que no estaba en la línea para recibirlas. Quizá usted no tenía la veteranía, pero Dios, al igual que hizo con Efraín, cruzará sus manos y dirá: "Yo te moveré desde atrás hacia delante, de no estar calificado a de repente estar calificado, de ser mirado con desprecio o falta de respeto a ser honrado y visto con influencia y credibilidad".

Cuando usted avanza, algunas personas se molestarán por ello. Pensarán: "Eso no es justo. Yo he trabajado más, tengo más veteranía". Pero el hecho es que sencillamente es la bondad de Dios. Él ha dicho que debido a que usted le ha honrado, Él le daría casas que usted no tuvo que construir, y cosecharía de viñas que usted no plantó.

Es Dios que cruza sus manos, dándole lo que le habría tomado años ganar. Dios le está diciendo lo que Jacob le dijo a Efraín: "Yo te bendeciré a propósito. Te haré avanzar. Aceleraré tus sueños. Te daré lo que no te merecías. Te cambiaré a una posición que nunca podrías haber logrado por ti mismo".

Todos podemos poner excusas: "Joel, esto no es para mí hoy. Yo no estoy calificado. He cometido demasiados errores. No tengo el talento, el tamaño, la personalidad, la confianza".

Dios dice: "Yo sé todo eso. Yo te creé, pero estoy a punto de cruzar mis manos y bendecirte de tal manera que todos sabrán que soy yo, y no tú". Ahora, no se convenza de lo contrario.

Moisés dijo: "Dios, yo no. Tartamudeo. No puedo hablar al faraón".

Dios dijo: "Moisés, no te preocupes por eso. Yo estoy cruzando mis manos. Te doy lo que necesitas".

Gedeón dijo: "Dios, provengo de la familia más pobre. Soy el último por aquí. No puedo dirigir a este ejército".

Dios dijo: "Gedeón, no te preocupes. Estoy cruzando mis manos. Estás entrando en un cambio. Yo te pasaré de detrás hacia adelante".

David podría haber dicho: "Dios, soy demasiado bajito, demasiado joven, demasiado inexperto. Hay todo un ejército de guerreros talentosos, exitosos y confiados que pueden hacer frente a Goliat".

Y Dios habría dicho: "David, yo sé eso. Podría haberles escogido a ellos, pero estoy cruzando mis manos. Te estoy moviendo desde detrás hacia la primera línea, desde el campo de las ovejas al campo de batalla, hasta llegar al trono".

Ester podría haber dicho: "Dios, no puedo entrar ahí y hablar al rey. Él no me escuchará. Yo soy huérfana. No tengo ninguna influencia".

Y Dios habría dicho: "Ester, no te preocupes, te tengo cubierta. Estoy cruzando mis manos. Yo te daré respeto, credibilidad, honor que no te merecías y por el que no trabajaste".

¡Llega un cambio! Sea cual sea el nivel donde usted esté ahora, Dios está a punto de cruzar sus manos y situarle en una posición que nunca podría haber alcanzado por usted mismo. Él le dará lo que usted no estaba en la línea para recibir.

¿Por qué no comienza a experimentar favor sin precedente, creyendo que Dios hará algo nuevo en su vida? Sé que puede decir, al igual que yo, que Dios ha sido bueno con usted. Tiene bendición, salud, y tiene una buena familia y un estupendo trabajo, y todo eso es perfecto. ¡Pero puedo decirle que aún no ha visto nada!

Dios tiene cambios en su futuro que si se los mostrara en este momento, usted no lo creería. Es abundante y rebosante. Usted cree que está marchando con todos los cilindros, pero ¡ojalá supiera lo que Dios tiene preparado! Es como si fuese usted en segunda marcha. Está realizando progreso. Tiene salud. Está avanzando. Pero Dios está a punto de hacerle pasar a tercera, hacerle pasar a cuarta, y llevarle hasta quinta. Usted verá la inmensa grandeza del favor de Dios.

Debido a que ha honrado a Dios y ha vivido con excelencia e integridad, Dios le llevará por encima de su formación, por encima de su educación, por encima de sus ingresos, por encima de donde cualquiera en su familia haya ido antes que usted. Este cambio le situará en un lugar donde mirará atrás y dirá: "Vaya, Dios. Me has sorprendido con tu bondad".

Cuando los israelitas estaban en el desierto dirigiéndose hacia la Tierra Prometida, tenían maná para comer cada día. Era parecido al pan. Después de un tiempo, se cansaron de ello, y se quejaron a Moisés de que no tenían carne para comer. Moisés le habló a Dios sobre lo que ellos querían. Dios dijo: "Moisés, te daré carne no para un día, ni cinco días, ni veinte días, sino para todo un mes".

Moisés dijo: "Dios, eso es imposible. Hay dos millones de personas aquí. Incluso si sacrificásemos todos nuestros rebaños y todos nuestros animales, no tendríamos tanta carne".

Dios respondió: "Moisés, ¿hay algún límite para mi poder?".

Él estaba diciendo: "Sólo porque tú no veas una manera, Moisés, no significa que *yo* no tenga una manera. Lo único que tengo que hacer es cambiar algunas cosas, y puedo hacer que suceda".

Eso fue lo que Dios hizo. Números 11:31 dice: "El Señor desató un viento que trajo codornices del mar y las dejó caer sobre el campamento".

Notemos lo bueno que es Dios con sus hijos. Ellos ni siquiera tuvieron que salir a cazar o pescar. Las codornices llegaron hasta ellos. Ellos se limitaron a salir de sus tiendas y recoger tantas como quisieran.

¿Qué estoy diciendo? Dios sabe cómo cambiar las cosas de modo que lleguen a usted bendiciones. Las personas correctas le buscan. Buenos avances le encuentran.

Tengo un amigo que trabaja para un equipo deportivo profesional. Él no se crió en la iglesia; comenzó a ver nuestro programa y entregó su vida a Cristo. Decidió entrar en una buena iglesia basada en la Biblia. Lo único que poseía era ropa muy casual, camisetas y pantalones vaqueros y zapatillas de deporte. Fue a una iglesia y le aceptaron muy bien, como en la nuestra. No importa qué tipo de ropa vista usted, pero él tenía el deseo de vestir más formalmente para ir a la iglesia. Nunca había tenido antes un traje de chaqueta. Fue al centro comercial y miró algunos trajes diferentes, pero costaban más de lo que él quería gastar. Sin duda, podía permitirse comprarlos, pero sencillamente era muy frugal.

Un día estaba haciendo un recado y se encontró casualmente con un hombre, y entablaron una conversación. Ese hombre se enteró de que en mi amigo trabajaba para el equipo deportivo profesional. El hombre le dijo a mi amigo que le encantaba ir a los partidos del equipo, pero muchos de ellos tenían todas las entradas vendidas y por eso rara vez tenía la oportunidad de poder comprar entradas.

Mi amigo es muy generoso. Le dijo: "Muchas veces yo tengo entradas extra. Le llamaré, y podrá ir usted a un partido".

El hombre asistió a un partido, y después le dio las gracias a mi amigo. Le dijo: "Ha sido tan bueno conmigo que quiero hacer algo bueno por usted. Soy el dueño de una tienda de ropa. Quiero hacerle un traje a medida".

La última vez que hablé con mi amigo, me dijo: "Joel, tengo dieciséis trajes a medida. Todos ellos me los han regalado. Ocho chaquetas, un esmoquin. Mi armario está lleno de ropa formal".

Cuando usted honra a Dios, cuando es bueno con la gente, amable, compasivo y misericordioso, las bendiciones irán a buscarle. Al igual que las codornices, no tendrá usted que salir a buscarlas. Dios cambiará las cosas para hacer que las personas correctas se crucen en su camino. Dios le situará en el lugar correcto en el momento correcto de modo que lleguen a usted provisión y oportunidad.

Zacarías lo dijo de este modo: "No es con fuerza, ni con poder, sino por el Espíritu de Dios". La palabra *espíritu* en hebreo significa "soplo". Es decir que no sucederá solamente por su talento, por las conexiones que usted tenga, por las personas a las que conoce. Sucederá porque

Dios está soplando en su dirección. Dios cambia los vientos y sopla sanidad, ascenso y restauración a nuestro camino.

¿Cómo se pondrá usted bien? ¿Dice el informe médico que eso es imposible? No, Dios está soplando sanidad a su camino. Sanidad y restauración se dirigen hacia usted.

¿Cómo logrará sus sueños? Puede que usted no conozca a las personas correctas, no tenga el dinero o sienta que no tiene el talento. Pero Dios está soplando ideas, recursos y las personas correctas.

Si usted permanece fiel y sigue honrando a Dios, como descubrieron mis amigos, de repente las cosas cambiarán, de repente entrará usted en abundancia, de repente su hijo se enderezará, de repente se pondrá usted bien.

Hace unos años, uno de los fieles miembros de nuestra iglesia sufrió un importante derrame cerebral. Tenía sólo cincuenta y tantos años, pero quedó paralizado de la parte izquierda de su cuerpo. No podía caminar ni hablar, y el pronóstico no era bueno. Le dijeron que con terapia intensa podría recuperar el habla, pero nunca podría volver a caminar.

Durante dos años no tuvo sensibilidad alguna en la parte izquierda de su cuerpo. Estaba en una silla de ruedas y necesitaba cuidado constante. La situación no se veía bien, pero este hombre siguió asistiendo a Lakewood. Él sabía que lo único que Dios tenía que hacer era cambiar los vientos y soplar sanidad y restauración a su camino.

Una mañana se despertó y, de repente, comenzó a tener sensibilidad en el lado izquierdo de su cuerpo. Los médicos, los terapeutas, las enfermeras: estaban todos ellos sorprendidos. No podían entenderlo. Para resumir la historia: unas semanas después, él entró en Lakewood sin ninguna ayuda por primera vez desde que tuvo ese derrame.

Hablaba con claridad, y no tropezaba al caminar. No cojeaba; caminaba como si no hubiera sucedido nada. ¿Qué sucedió? Él entró en un cambio. Dios sopló en su dirección. Lo que él no podía hacer con su propia capacidad, con su propia fuerza, de repente se volvió posible.

Puede que usted haya luchado durante mucho tiempo en cierta área, en su salud, sus finanzas, con una relación, y se siga preguntando: "¿Cambiará esto alguna vez?". Dios está diciendo: "Sí. Llega un cambio. Yo te sacaré de la enfermedad a la salud. Yo te sacaré de la carencia a la abundancia. Yo te sacaré de la lucha a la tranquilidad. Estoy a punto de cruzar mis manos y darte lo que no mereces".

Ahora, necesita usted prepararse. Está entrando en un cambio. Debido a que ha sido fiel y ha honrado a Dios, yo creo y declaro que Dios le pondrá en una posición donde usted nunca podría haber llegado por sí solo. Se abrirán puertas que nunca se abrieron para usted. Lo que debería haberle tomado cuarenta años para lograr, Dios lo hará en un segundo. Está usted acelerando.

De repente, un sueño se hace realidad. De repente, se cumple una promesa. De repente, lo negativo cambia. ¡Necesita usted prepararse para la sobreabundante grandeza del favor de Dios!

CAPÍTULO DOS

Llega una inundación

Estaba yo viendo las noticias en televisión cuando el hombre del tiempo anunció que estábamos bajo una "amenaza de inundación repentina". Eso significa que las condiciones están maduras para posibles inundaciones. El agua podría traspasar sus límites normales y aumentar de tal modo que las alcantarillas y drenajes se vieran sobrepasados.

Al igual que ese meteorólogo, estoy aquí para anunciarle que está usted bajo una advertencia de inundación repentina. Las condiciones son las correctas. Usted ha honrado a Dios. Ha sido fiel. Ha pasado la prueba. Ahora Dios está diciendo: "Está a punto de haber una inundación, pero no con agua. Verás una inundación de mi bondad, una inundación de oportunidad, una inundación de sanidad, una inundación de buenos avances, hacia donde vayas te verás sobrepasado por el favor de Dios. Está por encima de tus expectativas, y te situará en abundancia".

Ahora bien, puede que usted haya experimentado muchas cosas negativas en el pasado: malos avances, desengaños y sufrimiento. Es fácil desalentarse y dejar que eso le sobrepase. Los pensamientos negativos le dirán: "Nunca te pondrás bien. Has visto el informe médico", o: "Nunca llegarás más alto y lograrás tus sueños. Has llegado tan lejos como puedes llegar".

En cambio, necesita usted prepararse. Las cosas han cambiado, y está a punto de entrar en esta inundación repentina en la que de repente conoce usted a la persona correcta, se califica para esa nueva casa, es aceptado en una universidad, es escogido para hacer el papel principal en una nueva serie de televisión, su canción triunfa en la radio, y su carrera despega.

Usted verá la sobreabundante grandeza del favor de Dios, que le llevará por encima de sus límites normales. Sobrepasará lo que el informe médico dice; sobrepasará su propio talento, su educación y su experiencia. Le lanzará a un nivel que usted nunca podría haber alcanzado por sí solo. No será unas cuantas gotas; será una inundación de favor, una inundación de talento, una inundación de ideas, una inundación de oportunidad.

¿Por qué no asimila esto en su espíritu? Una inundación de la bondad de Dios.

En una ocasión, el rey David de la Biblia necesitaba una victoria. Se enfrentaba a una situación imposible. Él y sus hombres estaban frente a un ejército inmenso: los filisteos. Les sobrepasaban en número y tenían poca o ninguna oportunidad de vencer. David pidió ayuda a Dios, y Dios le dio a David la promesa de que Él iría con ellos y derrotarían al ejército contrario. Así que David y sus hombres salieron, y eso fue exactamente lo que sucedió. Dios les dio una gran victoria. David estaba tan abrumado por ello, que dijo en 1 Crónicas 14:11: "Dios rompió mis enemigos por mi mano, como se rompen las aguas".

David llamó el lugar de su gran victoria Baal-perazim, que significa "el Dios que quebranta". Notemos que David asemejó el poder de Dios a las aguas que rompen. En otras palabras, lo describió como una inundación. Estaba diciendo que cuando el Dios que quebranta interviene y libera su poder, será como una inundación de su bondad, una inundación de su favor, una inundación de sanidad, una inundación de nueva oportunidad.

Piense en lo potente que puede ser el agua. Dos o tres metros de agua pueden arrastrar un inmenso vehículo que pese miles de kilos y moverlo por todas partes. He visto en las noticias, en esas grandes inundaciones, casas enteras flotando por un río inundado. Nada puede detener la fuerza de esa agua. Cualquier cosa que haya en su camino es movida de su lugar. Puede que usted tenga dificultades que parecen obstáculos muy grandes e inquebrantables, o sueños que parecen inalcanzables.

Pero debe saber lo siguiente: cuando Dios libera una inundación de su poder, nada será capaz de detenerle. Esa enfermedad puede que parezca grande, pero cuando Dios libera una inundación de sanidad no tiene ninguna oportunidad. Su oposición puede que sea más fuerte, esté mejor financiada, mejor equipada, pero cuando Dios abre las puertas, no será rival para usted.

Puede que usted no tenga las conexiones para lograr su sueño; no conoce a las personas correctas ni tiene los fondos necesarios. Pero cuando Dios libera una inundación de favor, llegarán personas a usted para ayudarle; no tendrá que buscarlas. Buenos avances, oportunidad, las personas correctas: todo eso le buscará a usted.

Necesita prepararse, no para un goteo, no para una corriente, no para un río, sino para una inundación del favor de Dios, una oleada de la bondad de Dios, un tsunami de su aumento. Dios va a llevarle a un nivel donde nunca antes ha estado. No tendrá precedente. Irá usted más lejos, más rápidamente, de lo que nunca soñó.

Dios dijo en Éxodo 34:10: "A la vista de todo tu pueblo haré maravillas que ante ninguna nación del mundo han sido realizadas. El pueblo en medio del cual vives verá las imponentes obras que yo, el Señor, haré por ti". Ahora bien, cuando Dios utiliza la palabra *imponentes*, no está hablando de un goteo, una corriente o un río. Está hablando de una inundación de favor, una inundación de ideas, una inundación de sanidad. Puede que no se vea así en lo natural en este momento, pero recuerde que está usted bajo una advertencia de inundación repentina. En cualquier momento los cielos podrían abrirse. En cualquier momento podría conocer a la persona correcta. En cualquier momento Dios podría hacer algo imponente, algo que usted no ha visto nunca en toda su vida.

La verdadera pregunta es: ¿Permitirá usted que esta semilla eche raíz? Todas las voces le dirán por qué eso no es para usted. "Resulta que estaba leyendo este libro". No, Dios le tiene aquí en el lugar correcto, en el momento correcto, porque quiere hacer algo imponente en su vida. Póngase de acuerdo y diga: "Dios, esto es para mí hoy. Elevo mis expectativas. Me sacudo la duda, la negatividad, los desengaños, la autocompasión, los sueños pequeños y las metas pequeñas, y Dios, haré espacio para una inundación de tu bondad".

Hace un par de años conocí a una señora después de un servicio de la iglesia Lakewood. Ella estaba en la ciudad para recibir tratamiento en MD Anderson, el hospital local para el tratamiento del cáncer. Tenía programado que le extirpasen un tumor, y después la iban a tratar con quimioterapia. Todos sus informes médicos, análisis de sangre y rayos X estaban siendo trasladados desde su hospital en su ciudad natal. Sus médicos en Houston querían volver a realizar todos los análisis y todos los rayos X simplemente para verificarlo todo. Ella ya tenía programada la cirugía cuando el médico le llamó. Después de revisar los nuevos análisis, no podían encontrar el tumor. Estaba muy claro en uno de los rayos X del hospital en su ciudad, pero en el nuevo que le habían hecho en MD Anderson, los doctores no podían verlo por ninguna parte.

Su médico en Houston dijo: "He estado haciendo esto durante veintiséis años, y nunca he visto antes nada parecido a esto".

¿Qué fue aquello? Una inundación de sanidad. Una inundación de restauración. Amigos, Dios puede hacer lo que la medicina no puede hacer. Dios hizo su cuerpo, y le tiene a usted en la palma de su mano. La buena noticia es que Dios tiene la última palabra. Él dijo: "Yo cumpliré el número de tus días". Eso significa que la enfermedad no determina cuánto tiempo vivirá usted; es Dios quien lo hace. Nada puede arrebatarle de la mano de Él. Si no es el momento de que usted se vaya, entonces no se irá. Puede que esté afrontando una enfermedad importante; no se ve bien en lo natural, pero está usted bajo una advertencia de inundación repentina. En cualquier momento podría haber una inundación de sanidad. En cualquier momento Dios podría dar la vuelta a todo eso.

Isaías dijo: "Cuando el enemigo llegue como un río, el Espíritu de Dios levantará bandera". Varios comentaristas creen que la coma se situó incorrectamente durante la traducción. En lugar de poner la coma después de la palabra *río*, creen que la coma debería haber estado situada después de la palabra *llegue*. Diría: "Cuando el enemigo llegue, como un río el Espíritu de Dios levantará bandera". En otras palabras, la imagen del río hace hincapié en el poder de Dios y no en el del enemigo.

Yo he aprendido que cuando el enemigo ataca, Dios reacciona. Dios no se queda sentado pensando: "Bien, me pregunto qué está a punto de suceder. Me pregunto lo que ellos harán". Dios se pone a trabajar. Usted es su posesión más preciada. Dice en Salmos: "Dios está cercano a quienes sufren. Él está cerca de los quebrantados de corazón".

Dios sabe cuándo recibió usted un mal informe médico. Él sabe cuándo está batallando con sus finanzas. Él sabe cuándo le están tratando mal. Puede que usted no vea que sucede nada, pero puede estar seguro de que Dios todopoderoso no sólo es consciente de ello sino que también está obrando. Él ya tiene la solución. Si usted permanece en fe, en el momento correcto Él liberará una inundación de su poder, una inundación de sanidad, una inundación de restauración.

Él no sólo le sacará, sino que lo hará y usted estará mejor de lo que estaba antes.

Eso fue lo que le sucedió a David cuando derrotó a aquel gran ejército. Después de llamar al lugar de su victoria "Baal-perazim, el Dios que quebranta", siempre que David y sus hombres pasaran por aquella ciudad, dirían: "¿Te acuerdas de eso? Fue ahí donde el Dios que quebranta intervino. Fue ahí donde Dios liberó su favor como aguas que rompen".

Sin duda, cada generación posterior, cuando los nietos y bisnietos de David pasaran por aquella ciudad, dirían: "Ah, sí. El abuelo nos habló de este lugar. Fue aquí donde el Dios que quebranta les dio una gran victoria. Es aquí donde Dios les ayudó a derrotar a un enemigo que casi les doblaba en tamaño".

Cada uno de nosotros debería tener algún Baal-perazim. Deberíamos tener lugares donde poder mirar y decir: "Fue aquí donde el Dios que quebranta hizo algo increíble en mi vida. Fue aquí donde Dios me sanó. Fue aquí donde Dios me ascendió. Fue aquí donde Dios me protegió. Fue aquí donde el Dios que quebranta visitó mi casa". Cuando voy conduciendo hasta nuestra hermosa iglesia Lakewood cada día, sé que es nuestro Baal-perazim. Puedo decir: "Es aquí donde el Dios que quebranta liberó su favor como un río y nos dio unas instalaciones hermosas, aunque todos los expertos decían que no teníamos ninguna oportunidad".

Cada vez que veo a mi madre, sé que el haber sobrevivido a su cáncer es otro Baal-perazim. Puedo decir: "Es aquí donde el Dios que quebranta liberó su sanidad como un río".

Hay una popular canción country que dice: "Vamos a darles algo de qué hablar". Dios quiere darle *a usted* algo de qué hablar. Él quiere abrumarle de tal manera que en cualquier lugar donde vaya puede hablarles a sus amigos, sus vecinos, sus hijos y sus nietos sobre las grandes cosas que Dios ha hecho por usted.

No hemos de ir por la vida arrastrándonos derrotados y desalentados, diciendo: "Nunca obtendré ningún buen avance. Nunca seré ascendido. Hace tres años que me duele la espalda". No, debe cruzar en fe. Si usted comienza a vivir con una mentalidad de avance, Dios promete que intervendrá y le dará algo de qué hablar.

No hace mucho tiempo, se acercó a mí una señora muy emocionada.

Su familiar necesitaba una serie de cirugías, y era vital para ese familiar seguir viviendo una vida productiva. Pero el problema era que las cirugías tenían un costo estimado de 400 000 dólares, y no estaban cubiertas por el seguro. Ella no tenía el dinero; pero mes tras mes, esa señora seguía orando, seguía creyendo, seguía confiando en que el Dios que quebranta encontraría una manera. Ella no necesitaba un goteo. No necesitaba una corriente. No necesitaba un río. Necesitaba una inundación del favor de Dios.

Entonces, un día repentinamente recibió una llamada de su jefe. Ella había trabajado para la empresa durante casi treinta años. Ni siquiera sabía que estuvieran al tanto de la situación de salud de su familiar, pero le dijeron: "Ha sido usted muy buena para nuestra empresa, y hemos decidido cubrir las cirugías que su familiar necesita".

¡Cuatrocientos mil dólares! ¿Qué fue aquello? Fue el Dios que quebranta que liberó una oleada de su favor. Al igual que una inundación, la bondad de Dios le sobrepasó. Ahora, dondequiera que ella va, no puede quedarse callada; habla a todo el mundo de lo que Dios ha hecho por su familia. Dios le dio algo de qué hablar, y quiere hacer lo mismo por usted.

¿Qué está esperando? ¿Qué está creyendo? ¿Alguna vez liberaría su fe para algo tan grande? O pensaría: "Joel, eso nunca me sucedería a mí. ¿Cuatrocientos mil dólares? Yo nunca obtendré buenos avances. Además, ni siquiera le caigo bien a mi jefe".

No importa a quién le caiga usted bien o no. Lo único que importa es que le cae bien a Dios. Él le acepta; Él le aprueba; su favor le rodea como un escudo. El ascenso no viene de las personas; viene de Dios. Si es usted lo bastante valiente para creer en grande, entonces el Dios que quebranta puede liberar una oleada de su bondad, un tsunami del favor de Él en su vida.

En el Salmo 112, David dijo: "Cuando la oscuridad rodea a los rectos, saldrá la luz". A veces en la vida, todo puede parecer oscuridad. Puede que usted no vea cómo podría salir bien. Quizá no tenga los fondos para pagar sus facturas, o quizá otros problemas parezcan insuperables. Pero si permanece, el Dios que quebranta promete que saldrá la luz.

Observe que no será un goteo; no será llegar apenas. No, al igual que una inundación, como cuando rompen las aguas, llegará. Eso significa que, de repente, cambiará en favor de usted. De repente, usted obtendrá el avance que necesita. De repente, su salud cambiará. De repente, sus problemas serán resueltos. De repente, se abrirán nuevas puertas.

A Dios le gusta hacer cosas de repente. Cuando esté oscuro, no comience a quejarse; no se vuelva negativo. Siga recordándose a usted mismo que la luz está a punto de salir. Puede que sea hoy, quizá mañana, la próxima semana, el próximo mes o el próximo año. Pero sepa lo siguiente: de repente, las cosas cambiarán a su favor.

Mis amigos Craig y Samantha tienen un hijo llamado Connor, que es un muchacho muy guapo y divertido. Connor tiene autismo. A los cinco años de edad, no hablaba con frases completas; decía frases aquí y allá, quizá con tres o cuatro palabras unidas, pero nada mucho más allá de eso.

Día tras día, Craig y Samantha siguieron declarando fe a Connor, diciéndole que era más que un vencedor, que todo lo podía en Cristo. Cada noche cuando tenía que irse a la cama, Craig o Samantha se sentaban y leían dos o tres libros con el pequeño Connor; después oraban juntos antes de irse a dormir.

Entonces una noche, cuando Samantha estaba a punto de apagar la luz en el cuarto de Connor, le oyó hablar. Él no se detenía, con mucha claridad y mucha fluidez. Ella corrió a buscar la cámara de video y captó las primeras frases completas que su hijo había dicho nunca. Lo siguiente es lo que él decía:

"Esta es mi Biblia. Yo soy lo que dice que soy. Tengo lo que dice que tengo. Puedo hacer lo que dice que puedo hacer...".

¿Qué sucedió? Como una inundación, el favor de Dios llegó al pequeño Connor: una inundación de sanidad, una inundación de restauración, una inundación de sabiduría. Ahora, Craig y Samantha tienen otro Baal-perazim. Aquella es una noche que ellos nunca olvidarán. Aunque el pequeño Connor sigue sin hablar con perfecta claridad, ellos saben que va de camino. Lo que Dios comenzó, lo terminará.

Eso sucedió porque Craig y Samantha se llevan a casa los DVD de mis mensajes y el pequeño Connor los ve. Ellos decían que normalmente cuando está viendo dibujos animados, sólo los mira cinco o diez minutos; pero se queda ahí sentado todo el día y ve mis mensajes completos de treinta minutos uno tras otro.

Una vez le dije a Craig: "Cuando un niño de cinco años me escoge a mí antes que a Barney ¡sé que tengo favor!".

Pero me encanta el hecho de que Dios les haya dado algo de qué hablar. Ellos estaban tan emocionados por eso que hablan a todo el mundo de lo que Dios ha hecho por el pequeño Connor. Estaba oscuro pero salió la luz. Siempre que ellos son tentados a desalentarse, lo único que tienen que hacer es poner ese video. Pueden ver el favor de Dios como una inundación.

Cuando yo soy tentado a pensar que algo no funcionará, o parece imposible, lo único que tengo que hacer es conducir hasta nuestra hermosa iglesia en Houston, y pensaré: "Dios, tú lo hiciste por nosotros una vez, y sé que puedes hacerlo por nosotros de nuevo".

Dios quiere liberar una inundación de su poder, no sólo un goteo. No sólo una corriente, ni siquiera un río. Prepárese para una inundación de favor, una inundación de restauración, una inundación de sanidad, una inundación de ascenso. Puede que esté usted pensando en pequeño. Quizá se haya conformado porque cree que ha llegado a su límite. Cree que su hijo enfermo nunca se pondrá bien, o que usted nunca logrará sus sueños.

No, yo puedo ver algo en su futuro. Con mis ojos de fe puedo ver una oleada que llega a su camino. No es una oleada de derrota, una oleada de desaliento, una oleada de más de lo mismo. Es una oleada del favor de Dios, una oleada de promoción, una oleada de liberación, una oleada de restauración. Es el Dios que quebranta que libera su favor como un río, causando que usted venza obstáculos que pensaba que eran insuperables, causando que alcance usted sueños que pensó que nunca serían posibles.

Atrévase a creer. Si piensa "en goteo", recibirá un goteo. Si piensa en "apenas sobrevivir", entonces apenas sobrevivirá. Si piensa que su problema es demasiado grande, le mantendrá derrotado. Pero si aprende a pensar en "inundación", experimentará una inundación. Si piensa en "abundancia", experimentará abundancia. Si se atreve a pensar en una "oleada", entonces Dios puede liberar una oleada de su bondad en su vida. Esto es lo que Jesús dijo: "De acuerdo a su fe le será hecho".

Hace varios años, salimos a cenar con nuestro hijo Jonathan. Ahora está en edad universitaria, pero entonces tenía sólo catorce años. Cuando pidió su cena, le dijo al camarero: "Me gustaría tomar un filete". El camarero le preguntó: "¿Quiere que sea de seis onzas (200 gr), de diez onzas (300 gr) o de catorce onzas (400 gr)?".

Jonathan no lo pensó dos veces. Me preguntó si podía. No miró al menú para comprobar cuál era el precio. Dijo inmediatamente. "Quiero el de catorce onzas".

Cuando se trata de comida, Jonathan no estaba esperando un goteo ni una corriente. Él esperaba una inundación. No sólo tiene un gran apetito, sino que también sabe quién es su padre. Sabe que yo quiero ser bueno con él.

Así tenemos que ser cuando se trata de nuestro Padre celestial. No tenga una mentalidad pequeña; no tenga una visión estrecha y limitada. Algunas personas actúan como si estuvieran incomodando a Dios. No creen que pueden esperar que sus sueños lleguen a cumplirse. Si pueden simplemente sobrevivir en la vida, eso es lo bastante bueno.

"No espero salir de este problema", dirán. "Dios, ayúdame a soportarlo".

"No espero conocer alguna vez a alguien y enamorarme de verdad. Dios, ayúdame a no sentirme tan solo".

No, está pensando en un "goteo" cuando Dios tiene una inundación. Está usted pensando en "sobrevivir" cuando Dios tiene abundancia. Piensa en un filete de seis onzas cuando Dios tiene un filete de catorce onzas. Cuando usted piense en grande, Dios actuará en grande.

Si se atreve a ser valiente, a dar un paso como hizo Jonathan, y dice: "Dios, sé que tú controlas todo el universo. Sé que anhelas ser bueno conmigo, y por eso quiero darte gracias por liberar una inundación de tu favor en mi vida".

En otras palabras:

"Dios, quiero darte gracias porque mi pequeño Connor un día hablará con fluidez".

"Dios, quiero darte gracias porque seré totalmente libre de esta adicción".

"Gracias, Dios, porque estaré totalmente sano".

"Dios, gracias por permitir que todos los sueños y deseos que tú has puesto en mí lleguen a cumplirse".

Cuando usted libera su fe de una manera tan grande como esa, en un filete de catorce onzas, Dios no dice: "¿Quiénes se creen que son? Qué agallas las de esas personas; ¿no saben que no lo merecen?".

No, cuando usted habla de ese modo pone una sonrisa en el rostro de Dios. Él les dice a los ángeles: "Escuchen lo que están diciendo.

Ellos creen que yo puedo hacer cosas grandes. Creen que puedo dar la vuelta a cualquier situación. Tienen su confianza en mí, así que no los defraudaré. Voy a abrir las ventanas de los cielos y derramar una inundación de favor, una inundación de sanidad, una inundación de ascenso, una inundación de reivindicación".

Cuando mi padre comenzó a ministrar por primera vez, viajaba de ciudad en ciudad hablando en pequeños auditorios y pequeñas iglesias. En aquel entonces, en la década de 1950, llevaba todo su equipo de sonido en la parte trasera de su auto. Cuando entraba en un auditorio, lo montaba y estaba listo para entrar rápidamente. Una noche, se esperaba una asistencia de doscientas personas. Aquello era algo grande para él. Era un joven y prometedor ministro, y por eso llegó con un par de horas de antelación, para asegurarse de tener bastante tiempo para prepararlo todo.

Pero en medio de toda la emoción, accidentalmente se dejó las llaves dentro del maletero del auto. Sabía que no podría realizar ese servicio sin aquel equipo de sonido, así que intentó de todas las maneras abrir el maletero del auto, pero sin ningún éxito. Algunos transeúntes se acercaron y le ayudaron. Intentaron abrirlo con golpes, sacudidas, perchas para ropa y algunas herramientas, pero tampoco pudieron abrirlo.

Se acababa el tiempo. Estaban metidos en el campo y no tenían tiempo para avisar a un cerrajero o llevar el auto para que lo reparasen. Parecía que la gran noche de mi padre estaba a punto de arruinarse. Precisamente cuando se preparaba para abandonar, se dio cuenta de que no había orado al respecto todavía.

Anunció a las personas que iba a orar y pedir a Dios que abriese el maletero. Ellos le miraron como si se hubiera vuelto loco, y comenzaron a reír disimuladamente. "Tiene que estar bromeando. No puede usted orar para que Dios le ayude a abrir un maletero".

Quienes dudaban, no incomodaron a mi padre. Les dijo: "Claro que puedo hacerlo. Ustedes no tienen porque no piden".

Se acercó al auto, puso sus manos sobre el maletero y dijo: "Padre, sé que no hay nada demasiado difícil para ti. Tú sabes que necesito este equipo de sonido para realizar la reunión esta noche, así que te pido que de algún modo, de alguna manera, me ayudes a abrir este maletero".

Comenzó a moverlo y agitarlo con más vigor que nunca, pero

seguía sin abrirse. Cuando se giró y se alejaba, las risas eran un poco más sonoras. Pero de repente, oyeron aquel sonido.

Todos se giraron, y el maletero se había abierto. Como si fuese en cámara lenta, la tapa del maletero comenzó a elevarse hacia el cielo, como si Dios estuviera diciendo: "Les dije que lo haría. Yo soy el Dios todopoderoso".

Las personas que le ayudaron casi de desmayan. Desde entonces, hacían todo lo que mi padre les pedía. Era: "Sí, señor". "No, señor". "Lo que usted diga, señor".

Aquel fue un Baal-perazim en la vida de mi padre. Aquí estoy yo, cincuenta años después, contando la historia. Pero no creo que habría sucedido si mi padre no hubiera tenido una mentalidad de avance. Puede que usted no necesite que se abra un maletero, pero quizá los médicos le hayan dicho que no hay nada más que ellos puedan hacer. Quizá sea una enfermedad que intenta derribarle. Prepárese para que el Dios todopoderoso intervenga. Quizá sea una relación que necesita ser restaurada, o un familiar cuya vida se ha alejado del curso. Comience a declarar: "El Dios todopoderoso está cambiando la situación".

O quizá sus sueños parecen muy grandes, como si no fuesen posibles. Nunca descarte al Dios todopoderoso. Como una inundación, su favor puede superarle. Como una inundación, Dios puede causar que su jefe pague las cirugías que necesita su familiar. Como una inundación, Dios puede causar que su pequeño hijo comience a hablar con claridad. Como una inundación, Dios puede causar que un maletero se abra sobrenaturalmente. Le estoy pidiendo que viva con una mentalidad de avance.

Puede que esté aceptando cosas en su vida que son mucho menores que lo mejor de Dios. Ha pasado tanto tiempo que no ve cómo eso podría cambiar; pero este es un día nuevo. Nuevas semillas han echado raíces en su corazón, y la buena noticia es que el Dios todopoderoso está a punto de visitar su casa, no con un goteo ni tampoco con una corriente. No, prepárese para una inundación del favor de Dios, una oleada de la bondad de Dios.

Libere su fe de una manera mayor. Si no ora para que el maletero se abra, entonces no sucederá. Atrévase a creer. Dios quiere darle algo de qué hablar; quiere darle un nuevo Baal-perazim; nuevos hitos a los que pueda mirar y decir: "Sé que el Dios todopoderoso actuó ahí".

Isaías dijo: "El Espíritu del Señor está sobre mí para anunciar el día en que el favor gratuito de Dios abunda profusamente". Observemos la palabra que utilizó para describir el favor de Dios: *profusamente*. Eso significa "abrumadoramente, fuera de la norma, abundantemente".

Como Isaías, yo he anunciado que una inundación del poder de Dios llega. Favor como nunca antes ha visto usted. En lugar de estar abrumado por las cargas, estará usted abrumado por las bendiciones de Dios. Pero la verdadera pregunta es la siguiente: ¿Puede recibir esto en su espíritu?

Es fácil pensar: "Esto no es para mí, Joel. No veo que se produzca ninguna diferencia. Lo intenté antes y no funcionó. He soportado demasiado". Ese tipo de pensamiento negativo detendrá la inundación. Dios obra donde hay una actitud de fe. Cuando usted cree, todas las cosas son posibles. El enemigo no puede detener esta inundación, pues no tiene tanto poder. Otras personas no pueden detenerla. El único que puede detenerla es usted mismo. Usted controla su propio destino. Dios está a su favor, y el enemigo está en su contra. Usted tiene el voto decisivo. Le pido que despoje a Dios de todo límite. Él quiere hacer algo nuevo, algo imponente en su vida.

Pero la verdadera batalla está teniendo lugar en sus pensamientos, esos pensamientos que dicen: "No sucederá. Eres demasiado mayor. Has cometido demasiados errores. Nunca te pondrás bien. Nunca lograrás tus sueños".

No, este es el día en que usted verá el favor gratuito de Dios abundar profusamente. Dios tiene inundaciones de bendiciones en su futuro; tiene oleadas de aumento, de gozo, de sanidad y de misericordia. Haga espacio para esa inundación. Póngase de acuerdo con Dios.

Pablo oró en Efesios para que los ojos de nuestro entendimiento fuesen inundados de luz de modo que pudiéramos conocer el increíble futuro que Dios tiene esperando. Es interesante que Pablo utilizara la frase "inundados de luz". Pablo había experimentado una parte de esa inundación, pero nosotros vivimos en una época mejor que la de él.

Este es el tiempo en que Pablo declaró que veríamos la sobreabundante grandeza del favor de Dios. Pablo estaba diciendo, en efecto: "Yo he visto un nivel de la bondad de Dios, pero en la época en que estamos, veremos la bondad de Dios como ninguna otra generación la ha visto antes".

Puedo decirle de primera mano que Victoria y yo hemos experimentado esa inundación del favor de Dios. Dios nos ha abrumado con su bondad. No estoy presumiendo de nosotros mismos; estoy presumiendo de Dios. Dios nos ha llevado por encima de nuestra educación formal, por encima de nuestro talento, por encima de nuestra formación, y Él ha desatado su abundancia, su sabiduría y su favor en nuestras vidas.

Para que eso ocurra, debe usted mantener a Dios en el primer lugar en su vida. Honre a Dios, y después aprenda a despojarle de todo límite.

Como Jonathan, deberíamos pedir el de catorce onzas. Crea en grande. Haga oraciones audaces y viva con la expectativa de que Dios tiene inundaciones de favor, inundaciones de sabiduría e inundaciones de bondad en nuestro futuro.

Mi oración por usted es que los ojos de su entendimiento sean inundados de luz, que sepa lo mucho que Dios le ama, lo mucho que Él está a su favor y el increíble futuro que tiene preparado para usted. Mi oración es que la fe llene su corazón, que aumente su nivel de expectativa, y que vea la bondad de Dios como nunca antes. Al igual que Isaías, yo le he anunciado que está usted bajo una amenaza de inundación repentina. Necesita estar preparado. Está a punto de ver el favor de Dios abundar profusamente en su vida. Debido a que usted ha honrado a Dios, a que ha sido fiel, las cosas han cambiado a su favor.

Mi aliento para usted es que se despierte cada mañana y diga: "Padre, gracias por esta inundación de favor en mi vida". Entonces salga a la expectativa. Si hace eso, creo y declaro que verá la bondad de Dios que le sobrepasa. Está usted entrando en inundaciones de favor, inundaciones de sanidad, inundaciones de sabiduría, inundaciones de buenos avances, inundaciones de misericordia. Prepárese para ello, pues se dirige hacia usted.

CAPÍTULO TRES

Más lejos más rápido

En diciembre de 2003, firmamos un arrendamiento de sesenta años con la ciudad de Houston para las instalaciones de nuestra iglesia Lakewood. Siempre quisimos ser los dueños, pero el arrendamiento era lo mejor que se podía hacer en aquel momento. En mi interior yo sabía que durante ese período de sesenta años Dios nos daría la capacidad de comprar el edificio. En 2003, yo tenía cuarenta años. Tendría cien años de edad al final del arrendamiento.

Oré: "Dios, quiero comprar ese edificio mientras esté vivo. No quiero dejarlo en el aire para la siguiente generación".

Siete años después en nuestro arrendamiento de sesenta años, la ciudad necesitaba fondos. Los ingresos por impuestos no eran lo que ellos habían proyectado, y decidieron vender algunas de las propiedades que les sobraban para compensar la carencia en el presupuesto. La oficina del alcalde llamó y preguntó si estaríamos interesados en comprar las instalaciones, comprar el arrendamiento. Un edificio como el nuestro costaría 400 millones de dólares construirlo. Desde luego que estábamos interesados, pero teníamos que ver cuál sería el precio de venta. Hicieron una tasación. Tenían que tener en cuenta que cualquier nuevo comprador tendría que continuar con nuestro arrendamiento de sesenta años. La tasación fue no de 100 millones de dólares, no de 50 millones, ¡sino de 7,5 millones!

Actualmente somos los dueños de nuestras hermosas instalaciones libres de deuda. Ya no hay ningún arrendamiento.

Esto es lo que quiero decir: lo que podría haber tomado sesenta años, Dios lo hizo cincuenta y tres años antes. Él nos llevó más lejos más rápido. Vivimos en una época en la que Dios está acelerando las cosas. Debido a que usted honra a Dios, Él hará en una fracción del tiempo lo que debería haberle tomado una vida entera lograr.

En su carrera, quizá debería tomarle veinte años de trabajo el abrirse camino hacia ese puesto, veinte años para construir su negocio. No, las cosas han cambiado. Dios le dará avances que usted no merecía; traerá a su camino a las personas correctas. Usted verá la oportunidad como nunca antes la ha visto, y eso le llevará más lejos más rápido. Haga que esas cuatro palabras calen en su espíritu. Puede parecer en lo natural que le tomará años para salir de la deuda, años para ponerse bien, años para sobreponerse a ese problema. No, necesita usted prepararse. Ha entrado en este cambio.

Piense en ello como en un automóvil. Cuando usted cambia de segunda marcha a cuarta marcha, el motor sigue funcionando a la misma velocidad. No trabaja más, pero usted va más rápido y cubre más terreno. Cuanto mayor sea la marcha, hay mayor capacidad. Están diseñadas para ir más rápido. De la misma manera, debido a que usted ha mantenido a Dios en el primer lugar, Él le está haciendo cambiar a una marcha mayor. Usted irá más lejos más rápido no porque esté trabajando más, intentando hacer que todo ello suceda. No, está empleando el mismo esfuerzo, haciendo lo mejor cada día, pero de repente, obtiene un buen avance que lo impulsa años más adelante en el camino. Obtiene un ascenso para el cual no estaba calificado.

Usted levantará la vista y pensará: "¿Cómo he llegado aquí? Debería haberme tomado otros veinte años, pero aquí estoy".

"El informe médico decía que necesitaría cinco años para recuperarme, pero lo hice en seis meses".

"Debería haberme tomado la mayor parte de mi carrera llegar hasta los puestos de gerencia, pero aquí estoy a los treinta años de edad".

¿Qué es eso? Dios llevándole más lejos más rápido. Parte del cambio es la aceleración. No le tomará tanto tiempo lograr sus metas como usted pensaba. No tomará tanto tiempo como parece salir de ese problema. Dios todopoderoso, el Creador del universo, está soplando en dirección a usted. Él está causando que las cosas encajen en su lugar. Las personas correctas serán atraídas hacia usted; buenos avances, oportunidades, sanidad, restauración, favor. No es el negocio como siempre. Hay entrado usted en un cambio, y será el negocio de modo inusual.

Hablé con un caballero que había sufrido un derrame cerebral solamente unos meses antes de conocernos. Era un hombre joven, de unos cincuenta años. Debido al derrame, había perdido el control del lado izquierdo de su cuerpo. No podía mover su brazo izquierdo, y tenía que arrastrar su pierna izquierda. El lado izquierdo de su cara estaba paralizado. Le pregunté sobre su pronóstico, y él me dijo con habla dificultosa que sus médicos habían calculado que incluso una recuperación parcial necesitaría de tres a cinco años de terapia si la realizaba cinco días por semana. Los médicos decían que nunca sería capaz de levantar su brazo izquierdo.

Le dije a ese caballero lo que le estoy diciendo a usted. Dios puede acelerar las cosas. Él tiene el control. Le alenté a que siguiera creyendo, a que siguiera esperando. Volví a verle seis meses después, y lo primero que hizo fue levantar su brazo al aire. Me dijo: "Joel, choque esos cinco".

"Pensaba que me dijo que serían necesarios cinco años para hacer eso", le dije.

"Eso fue lo que me dijeron, pero lo hice en menos de dos meses", respondió.

Su terapeuta le dijo que en treinta años nunca había visto una recuperación tan acelerada.

¿Qué sucedió? Dios aceleró las cosas. Puede que usted piense que le tomará treinta años salir de la deuda, treinta años pagar por completo su casa. Ya ha calculado las cifras, lo ha calculado todo. Cuando llegue a tener 107 años de edad estará libre de deudas. Sí, ¡estará usted en el cielo libre de deudas! No, usted no sabe lo que Dios va a hacer. No sabe lo que Dios ya ha destinado que llegue a su camino. Una llamada telefónica como la que nosotros recibimos, un contrato, un buen avance, una herencia, y es usted totalmente libre de deudas. Ha pasado a rebosar. Ahora necesita prepararse, pues Dios está diciendo: "Sucederá antes de lo que crees. Estoy cambiando las cosas a tu favor. Entrarás en aceleración". Lo que debería haberle tomado toda la vida lograr, Él lo hará en una fracción del tiempo.

Ahora, no se convenza a usted mismo de lo contrario.

"Bueno, no sé, Joel. No tengo la veteranía".

"Tengo muchos préstamos universitarios, esa deuda".

"He llegado tan lejos como puedo".

Sea un creyente y no alguien que duda. Puede que usted no vea la manera, pero Dios sigue teniendo una manera. Su actitud debería ser: "Dios, estoy en acuerdo contigo. Creo que tú has cambiado las cosas a mi favor. Me estás llevando más lejos más rápido. Lograré mis sueños antes de lo que pienso. Venceré estos problemas más rápidamente de lo que pensaba".

Cuando usted haga eso, el Dios todopoderoso abrirá puertas que ningún hombre puede cerrar. Él le conectará con las personas correctas; su favor le lanzará años por delante en el camino. En el año 1949, un joven ministro llamado Billy Graham viajaba por todo el país realizando reuniones en grandes auditorios. Estaba teniendo éxito, pero en realidad no era conocido nacionalmente. Aquel verano dirigió una reunión en una gran carpa en Los Ángeles. Un caballero con el nombre de William Randolph Hearst llegó para escuchar hablar a Billy Graham. El Sr. Hearst era dueño de periódicos por todo el país. Fue tan tocado aquella noche, que envió un mensaje a todos sus editores para que escribieran artículos favorables acerca de Billy Graham. La semana siguiente, todo el país estaba hablando de ese joven ministro. El reverendo Graham pasó a tener prominencia nacional prácticamente de la noche a la mañana debido a ese hombre.

¿Qué fue eso? Un cambio divino. Dios llevándole más lejos más rápido. Podría haberle tomado a Billy Graham toda su vida obtener este tipo de respeto y credibilidad, pero Dios utilizó a un hombre para mostrarle favor y abrió puertas que llevaron su ministerio a un nuevo nivel.

Ahora, la buena noticia es que Dios ya ha preparado a las personas correctas para usted, y ya están en su futuro. Es simplemente cuestión de tiempo antes de que aparezcan. Ellos abrirán puertas que usted no podía abrir; le mostrarán favor aunque usted no lo hubiera pedido; utilizarán su influencia para hacer que usted se vea bien. Ellos son ordenados por Dios para acelerar el plan que Él tiene para su vida.

Lo interesante es que Billy Graham no buscó a Hearst. En cambio, el dueño de la cadena de periódicos buscó a Billy Graham. No tiene usted que intentar encontrar a las personas correctas. Simplemente honre a Dios, y las personas correctas le encontrarán a usted; le escogerán de entre una multitud; llamarán a su puerta; aparecerán en su oficina. Por alguna razón, querrán ser buenos con usted.

Eso es una conexión divina. Dios hará que ellos utilicen su experiencia, incluso sus fondos, para llevarle a usted más lejos más rápido. Esto es lo que sucederá: usted logrará más en menos tiempo. Será ascendido por encima de su educación. Aumentará por encima de su experiencia. Las personas correctas le ayudarán a ir donde usted no podría llegar por sí solo.

La Escritura nos habla sobre el primer milagro que Jesús realizó. Él convirtió el agua en vino. Él simplemente había asistido a una boda. Después, fue a una gran recepción, y justamente en la mitad se quedaron sin vino. María, la madre de Jesús, se acercó y le habló sobre el problema. Jesús dijo: "Mamá, ¿por qué me dices eso? Yo no puedo hacer nada al respecto. Mi tiempo aún no ha llegado".

Puedo imaginar a María sencillamente sonreír y decir a los trabajadores: "Háganme un favor. Hagan cualquier cosa que Él les pida que hagan".

María sabía de lo que Él era capaz.

Había seis grandes cántaros para agua a un lado, y cada uno tenía una capacidad aproximada de 30 galones (100 litros). Jesús les dijo a los sirvientes: "Llenen de agua esos cántaros".

Ellos los llenaron. Entonces Jesús dijo: "Ahora saquen parte de esa agua—la cual Él había transformado en vino—y llévenla al anfitrión de la fiesta".

Cuando el anfitrión lo probó, llamó el novio y le dijo: "Esto es increíble. La mayoría de personas sirven primero el mejor vino, y después cuando la gente ya ha bebido mucho y no distingue muy bien, sacan el vino más barato. Pero tú has hecho lo contrario. Has guardado el mejor vino para el final".

He leído sobre cuánto tiempo se necesita para hacer vino, y es un proceso muy largo. Comienza con la plantación de las semillas en la tierra. Las vides tienen que crecer y producir su fruto; las uvas tienen que desarrollarse. Cuando maduran, los trabajadores recogen las uvas y finalmente las uvas son transformadas en vino. El proceso desde el tiempo en que se planta la semilla hasta el momento en que se tiene el vino dura normalmente de tres a cinco años. Y eso es simplemente para un vino de calidad media.

Los vinos de la más alta calidad necesitan entre cinco y siete años para hacerse. Para aumentar la calidad y hacer que sea más valioso, con frecuencia envejecerán el vino, lo ponen sobre unos estantes y lo dejan allí durante años y años. Habrá visto vino que tiene veinte o treinta años. Ese sería considerado el mejor vino.

Esto es lo que quiero que usted entienda: en el primer milagro que Jesús hizo, creó buen vino, un proceso que debería haber tomado veinte años, pero Él lo hizo sólo en un segundo. El proceso de veinte años para hacer vino fue logrado en un momento de tiempo.

Quizá debería tomarle años para recuperarse después de una enfermedad, pero al igual que Jesús aceleró el proceso de hacer vino, Él puede acelerar el proceso de sanidad. Quizá en lo natural debería tomarle treinta años hasta pagar por completo la hipoteca de su casa. Usted ha hecho los cálculos, pero están basados en las leyes de la economía. La buena noticia es que Dios tiene una calculadora más rápida. Él puede darle un buen avance que le permitirá pagar por completo su hipoteca según el calendario mucho más rápido de Él.

Una mujer visitó nuestra iglesia mientras estaba en Houston a la espera de un trasplante de hígado en el hospital. Acababa de ser aprobada para la lista de receptores. Los médicos le decían que podría tomar entre tres y cinco años, pero ella no estaba segura de que pudiera lograrlo durante tanto tiempo. Le alenté diciendo que Dios podía sanarla sin el trasplante, o Dios podía acelerar las cosas y que ella recibiera su nuevo hígado más pronto de lo que los médicos habían predicho.

Oramos, y ella se fue. Unas semanas después la vi de nuevo en el vestíbulo de la iglesia Lakewood. Con una gran sonrisa me dijo: "Joel, está usted mirando a una mujer con un hígado totalmente nuevo".

Ella recibió una llamada del hospital solamente dos semanas después de que hubiera sido puesta en la lista de trasplantes. Resultó que había llegado un hígado que era perfectamente compatible para ella. No era compatible para ninguna otra persona de las que estaban en la lista. Sus médicos dijeron: "Si puede llegar usted aquí esta noche, el hígado es para usted".

Ella se montó en un avión, condujo hasta el centro médico, e inmediatamente le hicieron la cirugía. La buena noticia fue que no hubo complicaciones. Ella me dijo: "Joel, hoy me siento mejor de lo que me he sentido nunca desde que era adolescente".

¿Qué sucedió? Dios convirtió su agua en vino. Dios agarró lo que debería haber tomado cinco años y lo hizo en un período de un mes. Si también usted quita todo límite a Dios, le verá hacer cosas imponentes. Levantará la mirada y dirá: "Pero ¿cómo he podido llegar hasta donde estoy?".

"Yo no soy el más calificado, pero estoy dirigiendo la empresa".

"No soy el más talentoso, pero todos me piden consejos".

"Nunca fui al seminario, pero tengo una iglesia bastante grande".

O: "Debería haberme tomado hasta la jubilación, pero ya he pagado por completo mi casa".

Un toque del favor de Dios puede situarle treinta años por delante en el tiempo. Un buen salto, un ascenso, una herencia o una conexión divina pueden marcar una inmensa diferencia.

Puede que diga: "Bueno, Joel, usted sencillamente hace que las esperanzas de todos se aviven. No creo que Dios acelerará las cosas en mi vida. No creo que eso sucederá para mí". Entonces este libro no es para usted. ¡Es para creyentes! Es para quienes se levanten y digan: "Sí, Señor. Sé que tú eres el Dios de la aceleración, y si lo hiciste para la fiesta de boda hace siglos, si tomaste un proceso de veinte años y lo hiciste en un segundo, entonces sé que puedes acelerar las cosas en mi vida. Sé que puedes lanzarme años por delante".

Tengo un amigo que ahora tiene treinta y dos años de edad. He conocido a su familia durante muchos años. Sus padres son buenas personas y aman al Señor, pero han mantenido el mismo estilo de vida durante treinta años. Han permanecido en el mismo nivel que sus padres y sus abuelos. No hay nada de malo en eso, pero creo que Dios quiere que cada generación edifique sobre los logros de la anterior.

Después de graduarse de la universidad, él fue a trabajar para una importante empresa. Mi amigo, el hijo de ellos, tenía una gran visión para su vida; su sueño era dirigir algún día una importante empresa. Fue contratado para comentar en el nivel más bajo de aquella gran empresa. Comenzó en ventas, y siguió dándole su mejor esfuerzo día tras día. Después de tres años, él estaba entre el 5 por ciento más alto de ventas. Le ascendieron a gerente. Al año siguiente consiguió una nueva cuenta, que fue la cuenta más grande en la historia de la empresa. Ese buen avance inmediatamente le hizo ser la principal persona en ventas, con mucha diferencia. Con veintiocho años de edad fue nombrado vicepresidente. Estaba a cargo de toda la división sureste de la empresa.

Las cosas siguieron encajando en su lugar. Su jefe se fue a trabajar a otra empresa, y mi amigo se ganó otro ascenso. El director general de su empresa tenía solamente cincuenta y un años de edad, y parecía que le quedaban otros veinte años en ese puesto. Pero un día, inesperadamente, acudió a la junta y dijo: "Voy a despedirme, y me gustaría nominar a este joven como mi sucesor". Ellos votaron a mi amigo como director, y actualmente, con treinta y dos años de edad, es el director general más joven en la historia de esa empresa. Está dirigiendo una importante empresa con miles y miles de empleados.

Eso es Dios acelerando las cosas. Anteriormente, el rápido ascenso de mi amigo en el mundo laboral habría tomado toda una vida, pero en estos tiempos Dios está convirtiendo agua en vino con más rapidez que nunca antes. Si usted cree, si pone su confianza en Él, si vive para honrar a Dios, entonces como le sucedió a mi amigo, Dios le dará buenos avances; Él abrirá las puertas correctas; Él apartará a personas del camino; Él causará que usted destaque en una multitud; Él hará que su rostro brille sobre usted, y logrará usted metas en una fracción del tiempo.

Eso es lo que le sucedió a David en la Biblia. Dios puso un gran sueño en su corazón cuando era un adolescente. David sabía que algún día lograría grandes cosas; pero pasaba año tras año y él no veía que sucediera nada. Permanecía en los solitarios pastos ocupándose de los rebaños de su padre. Nadie le conocía; no tenía ninguna influencia; nadie le prestaba mucha atención.

Estoy seguro de que el joven David sentía que se estaba quedando atrás, como si nunca llegase donde Dios quería que estuviera. Un día, David fue al frente de batalla y se enfrentó a Goliat. Él no tenía ninguna formación militar; todas las probabilidades estaban en contra de él, pero sabía que el Dios Altísimo estaba a su lado. Cuando David derrotó a Goliat, en un segundo se convirtió en un héroe nacional. En un instante, tuvo la influencia y la credibilidad que de otro modo habría necesitado toda una vida para ganarse.

¿Qué sucedió? Dios convirtió su agua en vino. Un toque del favor de Dios le impulsó muchos, muchos años por delante. Lo interesante es que Dios utilizó un obstáculo para ascender a David. Cuando usted se enfrente a obstáculos de tamaño gigante en su propia vida—desengaños, reveses, cosas que no funcionan—, no se desaliente, pues esa adversidad podría ser precisamente lo que Dios utilizará para ascenderle. Eso podría ser donde usted vea a Dios acelerar el tiempo, y logrará algo que debería haberle tomado toda la vida.

Al igual que David, puede que usted sienta que se ha quedado atrás.

Quizá no está donde había esperado estar en la vida. Tiene grandes sueños en su corazón, pero no ha captado ningún buen avance. Las puertas se han cerrado. Es fácil desalentarse, pero permita que le desafíe: si usted sigue haciendo lo mejor día tras día, si vive una vida que honre a Dios, Él no sólo compensará el tiempo perdido, sino que también le lanzará más lejos. Él hará más de lo que usted pueda pensar o pedir.

Nuestros amigos Jerry y Jana Lackey asistieron a Lakewood por muchos años y después se mudaron a Botswana, África, para hacer trabajo misionero. Viven muy lejos en una zona rural, donde antílopes y otras criaturas salvajes merodean. Allí se ocupan de los huérfanos, alimentan a los pobres, enseñan a las personas y realizan un trabajo increíble.

El favor de Dios ha estado sobre sus vidas, pero su gran sueño era construir un gran centro para jóvenes. El setenta por ciento de la población en Botswana tiene menos de veinticinco años de edad. Ese centro juvenil sería un lugar donde los jóvenes pudieran acudir para crecer, aprender y hacer amigos. Pero su costo se calculaba en cinco millones de dólares. Eso es mucho incluso aquí, pero en aquel lugar donde los ingresos anuales son menores de mil dólares, es inaudito. Jerry y Jana han reunido importantes fondos a lo largo de los años, pero nada que ni siquiera se acerque a esa magnitud.

Entonces un día, un hombre de negocios alemán estaba visitando Botswana con su esposa, y ambos se enamoraron del país. Decidieron que querían hacer algo para ayudar. Pusieron en Google la frase "huérfanos en Botswana", y apareció la organización de Lackey, que se llama Love Botswana Outreach. El hombre de negocios alemán envió un donativo de 20 000 dólares. Dijo: "Quiero hacer más". Pasaron algunas semanas, ¡y después les envió un donativo de 300 000 dólares!

Los Lackey estaban muy emocionados. Entonces su benefactor les dijo: "Quiero ir a visitarles".

Ese hombre y su esposa llegaron a Botswana, y se quedaron en un exclusivo centro de safari a unas 15 millas (24 kilómetros) del complejo misionero de los Lackey. Jerry condujo hasta allí una mañana para recogerle. El hombre que era dueño del centro le dijo a Jerry: "Oiga, este centro está en venta. ¿Le gustaría comprarlo?".

Pensó que Jerry era un acomodado hombre de negocios. Jerry sonrió y dijo: "Soy misionero, y vivo más adelante. No tengo esa cantidad de dinero, pero gracias".

El hombre de negocios alemán oyó la conversación, y le preguntó a Jerry para saber más al respecto. Jerry pensó que él quería comprarlo para sí mismo, pero aquel hombre alemán compró aquel centro grande, exclusivo y hermoso y se lo regaló a Jerry y Jana para su trabajo. Ellos estaban abrumados, ¡y con razón!

El hombre alemán fue a ver su complejo misionero, y observó los planos que habían trazado para el gran centro juvenil. Eso era lo más grande que Jana y Jerry habían soñado hacer nunca, algo por lo que oraban y creían que de algún modo podrían lograr durante sus vidas. El alemán les preguntó cuánto costaría el centro juvenil.

"Cinco millones de dólares", le dijeron.

"Les haré un cheque", respondió él.

El 4 de abril de 2013, nuestros amigos dedicaron ese centro juvenil totalmente nuevo, completamente pagado por su benefactor alemán.

¿Qué fue eso? Dios llevándoles más lejos más rápido. Ellos son personas jóvenes, de unos cuarenta y tantos años. Antes de que llegase su amigo alemán, Jerry y Jana pensaban que estarían orando, creyendo, reuniendo fondos durante toda su vida, pero entraron en ese cambio. Dios hizo que un hombre se cruzara en su camino, una conexión divina.

Usted no necesita que todo el mundo le ayude; tan sólo necesita un persona que Dios haya ordenado, y logrará en un segundo lo que podría haberle tomado toda una vida. Puede que usted diga: "Bueno, Joel, no sé si eso sucederá para mí. Nunca obtengo ningún buen avance".

No sucederá con esa actitud. Usted no puede albergar pensamientos de derrota y de carencia todo el día y esperar obtener abundancia. No puede declarar mediocridad y esperar tener victoria. Usted profetiza su futuro. Si quiere ver producirse ese cambio en su propia vida, debe estar en acuerdo y decir: "Sí, Dios. Esto es para mí. Creo que tú has ordenado a las personas correctas. Sé que ya están en mi futuro. Quiero darte gracias porque lograré mis sueños antes de lo que creo".

En lo natural puede que no se vea así, pero recuerde que servimos a un Dios sobrenatural. Él está a punto de liberar inundaciones de su favor, inundaciones de sanidad, inundaciones de buenos avances. Quite a Dios todo límite. No piense en todas las razones por las cuales sus planes no funcionarán. Dios no le habría dado el sueño a menos que Él ya tuviera una manera de hacer que suceda.

Si permanece usted en fe, como los Lackey, no sólo sucederá antes de lo que usted piensa, sino que también será más grande de lo que imagina. Así es nuestro Dios. A Él le gusta obrar de manera abundante y rebosante.

He leído que la planta china del bambú apenas crece por encima de la tierra durante sus cuatro primeros años. Uno apenas puede ver que nada esté sucediendo. Aunque la riegue, la fertilice, se asegure de que obtiene luz del sol, parece que está desperdiciando el tiempo. Pero lo que usted no puede ver es que por debajo del suelo se está desarrollando un inmenso sistema de raíces. Las raíces se extienden en todas las direcciones posibles. En el quinto año, cuando las raíces están adecuadamente establecidas, la planta despegará y se elevará hasta una altura de 80 pies (24 metros) en el aire; desde cero hasta 80 pies, todo ello en un solo año.

Muchos de ustedes, como Jerry y Jana, han sido fieles. Han dado, han servido, han ayudado a otros, han sembrado muchas semillas, pero no han visto mucho progreso. Sí, Dios ha sido bueno con ustedes. Están agradecidos, pero no ha sucedido en realidad nada fuera de lo común. Hasta ahora, usted ha vivido el equivalente a los cuatro años de desarrollo de raíces. Estuvo demostrando a Dios que sería usted fiel. Estuvo demostrando que hizo lo correcto cuando fue difícil. Ahora necesita prepararse. Dios está diciendo: "Estás llegando a tu quinto año. Verás un crecimiento explosivo que te llevará a niveles por encima de tus ingresos, por encima de tu formación, por encima de tu experiencia".

En este quinto año, buenos avances llegarán a usted. Las personas correctas le buscarán. La oportunidad llegará llamando a su puerta. El quinto año es el tiempo de la cosecha; es el tiempo del favor. Usted cosechará de todas las semillas que ha sembrado a lo largo de los años. Nada de lo que usted ha dado ha pasado desapercibido. Cada sacrificio que ha hecho, cada vez que se detuvo para ayudar a alguien, Dios ve todo eso.

La Escritura habla de que Dios nos recompensará en esta vida, no sólo en la eternidad. Debido a que usted ha sido fiel, hay una cosecha preparada. Al igual que con los Lackey, Dios está a punto de soltar todo lo que a usted le pertenece. Sucederá más pronto de lo que piensa, y será mayor de lo que imaginó. Dios sacará dones y talentos que usted ni siquiera pensaba que tenía. Él abrirá nuevas puertas de oportunidad. Este quinto año es cuando Dios le lanzará más alto de lo que usted jamás soñó.

Tengo una buena amiga que había quedado atrapada en una difícil situación legal durante casi un año, y había sido una carga muy abrumadora. Le dijeron que podría tomar algunos diez años para que se resolviera. Sus oponentes podrían alargarlo simplemente para hacer que su vida fuera una desgracia. Antes, ella era una persona optimista y divertida con la que se podía estar, pero después de meses y meses de espera, reveses y presión, fue como si ella fuera una persona distinta: ningún gozo, ninguna paz, ninguna victoria, muy solemne, muy seria. Parecía que tomaría años y años de ese estrés y frustración. Pero hace una semana mientras escribo esto, recibió la buena noticia de que el caso había quedado totalmente resuelto a favor de ella. Todo se había solucionado.

Me dijo: "Joel, ni siquiera puedo decirte la carga que me he quitado de encima".

¿Qué sucedió? Ella llegó a su quinto año. Lo que podría haber tomado diez años, incluso veinte años, Dios lo hizo en menos de un año. Al igual que le sucedió a ella, debido a que usted ha sido fiel, problemas con los que ha luchado durante años se resolverán de repente. Dios hará que las cosas encajen en su lugar. Aparecerán las personas correctas.

Usted pronto verá aceleración. Permítame declararlo. No será necesaria toda una vida para lograr sus sueños. Sucederá en una fracción del tiempo. Levántese cada día y diga: "Padre, gracias por llevarme más lejos más rápido. Gracias por convertir mi agua en vino". Si hace usted eso, creo y declaro que, al igual que con Jerry y Jana, conexiones divinas llegarán a su camino. Como pasó con nosotros con el edificio de la iglesia Lakewood, lo que debería haberle tomado sesenta años será acelerado hasta unos pocos años. Debido a que usted honra a Dios, Él le llevará más lejos más rápido.

CAPÍTULO CUATRO

Bendiciones explosivas

Iba yo conduciendo por las montañas hace tiempo, y en uno de los lados había una inmensa pared de roca donde se había construido la carretera entre las montañas. Los constructores habían utilizado dinamita para volar la roca; de otro modo, la roca habría estado allí probablemente para siempre.

Todos tenemos cosas en nuestras vidas que parecen permanentes. Quizá parezca que nunca saldrá usted de la deuda, o que seguirá en el mismo nivel de ingresos el resto de su vida. Pero al igual que los constructores utilizaron dinamita para volar la roca y así poder crear esa carretera entre montañas, Dios tiene bendiciones explosivas que quitarán obstáculos que puede que ahora parezcan permanentes.

Un toque del favor de Dios puede sacarle volando de la deuda. Un buen salto puede llevarle a un nuevo nivel. Dios tiene una manera de quitar lo que parece permanente mostrándonos una explosión de su bondad. Un amigo mío quería ir a cierta universidad, pero necesitaba una beca. Había hecho una solicitud meses antes, y aunque sus calificaciones eran lo bastante buenas, la universidad le informó de que no tenían más becas disponibles. Él no podía permitirse ir a una universidad importante, así que se matriculó en un primer ciclo universitario.

En ese momento, parecía que su sueño de ir a su universidad favorita había terminado. La situación parecía permanente. Le habían dicho que no había becas disponibles en la universidad a la que realmente quería asistir. Él no tenía los fondos.

Todos los hechos decían que no iba a suceder para él; pero cuatro semanas antes de que comenzasen las clases, su universidad favorita llamó de nuevo y le dijo que se había abierto una beca. En lugar de ofrecerle la beca parcial de dos años que él había solicitado anteriormente, le ofrecieron una beca completa de cuatro años. Ahora, cuando él salga de la universidad, en vez de graduarse y deber miles de dólares estará totalmente libre de deudas. Esa es una bendición explosiva.

Puede usted pensar que su situación actual es permanente. Ha estado ahí por mucho tiempo y no puede ver cómo poder ascender. Todos los hechos le dicen que es imposible que las cosas mejoren, pero Dios tiene maneras de aumentarle que usted nunca soñó. Él le dice hoy: "Necesitas prepararte. Tengo bendiciones explosivas que saldrán a tu camino. El lugar donde estás no es permanente. Te llevaré más alto. Te haré aumentar por encima de tus ingresos normales; te bendeciré por encima de tu salario. De repente cambiaré las cosas por otras mejores en tu vida".

Una definición de la palabra *explosión* es "un aumento repentino y generalizado". Eso es lo que Dios hará por usted. De repente, usted no está esperando nada. Está fuera de lo normal; no es pequeño; no es mediocre. Es un aumento generalizado. Es tan tremendo, que usted sabrá que es la mano de Dios.

Un caballero pasó por la iglesia Lakewood recientemente y llevó un donativo muy grande para el ministerio. Era su diezmo. Dijo que había recibido una herencia de un familiar al que nunca conoció. Ni siquiera sabía que estaban relacionados, pero aquel hombre le dejó un regalo que lanzó a su familia a un nivel totalmente nuevo económicamente. Él no solo pagó por completo el préstamo de su casa, sino que también pagó las hipotecas que algunas otras personas tenían.

Puede usted sentir que en lo natural nunca podría lograr sus sueños. No tiene usted las relaciones, los recursos o la educación, pero Dios está diciendo: "No has visto mis bendiciones explosivas. No has visto la sobreabundante grandeza de mi favor. Yo tengo bendiciones que te catapultarán años por delante. Tengo aumento por encima de tus cálculos".

He aprendido que Dios no siempre nos lleva por delante en incrementos normales. Hay veces en que Dios nos lleva poco a poco. Tenemos que ser fieles día tras día, pero cuando usted se encuentra con una bendición explosiva, en lugar de avanzar desde siete hasta ocho y después a nueve, pasará de siete a ocho y después a treinta y tres y treinta y cuatro. Eso es abundancia generalizada.

Puede que diga: "Joel si la economía fuese mejor, podría creer eso. Si los negocios no fuesen tan lentos podría tener esperanzas, pero este no es el momento para hablar de aumento. No es el momento para hablar de pagar por completo las cosas. Yo tan sólo espero sobrevivir; tan sólo espero no quedar por debajo".

La Escritura dice que Dios abrirá ríos en el desierto; Él sacará corrientes en los lugares estériles. Puede que todo esté seco y estéril. La economía puede estar en recesión, y los negocios pueden ser lentos. La buena noticia es que la economía no es nuestra fuente. Dios es nuestra fuente. Y Dios no está teniendo un mal año.

La economía en el cielo va muy bien. Mientras permanezcamos conectados a la vid, poniendo nuestra confianza en Él, entonces usted y yo estamos conectados a una línea de provisión que nunca se agota. Nuestra actitud debería ser: "Dios, puede que yo no vea ahora como podría suceder, pero sé que tienes bendiciones explosivas que llegarán a mi camino. Espero un aumento repentino y generalizado. Espero ascender hasta un nuevo nivel. Espero pagar por completo mi casa. Espero ser una bendición mayor para otros. Espero ver un nuevo estándar para mi familia".

Libere su fe para recibir bendiciones explosivas. Bendiciones por encima de sus ingresos normales. Bendiciones por encima de su salario.

Escuché de un matrimonio que estaba comprando una casa en otro estado y estaban buscando en un barrio muy prestigioso. Encontraron una casa que realmente les gustaba, pero cada vez que intentaban seguir adelante, sencillamente no se sentían bien al respecto. Después de varios meses, encontraron un terreno más grande justamente en las afueras de esa subdivisión.

En lo natural, estar en ese barrio habría sido una mejor inversión. Los valores de las propiedades eran más elevados. Aunque ellos podrían haberse permitido el terreno en el barrio prestigioso, no sentían paz para hacer eso. En cambio, compraron la otra propiedad fuera del barrio.

Unos seis meses después de que la pareja se mudase, aparecieron dos hombres en su puerta. Eran geólogos que trabajaban para una empresa petrolera.

"Hemos estado estudiando esta zona durante varios años, y hemos descubierto que hay una masiva cantidad de crudo debajo de toda esta subdivisión", dijeron los geólogos. "Pero las propiedades allí están muy densamente pobladas. No hay ningún lugar donde podamos perforar. Si usted nos arrendase parte de su propiedad, no sólo les daríamos la comisión por su propiedad, sino que también les daríamos una parte de las comisiones de todas las casas en la subdivisión contigua".

Había 1.200 casas en ese barrio. Por tanto, en lugar de obtener una comisión por una casa si ellos hubieran comprado en la subdivisión, iban a obtener una comisión de 1.200 casas.

¡Dios sabe dónde están los buenos tratos!

En la Escritura, Dios dice: "Te daré riquezas escondidas que se encuentran en lugares ocultos". Aquella propiedad justamente fuera de la subdivisión era un tesoro oculto. Dios sabe dónde están enterrados todo el crudo, los minerales, el oro y la plata. Cuando Jesús necesitó dinero para pagar sus impuestos, envió a Pedro al lago, y el primer pez que Pedro agarró tenía suficiente dinero en su boca para pagar los impuestos de Jesús y de Pedro.

Jesús sabía dónde estaba el tesoro. Dios conoce las invenciones que aún no han sido creadas. Él conoce las ideas que serán exitosas. Él conoce las propiedades y los terrenos que serán valiosos. Puede que Él no haga que usted encuentre petróleo, pero puede darle una idea que le catapultará a un nuevo nivel.

Eso es lo que le sucedió a Truett Cathy. En 1946, él y su hermano abrieron un pequeño restaurante, el Dwarf Grill, al sur en el centro de la ciudad de Atlanta. Él observó que las hamburguesas estaban de moda; pero un día Dios le dio una idea. Pensó que si a las personas les gustaban las hamburguesas, quizá les gustarían también los sándwiches de pollo.

Por tanto, en lugar de limitarse a hacer sándwiches con hamburguesas de res, también ofreció a sus clientes sándwiches de pechuga de pollo. Fueron tan populares, que él abrió su primer restaurante de comida rápida en un centro comercial en 1967, y lo llamó Chick-fil-A. En la actualidad hay más de 1.700 Chick-fil-A en treinta y nueve estados. Los Cathy donan millones de dólares para ayudar a personas en todo el mundo: una bendición explosiva.

Dios tiene todo tipo de invenciones tan sólo a la espera de ser liberadas. Él conoce todo lo que será creado alguna vez. Él tiene nuevos negocios que está esperando entregar a personas; nuevos libros a la espera de ser escritos, nueva tecnología, nueva medicina, nuevos procedimientos. Salga de la rutina, extienda su visión y comience a dar gracias a Dios por las bendiciones explosivas que llegarán a su camino.

Si es usted fiel con lo que tiene y demuestra a Dios que es usted confiable, entonces Dios le mostrará las riquezas escondidas que se encuentran en lugares ocultos. Dios le dará ideas, sueños, visiones, buenos avances y las conexiones correctas para llevarle a un nivel que usted nunca pensó que fuese posible. Es momento de levantarse y ser cabeza y no cola. Es momento de que prestemos y no pidamos prestado. En estos próximos días habrá una transferencia de riqueza. Habrá un importante cambio en finanzas y recursos. Dios hará cosas inusuales.

La iglesia Lakewood la componen unas instalaciones de 400 millones de dólares que compramos por 20 millones. Después de renovarla, nuestra inversión en la iglesia siguió siendo menor de la cuarta parte de lo que habría costado siendo nueva. Eso es un cambio de riqueza.

Por muchos años estuvimos al otro lado de Houston, en edificios de madera y después en edificios de metal. Las carreteras no eran lo bastante grandes, y los estacionamientos no eran los adecuados. A veces nos menospreciaban, nos consideraban de segunda clase, pero un día entramos en una bendición explosiva que nos impulsó a un nuevo nivel.

Vimos la sobreabundante grandeza del favor de Dios. Dios nos ha dado instalaciones excelentes en una de las cuatro ciudades más grandes en Estados Unidos. Eso es lo que Dios está haciendo actualmente. Nos está subiendo de nivel. Nunca fuimos creados para ser de segunda clase y apenas arreglarnos. La Escritura dice que hemos de reinar en vida como reyes.

Puede que usted aún no haya llegado, pero no se conforme con donde está. Prepárese para que Dios haga algo nuevo. Él está a punto de liberar edificios, contratos, ideas, favor, influencia que catapultarán a su pueblo a nuevos niveles. Él está a punto de abrir puertas más grandes de lo que usted pensó que fuese posible, al igual que hizo por nuestra iglesia. Necesita hacer espacio para bendiciones explosivas en su pensamiento. Prepárese para ellas. Dios está a punto de liberar para usted tesoros ocultos.

Un amigo mío que asiste a Lakewood comenzó su negocio solamente con un empleado: él mismo. Unos años después tenía todo un piso en un rascacielos en el centro de la ciudad para su negocio. Recientemente le otorgaron un contrato para construir una de las refinerías más grandes de toda China, un proyecto de miles de millones de dólares.

"Joel, yo era quien tenía menos probabilidad de conseguirlo", me dijo.

Me explicó que había competidores mucho mayores y con mucha más influencia. La competición incluía a empresas bien establecidas que habían estado en el negocio durante décadas, pero de algún modo Dios hizo que su empresa destacase. Ahora mi amigo es considerado como uno de los líderes en ese campo. Su empresa es parte del cambio de riqueza al pueblo de Dios, quienes avanzarán el Reino.

Dios causará que usted destaque, al igual que mi amigo. Él puede hacer que lleguen contratos a su camino. Puede que usted parezca la persona menos probable para un ascenso en lo natural, pero con la bendición de Dios en su vida, las probabilidades cambian de modo radical. Usted y Dios son mayoría. Necesita prepararse para ese cambio. Será una explosión de la bondad de Dios, un aumento repentino y generalizado.

Eso significa algo que sobrepasa y está muy por encima de cualquier cosa que usted haya visto jamás. ¿Qué es eso? Es la inmensurable, ilimitada y sobreabundante grandeza del favor de Dios.

Proverbios 13:22 habla de ese cambio. Dice: "El bueno dejará herederos a los hijos de sus hijos; pero la riqueza del pecador está guardada para el justo".

Dios ya ha preparado negocios, contratos, edificios, aumento, ascensos e ideas. Ya tienen su nombre escrito en ellas, y si usted se mantiene haciendo lo mejor, bendiciendo a otros, honrando a Dios y soñando en grande, entonces finalmente se abrirán camino hasta sus manos, las manos del justo.

Algo le está buscando a usted en este momento; no malos avances, no carencia, no depresión, no derrota. Usted es el justo. El aumento le está buscando; el favor le está buscando; el ascenso le está buscando; los contratos le están buscando; buenas ideas le están buscando. Dios dice que la riqueza del impío finalmente se hará camino hasta las manos del justo.

El edificio donde nuestra iglesia está situada se utilizó para propósitos deportivos y conciertos durante treinta años. Al principio se llamaba el Summit, y después se llamó Compaq Center. Pero creo que si usted hubiera descascarillado esos nombres hace treinta años cuando el edificio se construyó, habría visto que ya estaba allí el nombre de iglesia Lakewood. El estadio finalmente se abrió camino hasta nuestras manos. Usted no sabe las cosas tremendas sobre las que Dios ya ha puesto su nombre. Ya están preparadas para usted.

Puede que otra persona las haya comenzado, y puede que otra

persona hiciera el trabajo duro, pero Dios dice que finalmente se abrirán camino hasta las manos de usted. Usted tiene algún "finalmente" en su futuro. ¿Sabe qué es un "finalmente"? Es una bendición explosiva: inesperadamente, un negocio cae en sus manos. Quizá sea un trato inmobiliario que solamente podría ser obra de Dios, o un contrato extraordinario llega hasta usted aunque no fuese usted la persona más calificada.

Su "finalmente" puede ser una herencia de alguien a quien usted no conocía, o una reestructuración en la oficina; o de repente usted pasa de trabajar para una empresa a dirigirla. Dios está diciendo: "Estoy cambiando cosas de las manos de quienes no se interesan por mí, de aquellos que no caminan en integridad o que no se interesan por los demás, a las manos de personas a las que puedo confiar el avance de mi Reino".

Creo que eso se refiere a usted y a mí. Prepárese para la sobreabundante grandeza del amor de Dios. Será favor como nunca antes haya visto: favor que le lleva por encima de sus anteriores limitaciones. Favor que le impulsa a un nuevo nivel.

El salmista David expresó: "¿Qué me habría sucedido si no hubiese creído que vería la bondad de Dios?". Le pido que crea que Dios tiene cosas tremendas preparadas. Creo que usted puede dar el salto de aquello que le retiene y llegar a ser aquello para lo cual Dios le creó. Un poder increíble es liberado cuando creemos.

Un día, después de un servicio en Lakewood, hablé con un joven matrimonio que me dijo que habían intentado durante seis años tener un hijo. La madre había sufrido un par de abortos espontáneos, y por alguna razón no podía llevar el embarazo hasta su término. Visitaron a especialistas y lo intentaron todo médicamente, pero sin éxito alguno. Finalmente, lo entregaron a Dios y dijeron: "Nuestras esperanzas y nuestros sueños están en tus manos. Confiamos en ti. Sabemos que tú tienes el control completo".

Años antes, la hermana de aquella joven tuvo un sueño en el que vio a la pareja de nuestra iglesia con el niño más hermoso, de cabello rubio y ojos azules que uno pudiera imaginar. Ellos creían que aquello fue una señal de parte de Dios.

El Día de las Madres en el 2009, la pareja asistió al servicio que celebraba el 50 aniversario de Lakewood. Aquel día hablé sobre el año del jubileo, y que todo lo que tiene nuestro nombre en ello va a regresar. Hice la afirmación: "El negocio que tiene su nombre en él llegará, la buena salud que tiene su nombre en ella llegará", y entonces dije concretamente: "El bebé que tiene su nombre sobre él llegará".

Esa pareja se miró el uno al otro con sorpresa. Sabían que yo había dicho eso exactamente para ellos. Pasé a hablar de cómo Dios está acelerando las cosas, y que sucederá más rápidamente de lo que pensamos. Todo el tiempo, ellos permitieron que esa semilla echase raíz.

Esta es la clave: las únicas promesas que se avivarán en su vida y terminarán convirtiéndose en realidad son las promesas en las que usted se levanta y dice: "Sí, eso es para mí". Tiene que entrar en acuerdo con Dios y permitir que eso eche raíz.

Yo puedo declarar fe y victoria sobre su futuro durante toda la vida, pero no hará ningún bien si usted se queda sentado y piensa: "Bueno, no creo que eso vaya a suceder. He tenido muchos malos avances, y no veo cómo podré elevarme nunca más alto".

Si pone usted excusas y se convence de lo contrario, entonces esa promesa no echará raíces. Pero cuando el terreno de su corazón es fértil, usted tiene expectativas en su espíritu. Si escucha la promesa de que Dios tiene bendiciones en su futuro, entonces se elevará como hizo aquella pareja en Lakewood y dirá: "Eso es para mí, Señor, lo creo. Libero mi fe para bendiciones explosivas, para la inmensurable, ilimitada, sobreabundante grandeza de tu favor".

Eso es lo que permite a Dios hacer grandes cosas.

Aquella pareja se fue después del servicio sabiendo que el bebé que tenía su nombre sobre él iba a llegar. Sabían que iba a suceder más rápidamente de lo que pensaban. Cuatro horas después, mientras estaban celebrando el Día de las Madres con su familia, el gerente de la oficina llamó y preguntó si ellos estarían interesados en adoptar un bebé que había nacido en julio.

Ellos sabían que aquello era la mano de Dios. Ocho semanas después, estaban en la habitación del hospital donde había nacido el pequeño. Era un hermoso bebé de cabello rubio y ojos azules, como el que la hermana de la nueva mamá había visto en el sueño. La pareja que había querido con tantas fuerzas tener un hijo fue la primera en rodear con sus brazos al bebé.

El papá incluso cortó el cordón umbilical del recién nacido. Pusieron a su hijo el nombre de Aser, como el hijo de Jacob en el Antiguo

Testamento. Un significado de ese nombre es "regalo de Dios". En la Escritura, David preguntó qué habría sucedido si él no hubiese creído. Me pregunto qué hubiese sucedido si esa pareja no hubiera liberado su fe. Quizá no habrían recibido esa llamada telefónica preguntando si querían adoptar al niño.

Estoy convencido de que hay veces en que no vemos la increíble mano de Dios obrar porque no activamos nuestra fe al creer. Permitimos que nuestra mente nos convenza de otra cosa. Pensamos en todas las razones por las que no sucederá. Le pido que sea un creyente y no una persona que duda. Permita que esta semilla eche raíz. Dios tiene bendiciones explosivas en su futuro, y está a punto de soltar otro nivel de su favor en la vida de usted. Él le dará los deseos de su corazón.

Cosas por las que ha estado orando durante años están a punto de suceder. Situaciones que han estado atascadas por mucho tiempo están a punto de soltarse. Hay ascenso y aumento en su futuro como usted nunca soñó. No sucederá de una manera ordinaria, del modo en que usted había planeado. Dios lo hará de manera extraordinaria para que usted sepa que es obra de Él.

Esta es la generación de la sobreabundante grandeza del favor de Dios. Estará por encima y más allá de lo que usted haya visto antes. Un pastor amigo mío estaba planeando construir un santuario de cuarenta millones de dólares. Él estaba reuniendo los fondos y trazando los planos. Un día, de repente, el alcalde de su ciudad llamó y dijo que los promotores de un inmenso casino cerca de su iglesia habían declarado bancarrota antes de terminarlo. El casino tenía más de cuarenta acres de estacionamiento; el edificio completo podría contener en su interior cuatro campos de fútbol. Estaba sólo a unos kilómetros de su propia iglesia.

El alcalde preguntó a mi amigo si estaba interesado en comprar el inmenso casino. El pastor pensó que el precio sería de cincuenta millones de dólares o más. El alcalde dijo: "No, puede usted comprarlo por menos de dos millones de dólares".

El propietario de una empresa de producción se enteró de que el pastor estaba pensando en comprar la propiedad del casino para convertirlo en su santuario, y le dijo el pastor que tenía una pantalla gigante que se utilizaba para conciertos y eventos deportivos, y que sería maravillosa para la nueva iglesia. La pantalla tenía más de 150 pies (45 metros) de longitud, y costaba tres millones de dólares nueva; pero el propietario de la empresa dijo que se la vendería al pastor por 50 000 dólares.

Todo encajó en su lugar. En vez de construir sus propias instalaciones, en sus manos cayó un edificio mucho más grande y mejor. Eso es parte del cambio, de la transferencia. Otra persona lo construyó, otra persona lo pagó, pero en el momento adecuado el edificio se abrió camino hasta las manos del justo.

En este momento, algo le está buscando a usted. Algo que tiene su nombre en ello. Mientras esté usted haciendo lo mejor para honrar a Dios y tenga un corazón para ayudar a los demás, una bendición explosiva se abrirá camino hasta sus manos.

Dios sabe dónde está el tesoro oculto. Él sabe dónde encontrar la propiedad, los contratos, las ideas y los buenos avances que usted necesita para cumplir su destino. Puede que ahora usted esté en una rutina, pensando que ha llegado tan lejos como puede llegar, pero Dios está diciendo: "Donde estás ahora no es permanente. Tengo bendiciones explosivas que llegarán a tu camino. Bendiciones que te impulsarán a un nuevo nivel. Favor que te llevará por encima de tus anteriores limitaciones".

CAPÍTULO CINCO

Aumente su capacidad de recibir

Aunque Dios tiene cosas tremendas en su futuro, Él está limitado por su capacidad de recibir. Es como si usted tuviera un cubo de cinco litros y, sin embargo, yo tuviera diez litros para darle. El problema no está en la provisión. El problema es que usted no tiene la capacidad de recibir. Si cambia ese pequeño recipiente y consigue algo más grande, entonces yo podré darle más.

Lo mismo sucede con Dios. Si usted cree que ha llegado a sus límites—ya sea debido a una mala economía, a que tiene mala salud o no puede permitirse la casa que quiere—, Dios tiene la capacidad y los recursos para ayudarle, pero su recipiente es demasiado pequeño.

Tiene usted que extender su visión y hacer espacio para las cosas nuevas que Dios quiere hacer. Su actitud debería ser: "Puede que la economía vaya mal, pero sé que Dios sigue estando en el trono. Sé que Él tiene ascenso y aumento ya preparados para mí. Su favor me rodea como un escudo. La bondad y la misericordia me siguen. Este será un año estupendo".

Cuando usted cambia su modo de pensar de esa manera, extiende su capacidad de recibir. Entonces verá la bondad de Dios de nuevas maneras. Algunas personas van por ahí con una taza pequeña, por así decirlo. No esperan mucho; quizá se deba a que han batallado durante muchos años.

Otros puede que tengan un cubo en lugar de una taza. Les ha ido bien; están sobreviviendo, pero no planean avanzar más. Y aún otros han cambiado el cubo. Han extendido su fe y tienen un barril. Creen que llegarán más alto.

Sin embargo, hay otro grupo; este grupo es muy inusual. Ellos creen en un favor sobreabundante; creen que Dios les prosperará incluso en una recesión; creen que sus hijos serán poderosos en la tierra; están esperando bendiciones explosivas. Saben que han entrado en un cambio y que llegará un aumento sobrenatural.

Ellos no tienen una taza, ni tampoco tienen un cubo. No tienen un barril; su fe es tan fuerte que tienen un granero. Tienen un almacén completo. Esperan que Dios abra las ventanas de los cielos y derrame favor sin precedente, oportunidades sobrenaturales y aumento exponencial.

La Escritura dice: "Abre tu boca y yo la llenaré". Mi pregunta es la siguiente: "¿Tiene usted su boca abierta por completo? ¿Qué está usted esperando? ¿Qué está diciendo acerca de su futuro?".

"Vaya, este año va a ser difícil. No creo que llegaré nunca a mis metas en ventas".

"No creo que vayan a ascenderme nunca".

"No creo que llegue a recuperarme".

Si estos son sus pensamientos, entonces su boca apenas está abierta. Usted no espera aumento, ni tampoco espera buenos avances. No espera que Dios cambie las cosas.

Jesús dijo: "Según tu fe te será hecho". Él estaba diciendo, en efecto: "Si tienes una taza, yo te llenaré con una taza de bendiciones. Si tienes un barril, entonces yo te llenaré con un barril de bendiciones. Pero si tienes un granero, entonces yo te daré un granero de bendiciones".

Si quita a Dios todos los límites—si se levanta cada mañana esperando un favor sobreabundante—, entonces Él no le decepcionará. Cuando usted tiene la boca abierta por completo, no se queja sobre la economía. En cambio, está esperando tener un año bendecido.

Puede que su hijo se haya desviado, pero usted no está orando: "Dios, tan sólo evita que él me vuelva loco". En cambio, dice: "Dios, tú dijiste que mis hijos serían poderosos en la tierra, y por eso quiero darte gracias porque tú cambiarás las cosas y los utilizarás para que hagan grandes cosas para ti".

Cuando su boca está totalmente abierta, usted no sólo cree que podrá hacer los pagos mensuales de la hipoteca; cree que pagará por completo su casa, para vivir totalmente libre de deudas. Eso es nivel de granero.

La pregunta es: "¿Tiene usted su boca totalmente abierta? ¿Cree en el aumento? ¿Sale cada día sabiendo que hay favor en su futuro, o está atascado en una rutina? ¿Ha decidido que ha llegado a sus propios límites, de modo que simplemente se ha conformado con donde está?".

Eso fue lo que les sucedió a los hijos de Israel. Ellos se dirigían hacia la Tierra Prometida; tenían grandes sueños y grandes metas, pero a lo largo del camino se enfrentaron a adversidades, y tuvieron algunos desengaños.

Así mismo sucedió donde en la actualidad, muchas personas perdieron dinero cuando la Bolsa se desplomó, o perdieron sus casas cuando llegó la recesión. Los hijos de Israel tuvieron sus propios adversarios, y se desalentaron tanto que renunciaron a sus sueños y se conformaron con donde estaban.

Un día, Dios les dijo: "Ya han estado el tiempo suficiente en esta montaña". Creo que Dios nos está diciendo eso a cada uno de nosotros. Usted ha estado donde está el tiempo suficiente. Puede que haya estado llevando esa copa año tras año. Quizá es así como le educaron y eso es lo único que usted ha conocido nunca. Puede que haya tenido su vista en el granero alguna vez, y haya soñado en grande, pero después de algunos reveses se ha conformado con el cubo.

Dios le está diciendo: "Este es un nuevo día. Recupera tu fuego. Donde estás ahora no es donde debes quedarte".

Le estoy pidiendo que aumente su capacidad de recibir. Extienda su fe y sueñe en grande. Vaya por encima de las barreras que le han retenido. Haga espacio para que Dios haga algo nuevo; concédale permiso para aumentarle. Usted tiene que dar permiso a Dios para que le prospere.

Dios me trajo cosas a mi camino hace años, pero yo las rechacé. Pensé que eran demasiado grandes, y pensaba que yo no estaba calificado. Estaban tan por encima de lo que yo creía que podía manejar, que no liberé mi fe para ello.

No le estaba dando a Dios permiso para aumentarme, y perdí esa oportunidad de ir más lejos. Dios no nos obligará a vivir su vida abundante. Comienza en nuestro propio pensamiento. Jesús dijo: "Nadie echa vino nuevo en odres viejos". Él quería decir que no se puede ir a un nuevo nivel con un viejo modo de pensar. Puede que usted esté preparado para que Dios haga algo nuevo. Cuando oye que Dios tiene preparadas más cosas, eso le emociona. Algo en su interior dice: "Sí, eso es para mí".

Pero muchas veces, su mente intentará convencerle de lo contrario. Aparecerá con razones por las que no va a suceder:

"Ya sabes cómo va la economía. No tendrás un año bendecido".

"Sabes que el médico dijo que no te recuperarás".

"Has estado soltero por mucho tiempo. Nunca te casarás".

No, libérese de los odres viejos. Cambie esos recipientes por algo mayor. Este es un nuevo período. Lo que haya sucedido en el pasado ha terminado. Puede que haya experimentado desengaños. Quizá lo intentó y fracasó; no salió bien. Eso está bien. Dios sigue teniendo el control.

Tenga una visión mayor para su vida. Nuestra actitud debería ser: "Este es mi año para pasar a un nuevo nivel. Este es mi año para ver un aumento sobrenatural. Este es mi año para estar totalmente sano. Este es mi año para conocer a la persona de mis sueños".

Dios promete que si usted abre la boca totalmente, entonces Él la llenará. Pero todo comienza con su capacidad para recibir. No puede usted ir pensando pensamientos de mediocridad y esperar sobresalir. No puede tener pensamientos de carencia y esperar tener abundancia. Ambas cosas no van juntas. No limite a Dios. Cambie esa copa. Tire ese cubo. Deshágase de ese barril y llegue al nivel de granero. Dios es un Dios de abundancia.

En 2 Reyes hay una historia de una viuda cuyo esposo murió. Ella no tiene dinero para pagar las facturas, y los acreedores van a llegar para llevarse a sus hijos como pago. Lo único que tiene de valor es una pequeña vasija de aceite. El profeta Eliseo llega a su casa y le dice que haga algo extraño: que acuda sus vecinos y tome prestadas tantas vasijas vacías como pueda encontrar. Esas vasijas normalmente albergan aceite de cocinar muy caro.

Él le dijo concretamente: "No tome prestadas unas cuantas". Le estaba diciendo: "No se limite a usted misma. Haga espacio para la abundancia". Ella salió y reunió cinco o seis vasijas vacías. Cuando regresó, Eliseo le dijo que pusiera el poco aceite que tenía en uno de esos recipientes vacíos. Parecía como si ella estuviera transfiriéndolo de uno al otro, pero la Escritura dice que el aceite nunca se agotó. Ella seguía usándolo. Dios sobrenaturalmente multiplicó ese aceite hasta que cada uno de aquellos recipientes estuvo totalmente lleno.

Esto es lo que quiero decir: ella decidió cuánto aceite tendría. Si hubiera tomado prestado solamente un recipiente, entonces solamente un recipiente habría sido llenado. Si hubiera tomado prestados diez, habría tenido diez llenos. Si hubiera tomado prestados cincuenta, entonces cincuenta habrían sido llenos.

La capacidad de aumento que ella recibió no la estableció Dios. Él tiene provisiones ilimitadas. La estableció ella misma. Por eso el profeta dijo: "No tome prestada pocas". Mi pregunta es: "¿Cuántos recipientes está tomando prestados? ¿Qué tipo de visión tiene para su vida? Si usted piensa: "La economía va muy mal y mi negocio es lento, y tan sólo espero sobrevivir este año", Dios dice: "Muy bien, usaré ese recipiente de apenas sobrevivir".

O quizá tenga cinco o seis recipientes. Usted cree que puede pagar sus facturas, alimentar a su familia y que le quede algo. Eso es bueno. Dios llenará esos recipientes. Pero yo creo que es usted diferente. Usted tiene fe radical; es peligroso. No tiene usted un recipiente; tampoco tiene cinco. En cambio, está llamando a la tienda para decir: "Necesito dos mil recipientes vacíos".

Usted sabe que Dios puede hacer las cosas de manera sobreabundante y rebosante. Usted sabe que Él es El Shaddai, el Dios que es más que suficiente. Está usted haciendo espacio para ese favor que está muy por encima. Está posicionado bajo las ventanas abiertas del cielo.

Dios está diciendo: "Necesitas prepararte. Yo voy a llenar tus recipientes". Puede que aún no haya sucedido, pero Dios tiene favor en su futuro. Él tiene buenos avances, oportunidades y bendiciones que le perseguirán. Puede que no vea cómo puede suceder, pero Dios tiene maneras de aumentarle que usted nunca pensó.

Él tiene bendiciones explosivas que pueden lanzarle a un nuevo nivel. Como a la viuda y las vasijas de aceite, Dios quiere bendecirle por encima de sus ingresos normales, por encima de su salario y por encima de su jubilación. Dios puede darle un buen avance; un ascenso, una herencia, y todos esos recipientes serán llenos hasta rebosar.

Asegúrese de no defraudarse a usted mismo. Dios le está diciendo lo que le dijo a aquella mujer: "No tomes prestadas pocas". No limite su visión. Puede que no vea cómo podría suceder y eso está bien, pues no es tarea de usted. Su tarea es creer. Dios tiene mil maneras de llenar sus recipientes que usted nunca pensó.

No pase año tras año esperando lo mismo y de la misma manera. Dios es un Dios de aumento; Él tiene mayores niveles. Donde usted está no es donde debe quedarse. Debe elevarse más alto. Tenga una visión más grande. No: "Dios, si tan sólo me concedes este pequeño aumento de salario, entonces estaré contento. Dios, ojalá que mi auto no se averíe. Dios, ayúdame a poder arreglármelas con lo justo, ya sabes lo mal que va la economía".

No pida prestados recipientes diminutos, pues limitan lo que Dios puede hacer. Un pescador estaba en la orilla de un río un día cuando vio a otro hombre pescando cerca de él. Cada vez que el otro hombre agarraba un gran pez, lo lanzaba de nuevo al río, pero se quedaba con todos los peces pequeños que conseguía.

Así sucedió durante todo el día, y cuanto más observaba el primer pescador, más curiosidad le entraba. Finalmente, se acercó y dijo: "Señor, le he estado observando todo el día y no puedo entenderlo. ¿Por qué lanza los peces grandes al río pero se queda con los pequeños?".

"Ah, es sencillo", dijo el otro hombre. "Lo único que tengo es una sartén pequeña".

Es triste decirlo, pero hay muchas personas así. En lugar de hacer espacio para el aumento, en lugar de creer grandes cosas, van por ahí con una mentalidad de sartén pequeña. Ha estado en la familia durante generaciones. Mamá la utilizaba. El abuelo la utilizaba. Es una actitud que dice: "Yo nunca podría vivir en ese barrio. Nunca podría permitirme esa universidad. Nunca seré tan exitoso. Nuestra familia siempre batalla. Siempre hemos sido de esa manera. Sencillamente somos personas de sartén pequeña".

Así fue como educaron a mi padre. Él estuvo expuesto a la pobreza, la carencia y la derrota. En la secundaria le dieron la cesta de Navidad donada para las familias más pobres. Lo único que podían permitirse beber era algo llamado leche "Blue John". Era leche a la que quitaban la crema, lo cual le daba un matiz azulado. En las granjas, normalmente sólo se les daba a los cerdos; no era para que las personas la bebieran. Mi padre no podía soportarla.

Para empeorar aún más las cosas, el nombre de mi padre era John. Él pensaba: "¿Por qué tuvieron que llamarla Blue John? ¿Por qué no podían llamarla Blue Mark, Blue Bill o Blue Leroy?".

Mi padre era tentado a pensar: "Esta es mi suerte en la vida". Cada circunstancia decía: "Tienes una sartén pequeña". Pero a los diecisiete años de edad, él entregó su vida a Cristo y algo surgió en su interior:

una fe, una valentía que decía: "Mis hijos nunca serán criados en la pobreza y la derrota en que me crié yo".

Él rechazó la mentalidad de sartén pequeña. Quitó los límites a Dios y pasó a vivir una vida bendecida y abundante.

A pesar del modo en que usted se criara, o lo que le haya estado aplastando o reteniendo, Dios está diciendo: "Yo te creé como cabeza y no como cola. Te he creado para prestar y no pedir prestado".

Dios tiene algunos peces grandes en su futuro. Hágase un favor a usted mismo y deshágase de esa mentalidad de sartén pequeña. ¿Quién dice que no puede salir usted de la pobreza? ¿Quién dice que nunca tendrá una casa bonita? ¿Quién dice que nunca hará un viaje misionero? ¿Quién dice que nunca comenzará una obra de beneficencia? ¿Quién dice que nunca enviará a sus hijos a la universidad? ¿Quién dice que nunca conocerá a la persona adecuada?

Lo único necesario es un toque del favor de Dios. Póngase de acuerdo con Él. Dios tiene bendiciones explosivas en su futuro, bendiciones que pueden lanzarle años por delante. Segunda de Pedro 3:8 dice: "Para el Señor un día es como mil años, y mil años como un día".

Si permanece en fe, Dios puede tomar mil años de bendiciones y liberarlas en un sólo día. Atrévase a decir: "Dios, te pido que me des las bendiciones que mis ancestros no tuvieron".

Eso puede parecer poco convencional, pero servimos a un Dios poco convencional. Lo que Él tiene planeado para su futuro es más de lo que puede usted imaginar.

Leí sobre un jugador de béisbol de veintinueve años de edad que estaba en un equipo de la liga menor, pero soñaba con llegar a la primera división. Hace varios años compró un terreno de cincuenta acres a su tía abuela, para que ella pudiera permitirse ir a vivir a una residencia. Pagó mil dólares por acre: 50 000 dólares por el terreno.

El terreno no valía tanto. Estaba en el campo, en una pequeña ciudad. Él lo hizo solamente para ayudar a su familiar. Pensó construir allí una casa, pero descubrió que el terreno era demasiado duro. Pero eso resultó ser algo muy bueno. Un topógrafo descubrió que bajo la superficie de la propiedad había roca sólida, un tipo de roca llamada piedra Gosén.

Es una de las piedras de paisaje más hermosas y más buscadas. Los geólogos calcularon que había veinticuatro millones de toneladas de esa piedra en su propiedad. Se vende aproximadamente por cien dólares la tonelada, ¡lo cual significa que la piedra que había en su terreno valía más de dos mil millones de dólares!

Si usted abre mucho su boca, Dios la llenará. Le pido que se libre de la taza, se libre del cubo y se libre del barril. Dios tiene un granero lleno de bendiciones preparadas para usted. No permita que una mentalidad limitada le retenga. Puede que ahora no vea cómo puede suceder, pero Dios tiene una manera. Si elimina usted los límites y hace espacio para que Él haga algo nuevo, rebasará los límites del pasado y entrará en la abundancia que Dios tiene preparada.

PARTE II

Considere a Dios, no las circunstancias

CAPÍTULO SEIS

Fe inconmovible

Cuando Dios pone una promesa en su corazón, tiene usted que llegar al lugar donde cree en esa promesa tan fuertemente que nadie puede convencerle de lo contrario. Puede que parezca imposible. Su informe médico puede que diga que no hay manera de que usted se recupere, o puede parecer que nunca saldrá de las deudas. Todas las circunstancias pueden indicar que usted nunca logrará sus sueños, nunca conocerá a la persona correcta o nunca verá restaurada a su familia. Pero en lo profundo de su ser tiene usted esta confianza: un conocimiento de que Dios sigue estando en el trono.

Él es mayor que cualquier obstáculo. Él ya tiene una manera. Él está obrando tras bambalinas. Lo que Él prometió sucederá en el momento correcto. No se desaliente si toma demasiado tiempo. No se queje si se produce un revés. Usted tiene esta confianza inconmovible.

Eso fue lo que hizo el apóstol Pablo. Él tenía una mentalidad establecida. Él dijo en Hechos 20:24 que ninguna de esas cosas le movía. ¿Cuáles eran esas cosas? Circunstancias que parecían imposibles, o personas que decían que nunca sucedería, o pensamientos negativos o desalentadores. Su actitud era: "Eso no me hace cambiar de opinión. No soy movido por lo que veo. Soy movido por lo que sé; y sé que si Dios está conmigo, ¿quién se atreve a estar contra mí? Sé que todas las promesas de Dios son sí y amén. Sé que Dios tiene la última palabra".

Su actitud debería ser: "No soy movido por lo que dice el informe médico. Respeto y honro a quienes intentan ayudarme a ponerme bien, pero sé que Dios puede hacer lo que la ciencia médica no puede hacer. Sé que Dios creó mi cuerpo. Los médicos pueden tratarme, pero sólo Dios puede sanarme".

O: "No soy movido por la economía que suba o baje, por la Bolsa de valores o por mi situación laboral, porque sé que Dios suple todas mis necesidades. Él ha prometido prosperarme incluso en una recesión".

La actitud inconmovible de un padre podría ser: "No soy movido por cómo se comportan mis hijos. No estoy estresado porque se hayan apartado del camino o estén tomando malas decisiones. Sé que es solamente cuestión de tiempo. Pero mi casa y yo serviremos al Señor".

Una persona soltera podría pensar: "No soy movido por el hecho de que esté soltero y no haya conocido a nadie. Sé que Dios ya ha escogido a la persona perfecta para mí. Dios ya ha ordenado que alguien se cruce en mi camino. Estoy totalmente persuadido de que esa persona está en mi futuro".

Esa es una fe inconmovible. Usted no es movido por las circunstancias. No está emocionado cuando sucede algo bueno y deprimido cuando no ve suceder nada. Sabe que todo lo que Dios le prometió está en su futuro, y por eso vive en paz. No se siente molesto, frustrado o desalentado. Está usted contento.

Sabe que Dios está en el trono obrando a su favor, de modo que sale cada día con pasión, con expectativa, y buscando las grandes cosas que Dios tiene preparadas. Abraham hizo precisamente eso. Dios le dio una promesa de que su esposa tendría un hijo. En lo natural, dar a luz era imposible para ellos. Abraham y su esposa Sara se acercaban a los cien años de edad. Pero dice en Romanos 4:20-21: "Ante la promesa de Dios no vaciló como un incrédulo, sino que se reafirmó en su fe y dio gloria a Dios". ¿Cómo podía Abraham tener esta fe inconmovible cuando en lo natural las probabilidades estaban contra él? Yo podría ver cómo pudo tener al menos un rayo de esperanza, pero dice que estaba totalmente convencido.

¿Cuál era su secreto? Romanos 4:19 dice: "Su fe no flaqueó, aunque reconocía que su cuerpo estaba como muerto, pues ya tenía unos cien años, y que también estaba muerta la matriz de Sara". La clave para tener una fe inconmovible es no considerar las circunstancias, sino considerar a su Dios. Sus circunstancias, como el vientre de Sara, pueden parecer estériles. Su situación económica puede parecer imposible. El informe médico puede parecer desesperanzador. Todos los expertos pueden decir que usted nunca logrará sus sueños. Si usted considera solamente los puntos negativos, será desalentado y llegará la duda, alejándole de lo mejor de Dios.

En cambio, debe ser como Abraham y decir: "No me enfocaré en las cosas negativas que hay en mi mente o en lo que los expertos me dicen. No me enfocaré en cuán grandes son mis problemas, sino que me enfocaré en cuán grande es mi Dios. Él hizo existir el mundo con sus palabras; Él situó las estrellas en el espacio. Él no está limitado por lo natural; Él tiene poder sobrenatural.

Cuando usted se centra en Dios en lugar de hacerlo en sus circunstancias, pueden suceder cosas sorprendentes. Recientemente nos dirigíamos a uno de nuestros eventos cuando llegamos a un atasco de tráfico. El evento estaba programado para comenzar a las 7:30 de la tarde. Salimos de nuestro hotel con tiempo de sobra, pero un auto estaba detenido en la autopista. El tráfico apenas se movía. No debería habernos tomado más de treinta minutos llegar al lugar, pero después de una hora en la carretera seguíamos estando muy lejos de nuestro destino. Parecía que no íbamos a llegar a tiempo.

Un miembro de nuestro grupo llamó e informó a quienes nos esperaban que llegaríamos tarde. Ellos enviaron a una escolta de policía para que nos encontrase y nos llevase hasta allí. Cuando los oficiales nos encontraron, uno de ellos se metió en nuestro auto para conducir. Se salió del tráfico y fue por el arcén para poder esquivar a los otros vehículos. Después de rebasar al auto detenido que estaba causando el atasco, nuestro conductor regresó a la autopista, que estaba vacía. Condujo 15 millas (24 kilómetros) superando el límite de velocidad, incluso adelantando a otros autos patrulla.

Nuestro conductor saludaba a sus compañeros policías. Pudimos quebrantar la ley porque la ley iba conduciendo con nosotros. Sin ese oficial en el asiento del conductor, nos habrían hecho detener y nos habrían puesto una multa por exceso de velocidad; pero debido a que la ley iba en nuestro auto, pudimos exceder el límite de velocidad. Usted puede beneficiarse del mismo modo. En lo natural, puede parecer imposible que usted se ponga bien. Las leyes de la ciencia médica puede que digan: "de ningún modo"; pero la buena noticia es que Alguien que va conduciendo con usted desbanca esas leyes. La ley de Dios desbanca las leyes de la medicina, las leyes de la ciencia y las leyes de las finanzas.

Con demasiada frecuencia consideramos sólo lo que podemos ver y sólo el lugar donde estamos ahora. Usted se limitará al pensar: "Esto es lo que gano, y si me aumentan el salario según el costo de la vida, aquí es donde estaré dentro de veinte años". Analizamos y hacemos proyecciones basándonos sólo en los fríos y duros hechos. Vemos esquemas y diseccionamos datos.

Es bueno tener un plan, pero hay veces en que toda circunstancia y todo informe dirán: "Es imposible. Nunca sucederá. Bien podrías conformarte con donde estás". Pero usted tiene que ponerse firme y decir: "Un momento. He llegado demasiado lejos para detenerme ahora. No me enfocaré sólo en lo que dice mi informe médico. No me enfocaré en cómo se ve mi cuenta bancaria. Me enfocaré en mi Dios y en su poder para desbancar todas las cosas en lo natural".

Puede que los negocios vayan lentos, puede que la economía esté en recesión, pero Dios dice que Él le prosperará incluso en el desierto. Su salario puede que le diga que no logrará hacer el pago de la hipoteca, pero Dios dice que Él suplirá para todas sus necesidades. Puede parecer que usted nunca saldrá de la deuda, pero Dios dice: "Tú prestarás y no tomarás prestado".

Su informe médico puede que diga que su única opción es vivir con esa enfermedad, pero cuando usted considera a Dios, Él dice: "Yo haré que recuperes la salud".

Cuando se enfoca solamente en los sentimientos de desaliento y soledad, puede que no sea capaz de prever que nada bueno suceda su vida; pero cuando considera a Dios, se da cuenta de que sus mejores días están por delante, y que su futuro será más brillante que su pasado. Las mayores historias no están a sus espaldas; están por delante de usted.

¿Está mirando sus circunstancias? ¿O está mirando a su Dios? A Él se le llama "el gran Yo Soy". Él está diciendo: "Yo Soy todo lo que necesitas. Si estás enfermo, Yo Soy tu sanador. Si estás batallando, Yo Soy tu proveedor. Si estás preocupado, Yo Soy tu paz. Si te sientes solo, Yo Soy tu amigo. Si tienes problemas, Yo Soy tu libertador. Si necesitas un descanso, Yo Soy tu favor".

Cuando considera a Dios y no sus circunstancias, Dios intervendrá y hará cosas imponentes. Mi amiga Courtney solicitó una beca en una importante universidad, donde quería estudiar drama y teatro. Dos mil seiscientos estudiantes solicitaron las únicas doce becas disponibles. Ella podría haber pensado: "¿De qué sirve? Son unas probabilidades terribles. Menos del 0,5 por ciento". Pero en lugar de enfocarse en las probabilidades, ella pensó en su Dios.

Su actitud fue: "Dios, tú controlas todo el universo, y si quieres que entre en esa universidad, entonces creo que harás que yo destaque. No soy movida por lo que veo, sino por lo que sé. Sé que tus planes para mí son para bien. Sé que tú tienes favor sobreabundante. Sé que tú recompensas a quienes te honran".

Hace unos meses, Courtney recibió una notificación diciendo que de los dos mil seiscientos solicitantes, ella era una de las doce personas escogidas para una beca completa, una posición muy prestigiosa.

En la Escritura, Dios pregunta a Abraham: "¿Hay algo demasiado difícil para el Señor?". Puede que usted esté empleando demasiado tiempo en analizar su situación. Tiene tantos datos y cifras que se ha convencido a usted mismo de que Dios no puede actuar. Si pasara más tiempo considerando a Dios y pensando en su grandeza y en las veces en que Él ha abierto camino en el pasado—meditando en sus promesas, declarando victoria y favor—, entonces, como Abraham, y como Courtney, verá usted intervenir a Dios y hacer cosas sobrenaturales.

Cuando adquirimos el Compaq Center para la iglesia Lakewood, nuestros arquitectos dijeron que las renovaciones costarían aproximadamente 100 millones de dólares. Teníamos que hacer una instalación eléctrica totalmente nueva y también otras importantes renovaciones. Yo pensé: "¿Y cómo podremos pagar todo eso?".

Nuestro equipo económico hizo los cálculos y proyectó cuánto podría aportar la iglesia en donativos en años posteriores. Pensamos en vender una parte de la propiedad que pertenecía a la iglesia. Después de calcular las cifras, nos dimos cuenta de que si todo salía bien, aun así estaríamos bastante por detrás de los fondos que necesitábamos para las renovaciones.

No podíamos hacer que funcionara sobre el papel. Yo estudié tanto todas aquellas cifras que me despertaba en mitad de la noche soñando al respecto. Las analicé de cien maneras diferentes, y a pesar de cómo hiciera los cálculos, siempre nos quedábamos cortos.

Un día, hice lo que le estoy pidiendo a usted que haga. Dije: "Dios, he pensado en las cifras; he considerado los hechos. He pedido a personas muy inteligentes que me hagan esquemas, proyecciones y análisis. No se ve nada bien; pero ahora, Dios, estoy cambiando mi enfoque y pensando en ti. Sé que tú dividiste el mar Rojo para Moisés; detuviste el sol para Josué; protegiste a Daniel de leones hambrientos. Tú tomaste cinco panes y alimentaste a cinco mil personas. Tú convertiste el agua en vino. Sé que tú hiciste todas esas grandes cosas en tiempos bíblicos, pero en mi vida te he visto sanar a mi madre cuando le diagnosticaron cáncer terminal. Tú sacaste a mi padre de la pobreza y la derrota, conduciéndole a una vida de abundancia y propósito. Tú salvaste mi vida en la autopista cuando mi auto daba vueltas de campana y un tráiler estaba muy cerca de mí. Tú hiciste que Victoria y yo nos encontrásemos con una casa que duplicó su valor de la noche a la mañana. Ahora nos diste este hermoso edificio cuando todas las probabilidades estaban contra nosotros.

"Dios, tú dijiste que terminarías lo que comenzaste en mi vida. Tú dijiste que veríamos la sobreabundante grandeza de tu poder. Tú dijiste que suplirías nuestras necesidades conforme a tus riquezas".

Cuando cambié mi enfoque y pensé en mi Dios en lugar de pensar en mis circunstancias, entonces mi duda, temor, ansiedad y negatividad no tuvieron oportunidad. Surgió la fe; surgió la expectativa; surgió la esperanza. Llegué a estar plenamente persuadido. Sabía que Dios abriría un camino, aunque yo no viese ningún camino.

Eso es exactamente lo que sucedió. Hoy día, todos nosotros en la iglesia Lakewood no sólo estamos creyendo para ver la promesa, sino que también disfrutamos de la promesa. No sólo estamos soñando el sueño; también estamos viviendo el sueño en nuestras hermosas instalaciones.

Aquello en lo que usted se enfoque es importante. ¿En qué está pensando en este momento? ¿Es el tamaño del obstáculo, o el tamaño de su Dios? Si va por ahí todo el día pensando en sus problemas, preocupado, ansioso y recreando todos los escenarios negativos en su mente, atraerá lo negativo.

Usted está utilizando su fe, pero la utiliza al contrario. Se necesita la misma cantidad de energía para ser negativo que para ser positivo. Se necesita la misma cantidad de energía para preocuparse que para creer. Le estoy pidiendo que utilice su energía para los propósitos correctos.

La mayoría de personas han pensado en sus circunstancias difíciles mucho tiempo. Han considerado el informe médico, su cuenta bancaria, y las probabilidades en contra una y otra vez. Ahora es momento de hacer un cambio y comenzar a considerar a Dios.

¿Por qué no pasa ese mismo tiempo que normalmente pasaría preocupándose en dar gracias a Dios? Dele gracias por trabajar. Dele gracias por las respuestas que están en camino. Dele gracias por tener el completo control.

En lugar de analizar en exceso una mala situación, pase su tiempo meditando en la Escritura: "Dios siempre me hace triunfar. Todo lo puedo en Cristo. Soy fuerte en el Señor".

En lugar de leer el mal informe médico por enésima vez analizando cada palabra, en lugar de pasar cuatro horas en Google buscando información sobre esa enfermedad, leer sobre cada persona que ha muerto debido a ella, tome el mismo tiempo y salga a caminar por el parque, y con cada paso diga: "Señor, gracias por la sanidad que viene a mí. Gracias porque estoy mejorando, estoy más fuerte y más sano".

Con cada respiración, ore: "Señor, gracias porque sigues estando en el trono. Tú me tienes en la palma de tu mano, y nada puede arrebatarme".

Aquí tiene una clave: cuando usted hace mayor a Dios, sus problemas se vuelven más pequeños. Cuando usted magnifica a Dios en lugar de magnificar sus dificultades, surge fe en su corazón, y esa fe le mantendrá plenamente persuadido. Preste atención a aquello en lo que se enfoca. Sea consciente de lo que está dando vueltas en su mente durante todo el día. ¿Está usted considerando sus circunstancias o está considerando a su Dios?

En una ocasión, Jesús iba de camino para orar por una muchacha enferma en una ciudad cercana. En el camino, le detenían una y otra vez, un retraso tras otro. En cierto momento se acercaron unas personas y les dijeron a quienes estaban con Jesús: "Díganle a Jesús que ya no necesita venir. Es demasiado tarde. Ella ha muerto".

La Escritura dice que Jesús lo oyó pero lo ignoró. A veces, a fin de permanecer en fe tiene usted que ignorar un informe negativo. Eso no significa que niegue los hechos y actúe como si no estuvieran ahí. En cambio, al igual que Jesús, puede que usted oiga el informe negativo, pero escoge no meditar en él.

Usted no va por ahí derrotado y pensando: "Esta es mi suerte. Sabía que no me pondría bien. Sólo hay que ver el informe del médico". Puede que usted tenga un informe negativo, pero la buena noticia es que Dios tiene otro informe. El informe médico puede decir, por lo que respecta a la ciencia médica, que usted no se recuperará, pero el informe de Dios dice: "Yo te restauro la salud y traigo sanidad a tus heridas".

¿Cuál de los informes creerá? El informe económico puede que diga que usted nunca estará libre de deudas, o que nunca podría permitirse la casa que quiere, o que nunca hará ese viaje misionero. Usted ve los números. Ha realizado todas las proyecciones. Hay un informe negativo; no lo niega, pero decide creer en cambio el informe del Señor.

Dios dice: "Todo lo que toques prosperará y tendrá éxito. Prestarás y no pedirás prestado". Pónganse de acuerdo con Dios. Otros informes puede que digan: "Nunca lograrás tus sueños. Nunca conocerás a la persona correcta. Nunca obtendrás ese ascenso". El informe de Dios dice: "Debido a que te deleitas en mí, yo te daré los deseos de tu corazón".

Si ha de tener una fe inconmovible y llegar a ser todo aquello para lo que Dios le creó, entonces aprenda a ignorar el informe negativo y decida creer el informe del Señor. Una vez, Jesús vio a unos hombres en la playa que estaban recogiendo sus redes de pesca, y retirando su equipo. Habían estado pescando toda la noche. Jesús les preguntó si podía tomar prestada su barca para poder alejarse de la orilla y enseñar a la multitud que se había reunido. No se conocían, pero los hombres estuvieron de acuerdo y Él tomó prestada la barca.

Cuando Jesús terminó de enseñar, dio las gracias a los pescadores diciéndoles que lanzaran las redes a lo profundo, donde pescarían una gran cantidad de peces. Aquellos hombres comenzaron a razonar en sus mentes, y surgieron dudas. Ellos pensaron: "Este hombre es un maestro, y nosotros somos pescadores de profesión. Así es como nos ganamos la vida; sabemos dónde pican los peces y dónde no. Hemos estado haciendo esto durante años. Somos expertos, y este no es el momento de pescar. No picará nada".

El problema de algunas personas es que saben demasiado. Conocen todas las razones por las que no pueden ponerse bien, por las que no pueden salir de la deuda y por las que nos serán exitosos. A veces, nuestro intelecto se interpone en el camino de lo que Dios quiere hacer.

En una ocasión, una señora me dijo después del servicio en Lakewood que tenía una extraña forma de cáncer y una expectativa de vida muy corta. Aunque yo acababa de hablar de alguien que había superado el cáncer tres veces, ella no tenía esperanza. Me dijo todos los detalles del porqué no podía ponerse bien. Me contó una historia tras otra de personas que no lo lograron. Siguió hablando de que las medicinas que funcionaban para otras formas de cáncer en realidad no tenían efectos sobre el tipo que ella tenía.

Cuando terminó de hablar, me había convencido. Yo también estaba deprimido. Yo ni siquiera estaba enfermo, ¡pero estaba listo para planear mi propio funeral! ¿Sabe usted cuál era su problema? Ella conocía demasiado. Lo analizó una y otra vez, lo estudió una y otra vez, y lo investigó. No es extraño que no tuviese fe.

Es bueno tener información, y no estoy diciendo que debiera usted vivir con su cabeza enterrada en la arena, pero en algún momento tiene que decir: "No llenaré mi mente de más dudas e incredulidad. Sí, quiero conocer los hechos, pero no necesito saber todos los detalles del porqué no me pondré bien, del porqué nunca saldré de las deudas o del porqué nunca lograré mis sueños".

A veces, tiene usted que apagar su mente. Si escucha a los expertos el tiempo suficiente, pueden abatirle con sus palabras. Con todos los hechos, las estadísticas y los detalles, pueden hacerle sentir derrotado. Es como el hombre del que oí hablar que estaba en el borde de un puente a punto de saltar. Estaba muy deprimido y desalentado. Un hombre se acercó corriendo y le dijo: "Por favor, por favor no salte. Tan sólo dígame cuál es el problema". Durante las tres horas siguientes, con gran detalle le contó al hombre todos sus problemas. Cuando terminó, ¡los dos saltaron!

Por eso yo quiero conocer los hechos, pero no quiero saber demasiado. Si usted no recorta la información negativa, le deprimirá. Salga de lo natural y diga: "Puede que esto sea imposible para los hombres, pero sé que todo es posible para Dios".

Los pescadores le dijeron a Jesús: "Hemos estado pescando toda la noche, y no obtuvimos nada. Tenemos mucha experiencia. Tenemos mucho conocimiento. No es la primera vez que salimos a pescar aquí. Agradecemos su consejo, pero nosotros somos los expertos, conocemos los hechos. Nos mandaron por correo esta mañana el último informe sobre pesca, y no hay nada".

Jesús les dijo, en efecto: "Lo que yo les he prometido puede que no tenga sentido en lo natural, pero tengo poder sobrenatural. Su informe puede que diga que no hay nada de pesca allí, pero tienen que entender que yo controlo a los peces. Puede que no estuvieran aquí anoche, ayer o la semana pasada; pero puedo asegurarles que los peces están ahí en este momento".

Jesús finalmente les convenció. Aunque parecía que estaban desperdiciando el tiempo, uno de los pescadores dijo: "Sin embargo, en tu palabra echaré la red".

Ellos tuvieron que apagar sus mentes llenas de dudas. Tuvieron que ignorar lo que su razonamiento, su lógica y su experiencia les decían. He aprendido que Dios no siempre es lógico; sus caminos no son nuestros caminos. Ellos salieron y obtuvieron tanta pesca que su barca comenzaba a hundirse, y tuvieron que llamar a otros pescadores para que acercasen otra barca.

Asegúrese de no convencerse y apartarse de lo que Dios quiere hacer en su vida. Puede que no parezca lógico, y todo su razonamiento puede que le diga que nunca sucederá. Puede que se sienta demasiado viejo, o que no tiene la experiencia; puede parecer que el informe es demasiado malo y todas las probabilidades están en contra de usted. Pero atrévase a hacer lo que hicieron aquellos pescadores llenos de dudas, y diga: "Dios, esta promesa que me has dado no tiene sentido; no parece que vaya a cumplirse nunca. No sé por qué debería estar esperanzado. Sin embargo, si tú dices, yo creo".

María, la madre de Jesús, hizo precisamente eso. Ella era una adolescente que vivía en Nazaret. Un día, se le apareció un ángel y le dijo: "María, eres una hija de Dios muy favorecida. Darás a luz a un bebé sin conocer varón, y Él será el Hijo de Dios".

Dios le declaró una promesa increíble. Podrá imaginar las dudas que le bombardeaban: "No se puede tener un hijo sin un hombre. Eso es imposible. Es desafiar las leyes de la naturaleza".

Si María tan sólo hubiera considerado lo que era posible en lo natural, habría abandonado; pero María entendía este principio: ella no consideró sus circunstancias; consideró a su Dios.

Me encanta el modo en que ella respondió al ángel. María no dijo: "Esto suena realmente descabellado. No es lógico, y no veo cómo podría suceder".

En cambio, ella fue valiente. Dijo: "Hágase conmigo según tu palabra".

María estaba diciendo: "Estoy de acuerdo. Que así sea. Si Dios dice que soy muy favorecida, entonces no me convenceré de lo contrario. Creo que soy muy favorecida. Si Dios dice que lo imposible puede suceder, entonces creo que lo imposible sucederá".

Así necesitamos ser cuando Dios ponga una promesa en nuestros corazones. Puede que no entendamos cómo algo puede suceder, pero no tenemos que convencernos de lo contrario. No ponemos excusas, sino hacemos lo que hizo Abraham y llegamos a estar plenamente persuadidos.

Puede que usted esté enfermo, pero Dios pone la promesa en su corazón de que Él le restaurará la salud. Usted puede decir: "El informe médico no parece bueno. Mi bisabuelo murió de lo mismo. Ha estado en nuestra familia durante generaciones". Puede convencerse a usted mismo para no creer lo mejor, o puede hacer lo que hizo María y decir: "Dios, si tú dices que me pondré bien, entonces yo creo que me pondré bien".

María dijo algo interesante cuando el ángel le dijo que tendría un hijo. Ella preguntó cómo podía ser posible eso, ya que nunca había estado con un hombre. Ella hablaba sobre lo físico, pero creo que hay un significado más profundo en su pregunta. Dios estaba diciendo: "Mis promesas no dependen del hombre". No tiene que tener a cierta persona para cumplir su destino. No necesita que su jefe le dé un ascenso. No necesita a alguien con poder que le ayude a tener buena suerte. Las promesas de Dios no dependen de a quién conozca o a quién no conozca. Lo principal para usted es conocerle a Él. Dios controla todo.

La Escritura dice que el ascenso no viene de las personas, sino que viene de Dios. Cuando llegue su momento de ser ascendido, o sanado, o restaurado, Dios no consultará con sus amigos, su jefe o su familia. Como el ángel le dijo a María, Dios hará que suceda sin ningún hombre.

Si Dios puede hacerlo sin ningún hombre, entonces puede hacerlo sin un banco; puede hacerlo sin medicina. Puede que usted haya pasado mucho tiempo pensando en sus circunstancias, pero es momento de empezar a pensar en su Dios. Él es el Creador todopoderoso del universo. Lo que Él ha declarado sobre su vida puede que parezca imposible, puede parecer demasiado grande. Cuando usted hace los cálculos, puede que no parezca lógico, pero no haga lo que hicieron los pescadores, y no analice en exceso. No intente razonar, porque se convencerá a usted mismo de que no puede suceder.

Haga lo que hizo María, y diga: "Dios, yo no veo una manera, pero sé que tú tienes una manera. Que así sea". Cuando lleguen pensamientos negativos, aprenda a ignorarlos. Hay un informe, pero Dios tiene otro informe. Él está diciendo: "Lo que yo he declarado sobre tu vida haré que suceda. Haré lo que he prometido".

Debido a que usted tiene esa fe inconmovible, debido a que está plenamente persuadido, entonces, al igual que Abraham, Dios hará cosas sobrenaturales en su vida. Él le está sacando de la deuda para llevarle a la abundancia. Usted vivirá sano; romperá toda adicción; verá restaurada a su familia; conocerá a las personas correctas; logrará sueños mayores de los que nunca imaginó.

CAPÍTULO SIETE

Tenga confianza en lo que tiene

Es fácil enfocarnos en lo que no tenemos. Las personas me dicen con frecuencia que no tienen el talento, la educación o la personalidad que les gustaría tener, pero mientras usted piense en lo que le falta, eso evitará que alcance lo mejor de Dios. No es suficiente sólo con tener fe en Dios; eso es importante, pero debería usted dar un paso más y tener fe en lo que Dios le ha dado. Tiene que creer que está equipado, que está capacitado. Tiene el talento, los recursos, la personalidad, lo que necesita para cumplir su destino.

Aquí está la clave: no necesita usted talento. Tiene exactamente lo que necesita. Si utiliza lo que Dios le ha dado, Él le llevará donde debe usted estar. He aprendido que no es necesariamente la cantidad de talento, la cantidad de educación o la cantidad de dinero. Lo que marca la diferencia es la unción de Dios en su vida. Puede tener un talento promedio, pero cuando Dios sopla en su dirección, irá más lejos que alguien que tenga un talento excepcional.

Puede usted tener un problema extraordinario, pero con el favor de Dios, Él puede proporcionar una solución común y darle la victoria. Eso es lo que sucedió con Sansón cuando un inmenso ejército le rodeaba. Él no tenía armas ni protección alguna; todas las probabilidades estaban en su contra. Comenzó a mirar a su alrededor para intentar encontrar algo para defenderse, y lo único que pudo encontrar fue la quijada de un asno. Él podría haber pensado: "Vaya, estupendo, qué suerte. Necesito una espada. Necesito un escudo, y lo único que tengo es esta quijada".

Era algo pequeño, era común, pero Sansón no lo menospreció. Él era lo bastante inteligente para entender que aquella quijada era parte de su destino divino. La agarró y la utilizó para derrotar a todo un ejército. Aunque esa quijada era común, se convirtió en algo extraordinario cuando Dios sopló sobre ella.

Usted no tiene que ser más grande, más fuerte o más duro para vencer sus obstáculos; no tiene que tener un gran talento a fin de hacer algo grande. Cuando honra a Dios con su vida, tiene usted la fuerza más poderosa de universo soplando en su dirección. Dios sabe cómo tomar algo ordinario y hacerlo extraordinario.

Póngase de acuerdo con Él y tenga confianza en que tiene exactamente lo que necesita. Nunca diga: "No tengo la fortaleza. No tengo el aspecto. Soy demasiado alto. Demasiado bajo. Soy demasiado joven. Demasiado mayor".

Descarte eso y declare: "Estoy ungido. Estoy equipado. Estoy capacitado. Tengo el tamaño correcto, y la nacionalidad correcta. Conozco las personas correctas. Tengo la cantidad correcta de talento".

La Biblia nos habla de un día en que Jesús había estado enseñando a miles de personas. Comenzó a hacerse tarde y la gente tenía hambre. Jesús se dirigió a sus discípulos y les dijo: "Quiero que les den algo de comer". Estaban en mitad de la nada. No había supermercados ni ninguna otra fuente de alimentos. Parecía que Jesús estaba pidiendo lo imposible. Pero aquí hay una clave: Dios nunca le pedirá que haga algo sin darle la capacidad para hacerlo. Oigo a personas decir: "Sé que necesito perdonar, pero sencillamente no puedo hacerlo. Es demasiado difícil". O: "Sé que debería aceptar ese puesto de gerente, pero no me siento calificado". Lo cierto es que tienen exactamente lo que necesitan.

Los discípulos no tenían confianza en que Jesús pudiera proporcionar alimento para todas aquellas personas. Dijeron: "Es imposible. No vemos la manera".

Cuando Jesús oyó todas sus excusas, finalmente dijo: "Ustedes me han dicho todo lo que no tienen. Lo único que quiero saber es lo que sí tienen".

Ellos dijeron: "Jesús, sólo tenemos cinco panes y dos peces, pero ¿qué es eso para tantos?". Ellos miraron lo que tenían y lo descartaron como insuficiente.

Ellos eran como quienes me dicen: "Creería si tuviera más talento, más educación, y más cosas a mi favor...".

Yo les digo que Dios les dice lo que Jesús dijo a sus discípulos: "Entréguenme lo que tienen. No pongan excusas; no se queden sentados en las bandas de la vida intimidados, pensando que no están calificados. Pongan su vida, sus sueños, sus metas y su talento en las manos de Dios".

Ya conoce la historia: Jesús tomó los cinco panes y los dos peces y oró por ellos. Todo fue multiplicado, y de alguna manera alimentó a más de cuatro mil personas. Eso es lo que sucede cuando usted entrega a Dios lo que tiene. Él lo multiplicará.

Ahora bien, lo que usted tiene puede parecer pequeño comparado con aquello a lo que se enfrenta, comparado con la dificultad económica, con el problema médico o el tamaño de sus sueños. Podría fácilmente sentirse intimidado, pero Dios está diciendo: "Tan sólo entrégame lo que tienes".

Si hace usted lo mejor precisamente donde está, viviendo con confianza, creyendo que Dios está soplando en dirección a usted, entonces Dios hará por usted lo que hizo por la multitud hambrienta. Él tomará lo poco y lo convertirá en mucho.

Aun así, la gente dice: "Tengo un gran problema, pero no tengo grandes recursos". Eso está bien. Dios los tiene, pues es el dueño de todo. Él le tiene en la palma de su mano. Su obstáculo puede ser alto, pero nuestro Dios es el Altísimo. Ese enemigo puede que sea poderoso, pero Dios es todopoderoso. Él tiene la última palabra.

Esto es lo que he aprendido: Dios no busca personas súper talentosas; Él busca personas comunes que quiten de Él todo límite de modo que pueda mostrar su bondad de maneras extraordinarias. Tenga confianza en lo que usted tiene. Cuando David fue a enfrentarse a Goliat, lo único que tenía era una onda y cinco piedras lisas. No parecía mucho.

Goliat casi le doblaba en tamaño. Goliat había sido formado militarmente; llevaba una armadura completa, tenía mucha experiencia y era muy poderoso. David era un adolescente; no tenía entrenamiento formal, ningún equipamiento ni tampoco experiencia en el campo de batalla. Él era un pastor. Cuando Goliat vio a David y lo bajito que era, el guerrero gigante se rió. Goliat dijo, en efecto: "David, ¿te has mirado en el espejo últimamente? No eres rival para mí. Yo soy más alto, más fuerte, más duro".

Pero David entendía este principio. Aunque su onda era pequeña, se dio cuenta de que Dios se la había entregado como parte de su destino divino. La Escritura dice que David corrió hacia Goliat. Uno pensaría que si su oponente le dobla en tamaño, se acobardaría. Intentaría sorprenderlo. Pero es diferente cuando usted sabe que está equipado y capacitado. Cuando entienda que Dios le ha dado lo que necesita, no se acobardará con temor, sino que correrá hacia sus enemigos.

Dios utilizó una sencilla onda para lanzar a David a un nuevo nivel de su destino. Mi pregunta para usted es: ¿Está pasando por alto algo pequeño, algo común, que Dios le ha dado? ¿Está sentado y pensando: "No tengo el talento, no tengo la educación, no conozco a las personas correctas"?

Usted tiene exactamente lo que necesita. Puede que parezca pequeño, pero cuando dé esos pasos de fe, Dios hará por usted lo que hizo por David. Él soplará en dirección a usted, y lo que era ordinario se volverá extraordinario. Cuando mi padre partió con el Señor en 1999, yo sabía que debía dar el paso y pastorear la iglesia, pero nunca antes había ministrado. Pensé en todas las razones por las que no podía hacerlo. No tengo la experiencia; no tengo la formación, no tengo la voz resonante; no tengo la personalidad dinámica. Y así seguía, pensando en todas esas excusas.

Un día, oí a Dios decirme algo, no en voz alta, sino en el interior de mi corazón. Me dijo: "Joel, me has hablado de todo lo que no tienes. Yo no estoy interesado en eso; lo único que te pido es que utilices lo que sí tienes". Di el paso con un poco de talento, un poco de capacidad, un poco de experiencia y un poco de confianza. No tenía mucho que dar, pero ahora entiendo que tenía exactamente lo que necesitaba. Parecía pequeño. Parecía ordinario.

Cuando usted entregue a Dios lo que tiene, Él tomará lo poco y lo convertirá en mucho. Ahora deje de decirle a Dios lo que no tiene y lo que no puede hacer. Tenga confianza. Tiene usted exactamente lo que necesita. Puede que no sea tanto como otros tienen, y eso está bien, pues no está usted corriendo la carrera de ellos. No tenga envidia de su talento; no codicie lo que ellos tienen, ni desee tener el aspecto de ellos, su personalidad o sus oportunidades.

Si Dios le diese eso, no le ayudaría; sería un obstáculo. Usted no está ungido para ser otras personas; está ungido para ser usted mismo. Cuando Dios sopló su vida en usted, le equipó con todo lo que necesita para cumplir su destino. Usted tiene el talento, la confianza, la fuerza y la creatividad para cumplir su propósito.

Ahora bien, puede que parezca pequeño al principio. Cuando yo comencé, me sentía descalificado e intimidado; pero a medida que dé usted pasos de fe, creyendo que está equipado, y con confianza en lo que Dios le ha dado, Dios tomará lo pequeño y lo multiplicará. Un día, levantará la vista y dirá, como yo dije: "¿Y cómo he llegado hasta donde estoy?".

Es la bondad y el favor de Dios.

Así lo expresa la Escritura: "No es con fuerza, ni con poder, sino por su Espíritu". No es sólo talento; no es sólo educación, no es sólo la familia de la que procedemos. Sobresalimos y vamos a lugares donde nunca soñamos cuando el Dios Altísimo sopla en nuestras vidas. A veces, nos sentimos como David debió de haberse sentido: "Lo único que tengo es una onda, y él tiene cinco veces mi tamaño".

Usted se enfrenta a un inmenso gigante, pero puede permanecer en fe. No tiene que perder sueño. Su onda, con la unción de Dios, es más poderosa que un guerrero gigante sin unción alguna.

Puede que se enfrente a un importante desafío en su salud, su economía o una relación. Puede que sienta que tiene un gran problema pero una fe pequeña. Permítame alentarle. No es necesario tener una gran fe. Tan sólo utilice la que tiene. Jesús nos dijo que si tenemos fe tan pequeña como un grano de mostaza, podemos decir a un monte: "Quítate". Nada es imposible.

Cuando usted utiliza incluso una fe pequeña, Dios puede mover montañas. Está bien decir: "Dios, no sé cómo va a funcionar esto. No sé cómo mis sueños podrían cumplirse. No sé cómo podría sobreponerme a esta situación médica, pero Dios, confío en ti. Mi vida está en tus manos".

Incluso si es una fe pequeña, es lo que permite al Creador del universo ponerse a trabajar. La Escritura nos dice que en una ocasión había cuatro leprosos sentados fuera de las puertas de la ciudad. Los leprosos eran contagiosos, y por eso tenían que quedarse lejos de las personas. Para empeorar aún más las cosas, un ejército rodeaba su ciudad. Habían cortado la provisión de agua y estaban esperando que el pueblo se quedase tan débil que pudieran entrar y atacarles. Aquellos leprosos no tenían nada a su favor y ningún futuro del que hablar, pero uno de los leprosos les dijo a sus tres amigos: "Si nos quedamos aquí sentados, ciertamente moriremos. ¿Por qué no lo intentamos y marchamos hacia el campamento del enemigo para ver lo que sucede?".

Notemos que ellos no tenían una gran fe. No dijeron: "Sabemos que Dios nos protegerá, nos liberará y nos salvará". Su actitud era: "Estamos seguros en un 99 por ciento de que moriremos. ¿Qué tenemos que perder?". Ellos tenían una fe pequeña, pero marcharon hacia el campamento enemigo.

¿No sabe que Dios les vio hacer ese viaje de fe? Ellos podrían haberse quedado sentados fuera de las puertas de la ciudad deprimidos, amargados, quejándose y culpando a Dios. En cambio, utilizaron lo que tenían; no mucho, tan sólo una pequeña fe, un poco de esfuerzo y un poco de fuerza.

La Escritura dice que a medida que marchaban hacia el enemigo, Dios multiplicó el sonido de sus pasos e hizo que pareciesen un inmenso ejército. Cuando el enemigo lo oyó, pensaron que estaban bajo el ataque de miles de tropas. Tuvieron pánico y huyeron para salvar sus vidas, terriblemente asustados. Se fueron con tanta prisa que ni siquiera recogieron sus pertenencias. Dejaron atrás todo su tesoro, su ganado y sus alimentos.

Cuando los leprosos llegaron al campamento y no había nadie allí, quedaron sorprendidos. Regresaron a casa y se lo dijeron a sus familias. Todos ellos regresaron y recogieron los despojos. Dios no sólo salvó sus vidas, sino que también los utilizó para salvar a toda la ciudad. Eso es lo que sucede cuando usted usa lo que tiene. No tiene que ser una gran fe; incluso una fe pequeña, tan sólo hacer algo pequeño, tan sólo mostrarle a Dios que confía en Él, y es entonces cuando cosas sobrenaturales pueden comenzar a suceder. Dios puede hacer que las personas oigan lo que Él quiere que oigan.

Hace años cuando yo trabajaba en el departamento de televisión en la iglesia Lakewood, me reuní con un vendedor para tratar de la compra de equipo para televisión. Él había llegado de otro estado porque ese pedido era muy grande. Tuvimos una buena reunión. Volvió a llamar unos días después y mencionó que podría hacernos el descuento que habíamos solicitado. Dijo que era el mayor descuento que había hecho jamás. Él había estado en la empresa durante más de treinta años.

Yo dije: "Eso es estupendo. ¿Cuál es el descuento?".

Él pareció un poco confundido, y dijo: "¿Qué quiere decir, Joel? Usted me dijo el precio exacto. Usted me dio la cantidad que podían permitirse".

Yo pensé: "Yo nunca le dije eso. Ni siquiera se corresponde con mi personalidad".

Aquello fue Dios que hizo que él oyese lo que Él quiso que oyese.

Esto es lo que he descubierto: Dios puede hacer que usted sea visto del modo en que Él quiere que sea visto. Puede que no se sienta con mucho poder o influencia. La buena noticia es que cómo se sienta usted no es lo que importa; es cómo Dios hace que a usted le vean.

Póngase de acuerdo con Dios. Puede que no lo sienta, pero parte de la fe es actuar. Actúe como si estuviese fuerte, ungido, confiado, seguro, capacitado y bendecido. Probablemente haya oído la frase: "Tiene que aparentarlo hasta lograrlo".

Nunca diga: "No tengo la fortaleza. No tengo suficiente dinero. Mi empresa nunca competirá con los demás negocios, que han estado años operando".

Usted no sabe cómo Dios está haciendo que usted sea visto. Puede que se sienta débil, pero debido a que el favor de Dios está sobre su vida, todo aquel con quien se encuentre piensa que es usted tan fuerte, tan confiado y tan exitoso como se puede ser. ¿Qué es eso? Es Dios que hace que los demás le vean como Él quiere que le vean.

Hágase un favor a usted mismo. No le diga a nadie cómo se siente. Tan sólo ponga los hombros erguidos; estírese; no se comporte con debilidad o intimidación, sino como un hijo del Dios Altísimo. Cuando permanece en fe de ese modo, Dios multiplicará lo que usted tenga. Él multiplicará su talento, multiplicará sus recursos y multiplicará su influencia.

Dios es un Dios de multiplicación. Lo que usted tiene puede que sea pequeño en este momento, pero necesita prepararse, pues no seguirá siendo pequeño. Usted entrará a abundancia, a buenos avances, a las personas correctas, a la sanidad, a la restauración, a nuevas oportunidades, y a un favor como nunca antes ha visto.

Cuando Moisés estaba dirigiendo a más de un millón de personas por el desierto intentando llegar a la Tierra Prometida, acababan de salir de Egipto y no parecía que tuvieran manera alguna de protegerse a sí mismos. Parecían vulnerables para sus enemigos. Moisés estaba desanimado y desalentado; el pueblo se quejaba. Él estaba a punto de abandonar, pensando que no tenía lo necesario, pero Dios le dijo: "Moisés, ¿qué tienes en tu mano?".

Moisés tenía una vara. La miró y dijo: "No es nada, Dios. Solamente un palo. Algo que agarré en el camino".

Dios dijo: "Tírala al suelo".

Él la tiró y se convirtió en una serpiente.

Dios dijo: "Agárrala".

Él la recogió y volvió a convertirse en una vara.

Dios le estaba mostrando que tenía lo necesario. Parecía ordinario; parecía insignificante, pues era solamente una vara. Pero si era necesario que se convirtiese en una llave para abrir una puerta, Dios podía convertirla en una llave. Si era necesario que fuese un escudo para protegerle, Dios podía convertirla en un escudo. Dios estaba diciendo: "Yo puedo hacer que sea lo que necesites. Puedo convertir una vara en una serpiente. Puedo tomar cuatro pasos y hacer que suenen como un inmenso ejército. Puede utilizar una sencilla onda para derrotar a un guerrero experimentado".

Deje de hablar acerca de lo que le falta y comience a utilizar lo que sí tiene. Puede que hoy tenga una fe pequeña, y eso está bien. Utilícela, y Dios puede mover montañas. Puede que tenga un talento promedio, y eso está bien. Utilícelo, y Dios puede hacer algo excepcional. Puede que se sienta débil, pero no se atreva a actuar con debilidad. Ponga erguidos sus hombros; lleve la cabeza bien alta, y Dios hará que usted sea visto del modo en que Él quiere que le vean. No es por su propio poder ni tampoco por su fuerza.

En este momento Dios está soplando sobre sus sueños; está soplando sobre sus finanzas; está soplando sobre su salud; está soplando sobre sus hijos. Su favor hará que avance usted más de lo que nunca pensó que fuese posible. Dios va a multiplicar lo que usted tiene. Multiplicará su talento, sus recursos y su creatividad.

Este no es el momento de retraerse con temor. Este es el momento de avanzar en fe. Levántese cada mañana sabiendo que usted está ungido. Está equipado. Está capacitado. Tiene todo lo que necesita para cumplir su destino.

CAPÍTULO OCHO

Sí está en su futuro

Cuando Dios trazó el plan para su vida, preparó a las personas correctas, los avances correctos y las oportunidades correctas. Él ya tiene sus sí planeados. Sí a ese ascenso. Sí a ese informe de salud favorable. Sí, usted se casará. Sí, será aceptado en la universidad. Puede que le hayan dicho mil veces no, pero Dios tiene la última palabra y Él dice: "Sí está llegando a tu camino".

Sí, logrará usted sus sueños. Sí, vencerá esa adicción. Sí, sus hijos cumplirán sus destinos. El *sí* está en su futuro.

Ahora bien, aquí está la clave: en el camino hacia el *sí* estará el *no*. Tiene usted que pasar por el *no* para llegar al *sí*. El error que cometen muchas personas es que se desalientan por el *no* y dejan de intentarlo. Trabajaron duro pero no fueron ascendidos; oraron y creyeron pero no se calificaron para la nueva casa. Emplearon tiempo y energía en una relación, pero no funcionó. Ahora piensan que nunca volverá a suceder.

Tiene usted que pasar por sus puertas cerradas antes de llegar a sus puertas abiertas. Cuando llegue a un *no*, en lugar de desalentarse, la actitud correcta es: "Estoy un paso más cerca de mi sí".

¿Y si pudiera mirar al futuro y descubriera que recibiría veinte *no* antes de llegar a su *sí*? Entonces estaría preparado para manejarlo cuando se enfrentase a un desengaño o a un revés. Si supiera que su *sí* estaba solamente a veinte *no* de distancia, no abandonaría si un préstamo no fuese aprobado, o si no consiguiera un gran contrato de ventas que esperaba conseguir. Tan sólo lo marcaría y diría: "Muy bien. Ese es un *no* menos en el camino. Ahora estoy solamente a diecinueve de distancia de mi *sí*". En lugar de quedar desalentado, sería alentado cada vez que oyera un *no*.

Pero demasiadas personas, debido a que se han encontrado con varios *no* seguidos, pierden su pasión. Tiene que hacer que esto cale en su espíritu. *Sí* está en su futuro. Puede que le hayan rechazado, le hayan pasado por alto o haya habido retrasos. Todo ello fue parte del plan de Dios. El *no* es sencillamente una prueba. ¿Llegará a desalentarse y conformarse donde está? ¿O seguirá avanzando y sabiendo que el sí llegará a su camino?

Uno de los miembros de la iglesia me dijo que su supervisor en el trabajo estaba a punto de jubilarse, y él estaba en la fila para ese empleo junto con dos compañeros de trabajo. Él era quien tenía más veteranía; había trabajado fielmente para la empresa por muchos años, pero fue pasado por alto para el ascenso. Escogieron a una persona más joven y con menos experiencia. Él se sintió engañado.

La situación no parecía justa, pero él entendía este principio. Sabía que ya había sí en su futuro, situados allí por el Creador del universo. No se amargó, ni dejó de hacer lo mejor. Se sacudió todo eso y siguió trabajando para Dios. Unos dos años después, el vicepresidente de la empresa se jubiló, y le ofrecieron ese puesto. Su posición ahora está muchos niveles por encima de la posición de supervisor que le negaron.

Dios sabe lo que hace. Puede que usted esté ahora en un *no*. Quizá una relación terminó, o le pasaron por alto para un ascenso, o perdió a un ser querido. No se desaliente. En cambio, diga: "Puede que esté en un *no*, pero nunca abandonaré mi sueño. Sé que llega un *sí*. Llega favor; llega sanidad; llega ascenso. No me quedaré atascado en un *no*. Sé que hay *sí* en mi futuro".

La Escritura dice: "Todas las promesas de Dios son sí y amén". Deberíamos levantarnos cada mañana y decir: "Padre, gracias por algunos *sí* para hoy. Sí, soy sano. Sí, soy libre. Sí, estoy rodeado por tu favor".

Leí que el 90 por ciento de todos los negocios que empiezan fracasan. El 90 por ciento de los negocios que empiezan por segunda vez tienen éxito. Pero el 80 por ciento de quienes comienzan un negocio y fracasan nunca lo intentan una segunda vez. ¿Qué sucedió? Se quedan atascados en un *no*. Se desalientan y piensan: "No sucedió la última vez. Nunca sucederá". No entienden que están sólo a un no de distancia de verlo tener éxito.

¿Ha abandonado alguna vez a unos cuantos *no* de distancia de ver un sueño hacerse realidad? ¿Y si supiera que tenía que atravesar solamente otros tres *no* y entonces conocería a la persona correcta?

Probablemente saldría y encontraría a personas a las que conocer sólo para decirles *no*, ¡y las apartaría del camino!

Tengo un amigo que quería comenzar un nuevo negocio, así que fue a su banco para pedir un préstamo. Había intentado el concepto del negocio a pequeña escala y había tenido éxito, y necesitaba que su banco le prestase el dinero para comprar importante equipamiento a fin de poder llevar el negocio a otro nivel. Fue al banco con el que había trabajado por muchos años. Todos los que estaban en el personal le conocían, y les encantaba su plan de negocio. Él había demostrado que el concepto funcionaba a escala menor, pero los préstamos eran muy escasos, y rechazaron su petición.

Fue su primer *no*. Él podría haberse desalentado y abandonado, pero acudió a otro banco. El segundo banco le dijo lo mismo: "Es una idea estupenda, pero sencillamente no es para nosotros".

Diez bancos declinaron su idea pero él siguió intentándolo. Veinte bancos le dijeron *no*. Treinta bancos le dijeron *no*.

Uno pensaría que él captó el mensaje y se volvió negativo, pensando: "Esto nunca funcionará. Estoy desperdiciando mi tiempo".

Pero cuando Dios pone un sueño en su corazón, cuando Él le da una promesa en su interior, en lo profundo de su ser usted sabe que tendrá éxito. Sabe que sus relaciones familiares serán restauradas. Sabe que su salud regresará. Sabe que sus sueños de negocios se harán realidad.

Al igual que mi amigo, usted comprende que cada *no* sencillamente significa que está un paso más cerca de su *sí*. Treinta y un bancos dijeron no. Treinta y un bancos dijeron: "No es para nosotros". Pero llegó el banco número treinta y dos y dijo: "Realmente nos gusta. Le daremos una oportunidad. Sí, lo haremos".

Dios tenía el *sí* de mi amigo, pero él tuvo que pasar por treinta y un *no* para llegar a él.

Usted no sabe cuándo llegará a su *sí*. Puede que esté solamente a cinco *no*. O, quién sabe, quizá la siguiente persona a la que conozca será su *sí*. La siguiente universidad donde envíe su solicitud será su *sí*. La próxima vez que resista la tentación, romperá el mal hábito. Será su *sí*.

Puede que haya visto a la hermosa actriz Janine Turner en programas de televisión como *Dallas*, *Northern Exposure* y *Friday Night*

Lights, al igual que en muchas películas. Esta señora tan agradable ha asistido a nuestros servicios en la iglesia Lakewood. Janine me dijo que desde que era pequeña tenía el sueño de llegar a ser actriz. Le encantaba cantar, actuar y entretener. Cuando era adolescente, llegó a ser modelo y después hizo algunos pequeños papeles en televisión y películas, pero quería ser una actriz más seria.

Entre los quince y los veintisiete años de edad, llegó a hacer hasta a cuatro audiciones cada día, cada semana, mes tras mes y año tras año, sin éxito alguno en encontrar un papel importante. Ella calculaba que durante aquellos doce años le habían dicho *no* más de mil veces.

Una y otra vez escuchaba: "No es usted lo que buscamos. No hay ningún papel para usted. Esta no es su fortaleza". Ella pasó por muchas decepciones y rechazo. Muchas actrices podrían haber abandonado después de uno o dos de aquellos *no*, pero no Janine. Su actitud era: "Ese fue tan sólo otro *no* fuera del camino. Ahora estoy más cerca de mi *sí*".

Janine siguió persiguiendo lo que Dios había puesto en su corazón. Y un día, cuando solamente le quedaban unos cuantos dólares y no sabía si podría pagar sus facturas, el principal productor de una importante red televisiva le llamó acerca de un papel protagonista que cambiaría su vida.

"Vamos a comenzar un nuevo drama en horario de máxima audiencia, y pensamos que usted sería la perfecta actriz protagonista. Se titula *Northern Exposure*". El programa se convirtió en un gran éxito durante cinco temporadas, ganando muchos premios. Janine Turner se convirtió en una estrella gracias a ese gran salto, pero tuvo que pasar por mil *no* para llegar a ese *sí*.

Puede que usted batalle con sus propios desafíos; quizá sea un mal hábito o una adicción. Usted piensa: "He intentado mil veces romper esto". Le estoy pidiendo que lo intente una vez más. La próxima vez puede que sea su *sí*.

Lo más probable es que no tengamos que pasar por mil *no* como Janine Turner. Mi pregunta es: "¿Está usted dispuesto a pasar por una docena?". ¿Seguirá intentándolo si cinco bancos le rechazan? ¿Permanecerá en fe si tres informes médicos seguidos no son buenos? ¿Aceptará la oportunidad de conocer a alguien nuevo si sus dos últimas relaciones no funcionaron? Si quiere avanzar, tiene que seguir recordándose a usted mismo: "Sí está en mi futuro. Sí, me casaré. Sí, seré ascendido. Sí, cumpliré mi destino".

Leí sobre un experimento en el cual los investigadores situaron a un depredador y a su presa—una barracuda y una caballa—en el mismo tanque para peces. Normalmente, la barracuda devoraría de inmediato a la caballa más pequeña, pero en este experimento los investigadores pusieron una división de cristal transparente entre los dos peces, de modo que la barracuda viese a la caballa y se lanzase a la captura, y se chocase con la división de cristal una y otra vez, haciéndose daño cada vez. Finalmente, la barracuda captó el mensaje de que no era capaz de comerse al otro pez.

Cuando la barracuda finalmente abandonó, los investigadores con cuidado quitaron la división de cristal de modo que nada separase a los dos peces. Lo interesante es que la barracuda nunca más volvió a perseguir a la caballa. Vivieron felizmente desde entonces, lado a lado en el mismo tanque. La barracuda fue condicionada a pensar que comerse la caballa nunca sucedería. Lo único que oía era: "No, no, no". La barracuda no pensaba que hubiera ningún *sí* en su futuro. Tenía que intentarlo una sola vez más, y el *sí* habría estado allí. La barracuda hubiera conseguido una suculenta cena.

Lo que le sucedió a la barracuda les sucede a muchas personas después de haberse golpeado contra la pared muchas veces, por así decirlo. Puede que usted haya intentado romper una adicción durante años, pero fracasó. Puede que haya trabajado duro, pero no consiguió los ascensos que buscaba. Quizá perseguía sueños, pero se encontró con puertas cerradas una y otra vez. Al igual que la barracuda, hemos permitido que esa fortaleza nos convenza de que nunca sucederá.

¿Cómo sabe usted que Dios no ha quitado la división de cristal que le retenía? ¿Cómo sabe que la próxima vez que lo intente no será su *sí*? La división que le separa de su sueño puede que haya estado ahí durante años, pero Dios puede quitarla en un segundo. Usted nunca lo sabrá hasta que lo siga intentando, siga soñando, siga persiguiendo lo que Dios puso en su corazón.

En la Escritura hay una historia sobre el profeta Elías y una gran sequía en la tierra. Elías fue a la cima del monte Carmelo. Oró y le pidió a Dios que pusiera fin a la sequía. Después orar, le dijo al pueblo: "Puedo oír el sonido de abundancia de lluvia".

Estaba diciendo: "Hay un *sí* en nuestro futuro. Llega la lluvia".

Elías le dijo a su ayudante que mirase al otro lado del monte para ver si había alguna señal de lluvia. El ayudante fue, y regresó para informar: "No, Elías. No hay ni una sola nube en el cielo. Está totalmente claro".

Elías no se desalentó y pensó: "Debo de haber entendido mal a Dios. No llega nada de lluvia. ¿Qué haremos?". En cambio, dijo: "Ese es un *no* fuera de juego. Ahora regresa y mira otra vez".

El ayudante fue y regresó con la misma respuesta: "Elías, no hay lluvia".

Elías debió de haber pensado: "Bien. Dos *no* fuera de juego. Entonces dijo: "Regresa y vuelve a mirar".

Tres *no*, cuatro *no*, cinco *no*, seis *no*. Después del séptimo viaje, el ayudante regresó y dijo: "Elías, esta vez vi una pequeña nube en el cielo. No era mucho, tan sólo del tamaño de la mano de un hombre".

Elías dijo: "Es mejor que consigas tu impermeable. Agarra tu paraguas, llega la lluvia a nuestro camino".

Mire, puede que sea un pequeño *sí*, un débil *sí*, un *sí* que apenas se ve, pero cuando usted está esperando que las cosas cambien a su favor—cuando sabe que Dios tiene *sí* en su futuro—, se agarrará incluso a una pequeña señal por la fe. "Ese es mi *sí*. Puede que otras personas no lo vean. Puede que otras personas intenten convencerme de lo contrario. Otras personas pueden decir que soy demasiado positivo, demasiado esperanzado. Eso está bien, pues soy un creyente y no alguien que duda. Sé que ese es mi *sí*".

No pasó mucho tiempo antes de que los cielos se abrieran y ellos vieran la abundancia de lluvia. Pero si Elías hubiera abandonado ante el primer *no*, el segundo *no* o el sexto *no*, nunca habría sucedido. Piense al respecto. Cuando Elías envió a su ayudante a mirar, aquello fue un acto de su fe. La fe es lo que hace que Dios se mueva. Hay sí en su futuro a la espera de que usted llegue buscándolo.

No una vez. No dos veces. No algunas veces. Siga mirando. Siga esperando. Siga soñando. Tiene que tener una mente decidida. Usted está en ello para ganar. No permitirá que las personas le convenzan de lo contrario, ni abandonará porque no sucedió según sus planes. No se conformará con la segunda mejor opción porque algunas puertas se hayan cerrado.

Cuando Thomas Edison estaba intentando inventar la bombilla, fracasó en sus primeros dos mil intentos. Dos mil veces lo intentó y no funcionó. Dos mil veces le dijeron no. Él podría haber abandonado, pero siguió buscando ese *sí*. Después de que Edison consiguiera una bombilla que funcionaba, un reportero le preguntó sobre todos sus experimentos fallidos. Él dijo: "No fallé ni una sola vez. Tan sólo encontré dos mil maneras en que no funcionó".

Puede que usted haya sufrido algunos reveses o desengaños, o intentó algo que no funcionó. Aquello no fue una pérdida de su tiempo. Cada desafío por el que ha pasado ha depositado algo en su interior. Dios no desperdicia nada, y usted no queda definido por su pasado. Usted es preparado por su pasado. Tan sólo porque haya tenido algunos *no*, no está descalificado para el éxito. El *sí* aún está en su futuro. Cuando llegue a su gran *sí*, como hizo Edison, todos los otros *no* se volverán insignificantes.

No se sienta mal porque no está donde quiere estar en este momento. No se enfoque en el desengaño, el fracaso o los errores, pues todos ellos son una parte del plan de Dios para prepararle para su *sí*. Siga avanzando, haciendo lo mejor, honrando a Dios, siendo decidido y persistente, y Dios promete que hay sí en su futuro.

CAPÍTULO NUEVE

Dios está preparando el camino para la victoria

Todos nos enfrentamos a situaciones que parecen imposibles. Es fácil desalentarse y pensar que las cosas nunca funcionarán, pero la Escritura dice que Dios va delante de nosotros enderezando nuestros lugares torcidos. Puede que usted no tenga en este momento las conexiones para lograr sus sueños, pero no tiene que preocuparse, pues Dios va delante de usted preparando las personas correctas. Él está organizando los avances correctos, las oportunidades correctas.

Puede que usted haya perdido un empleo o le hayan recortado sus horas de trabajo. Es fácil volverse negativo y pensar que nada cambiará nunca, pero tiene que entender que esa pérdida no es una sorpresa para Dios. Él no está arriba de los cielos rascándose la cabeza y pensando: "Oh no. ¿Qué hago ahora?".

Dios ya ha escrito cada día de la vida de usted en su libro. Él sabía exactamente cuándo se produciría ese revés, y la buena noticia es que Él ya ha organizado una respuesta. Antes de que usted tuviera el problema, Dios ya tenía la solución. Él va delante de usted en este momento preparando el siguiente capítulo de su vida. Si usted permanece en fe y mantiene la actitud correcta, entrará en un capítulo mejor, un capítulo con mayores victorias y mayor satisfacción.

Puede que sus compañeros de trabajo estén intentando apartarle, jugando a la política. Puede que ellos sean más veteranos que usted; puede que sean más poderosos. Pero cuando usted entiende este principio, no se molestará. No entrará allí e intentará jugar a su mismo juego y demostrarles quién es usted. En cambio, se mantendrá en paz sabiendo que el Dios Altísimo, el Creador del universo, Aquel que lo controla todo, va delante de usted. Él prometió pelear sus batallas; Él será quien le reivindique; Él enderezará sus errores. Si usted se mantiene en el camino y sigue haciendo lo mejor que puede, verá la mano de Dios obrar de maneras sorprendentes.

Puede que no suceda de la noche a la mañana, pero en el momento adecuado, en el período correcto, Dios no sólo apartara del camino a las personas equivocadas, sino que también le recompensará por cada injusticia. Él compensará el tiempo perdido y le guiará donde debe usted estar. Puede que se desaliente y piense que su situación nunca cambiará. Quizá no pueda ver suceder nada, pero si fuese retirado el telón, usted podría ver en la esfera invisible. Allí, vería a Dios obrando y organizando las cosas en favor de usted.

Él está planeando abrir esa puerta y hacer que cierta persona se cruce en su camino. Él le está situando en posición para las oportunidades correctas; incluso está mirando a años en el futuro y organizando soluciones a problemas que usted aún no ha tenido.

Quiero que lo siguiente cale en su espíritu como nunca antes: "Dios va delante enderezando mis lugares torcidos". Puede que haya pasado por un desengaño, una situación injusta, pero no se quede ahí; no se hunda en la autocompasión. En su futuro, Dios ya ha organizado un nuevo comienzo, nuevas amistades y nuevas oportunidades; están por delante de usted. Quizá el año pasado fuese difícil para su economía o para su carrera. Si tuvo algunos reveses, no cometa el error de esperar que este año sea igual. Obtenga una nueva visión. Este es un nuevo día.

Puede que haya dado un par de pasos atrás en tiempos recientes, pero permítame declarar sobre usted que Dios le impulsará hacia adelante. Dios ha planeado un crecimiento explosivo en su futuro. Él ya tiene preparadas nuevas ventas, nuevos clientes, nuevos negocios y nuevas colaboraciones. Su actitud debería ser: "Sí, la economía está mal, pero no estoy preocupado. Sé que Dios va delante de mí, y Él ha prometido que abrirá ríos en el desierto. Él me prosperará incluso en medio de una recesión".

Si está preocupado por su salud, su actitud debería ser: "El informe médico puede que no se vea bien. Algunos pueden decir que sencillamente tengo que vivir con esta enfermedad, pero yo tengo otro informe que dice que Dios está restaurando mi salud. Creo que en mi futuro, Dios ya ha liberado sanidad, salud y victoria".

Si su hijo se ha apartado del camino, hacer regresar a ese hijo puede parecer imposible en lo natural, pero su respuesta debería ser: "Sé que Dios puede hacer lo imposible. Puede que yo no vea la manera, pero sé que Dios tiene una manera. Creo que Dios va delante de mi hijo preparando a las personas correctas para que se crucen en su camino, apartando a las personas equivocadas, rompiendo toda fuerza de la oscuridad, abriendo sus ojos a todo engaño y dándole la sabiduría para tomar buenas decisiones para cumplir su destino".

La Escritura nos dice que el pueblo de Israel se enfrentó a una situación imposible. Fácilmente podrían haberse conformado donde estaban. De hecho, sus padres, a quienes Dios sacó de Egipto, habían hecho precisamente eso. Pensaron que sus enemigos eran demasiado grandes y sus obstáculos demasiado altos. Ese modo de pensar evitó que obtuvieran lo mejor de Dios. Muchos años después, sus hijos y nietos estaban frente al río Jordán, a punto de cruzar al otro lado y entrar en la Tierra Prometida, pero aquella tierra estaba ocupada por personas increíblemente fuertes y poderosas llamados los anaquitas. Realmente eran descendientes de gigantes. En lo natural, el pueblo de Israel no tenía oportunidad alguna. Puede imaginar lo intimidados que debieron de haberse sentido sabiendo que tenían que enfrentarse a aquellos inmensos guerreros. Mientras estaban frente al Jordán, sin duda pensando en si deberían seguir adelante o no, Dios les dio una promesa que les ayudó a avanzar.

Él dijo en Deuteronomio, capítulo 9: "Hoy están a punto de enfrentarse a un pueblo mucho más fuerte y mucho más poderoso. Han oído el dicho: '¿Quién puede soportar frente a los anaquitas?'. Pero el Señor su Dios cruzará delante de ustedes como un fuego devorador para destruirlos. Él los someterá para que ustedes puedan conquistarlos rápidamente".

Puede que usted esté afrontando una situación que parezca tan imposible como la de ellos. Quizá las personas con las que se enfrenta sean mucho más poderosas, o esté afrontando un problema de salud, una dificultad económica o un desafío legal. Puede parecer que no tiene usted ninguna oportunidad, pero Dios le dice lo que le dijo al pueblo de Israel: "El Señor tu Dios irá delante y se ocupará de tus enemigos de modo que puedas conquistarlos rápidamente".

Usted necesita recibir eso en su espíritu. Saldrá de los problemas más rápidamente de lo que piensa. Dios está luchando sus batallas por usted. Se pondrá bien más rápidamente de lo que cree, y su recuperación sorprenderá a los médicos. Usted logrará sus sueños mucho más rápidamente de lo que piensa.

Llegan a su camino saltos sobrenaturales. ¿Cómo puede ser eso? El Señor su Dios está cruzando delante de usted.

La Escritura dice: "¿Quién puede soportar ante los anaquitas? Ellos son grandes. Son fuertes. Son descendientes de gigantes". En términos actuales, sus preocupaciones serían más parecidas a: "Ya has escuchado las noticias. La economía va mal. La Bolsa está baja. No puedes ser bendecido. No puedes tener éxito este año". O: "Ya has oído lo que dice el informe médico. Estás muy enfermo, y podría ser que nunca volvieras a estar sano". O: "Recuerda lo que ese entrenador dijo de ti cuando eras pequeño. No tienes talento, no tienes lo que se necesita".

La próxima vez que alguien le diga algo desalentador, o la próxima vez que sus propios pensamientos intenten convencerle de lo imposible que puede ser una situación, sencillamente dé la misma respuesta que Dios dio al pueblo de Israel.

"Sí, puede que parezca imposible. Sí, mis desafíos son grandes. Todas las probabilidades están contra mí. No estoy negando los hechos, pero no estoy preocupado por ellos. Sé que Dios tiene la última palabra, y Él ha prometido que cruzará delante de mí y derrotará por mí a mis desafíos. Por tanto, mi declaración es: 'Los conquistaré rápidamente'".

Pásese a la fe. Póngase de acuerdo con Dios. Esos obstáculos que intentan retenerle no tienen oportunidad alguna. Nada puede estar en pie ante nuestro Dios. Dé la vuelta a esos pensamientos negativos que dicen que usted nunca se pondrá bien, nunca logrará sus sueños o nunca vencerá una adicción. En cambio, haga una declaración de fe:

"Venceré esta adicción rápidamente".

"Me pondré bien rápidamente".

"Lograré mis sueños mucho más rápidamente de lo que pienso".

No hará usted eso con sus propias fuerzas o su propia capacidad. Lo logrará porque el Dios todopoderoso, quien tiene su futuro en sus manos, irá delante de usted peleando sus batallas, y enderezando los lugares torcidos.

Hace unos años, entablé amistad con un hombre que pasó varios días instalando equipamiento en la oficina de nuestra iglesia. Realmente nos llevamos bien en ese breve período. Él vivía en otro estado, y yo solamente le vi una o dos veces durante los dos años siguientes, pero siempre era como viejos tiempos con él.

Entonces, doce años después de conocer a ese hombre, Victoria y yo nos encontramos con una oportunidad de negocios de las que surgen una vez en la vida en el campo de especialidad de él. Lo primero que hice fue llamarle. Él acudió, y durante un período de un par de meses negoció un contrato muy complicado y lo solucionó. El negocio llegó a ser un gran éxito.

Yo ni siquiera habría seguido esa oportunidad si no hubiera conocido a ese hombre. Ahora entiendo que Dios le trajo a nuestras vidas muchos años antes, no solamente por la amistad sino también para ese propósito concreto. Dios sabe lo que hay en su futuro, y conoce cada oportunidad que está delante de usted. Por eso Él cruza delante de usted para asegurarse de que las personas correctas estén ahí cuando usted las necesite.

Puede usted pensar que conoció a alguien sólo por accidente, o que solamente fue una coincidencia, pero un día mirará atrás, como hice yo, y verá el modo en que Dios utilizó a esa persona de manera fundamental para ayudarle a acercarse a su destino divino.

Mi hermano Paul y un grupo de cirujanos estuvieron en Haití después del gran terremoto. Estuvieron operando a muchas de las personas heridas. Un día, el monitor principal que habían estado utilizando para supervisar los niveles de oxígeno de los pacientes, su presión arterial y su pulso dejó de funcionar.

Sin ese monitor, no podían realizar más cirugías. Era demasiado peligroso trabajar sin supervisar los signos vitales de los pacientes. Paul y los otros médicos dijeron que necesitaban otro monitor. Hicieron llamadas telefónicas y todo lo posible para dar a conocer su necesidad, pero al principio no tuvieron éxito alguno.

Decidieron orar y pedirle a Dios que les diese un monitor para poder continuar ayudando a las personas heridas. No mucho tiempo después de comenzar a orar, el administrador del hospital, un haitiano, se acercó a ellos. Iba sonriendo de oreja a oreja, llevando un monitor totalmente nuevo en la caja, que nunca se había usado. Era exactamente el monitor que necesitaban.

Paul y los otros profesionales quedaron muy sorprendidos.

"¿Dónde encontró ese monitor?", preguntó mi hermano.

"Estuve en una convención para administradores de hospital en Estados Unidos hace dos años, y todo el que asistió tenía derecho automáticamente a un premio con el número de la entrada. Yo gané, y el premio fue este monitor".

Dos años antes de que se produjera el problema—dos años antes del gran terremoto—Dios ya había proporcionado una solución. En este momento, Dios está cruzando delante de usted. Él está preparando a las personas correctas, las provisiones correctas y las circunstancias correctas. Él sabe lo que usted necesitará dentro de una semana, dentro de un mes, incluso dentro de diez años. Y la buena noticia es que Él ya se ha ocupado de ello. Deje de preocuparse por cómo funcionará. Dios le está diciendo lo que le dijo a Josué: "Esfuérzate y sé valiente". Usted tiene a alguien que lucha en su lugar. El Creador del universo está soplando en dirección a usted, y su mano de favor está sobre su vida. Él está cruzando delante de usted, enderezando sus lugares torcidos. Mientras viva una vida que le honre a Él, Dios ha prometido que nada podrá levantarse contra usted.

Pienso en el avión que el capitán Chesley "Sully" Sullenberger hizo aterrizar con seguridad sobre el río Hudson en Nueva York. Recordará que el avión se chocó con grandes aves y los dos motores perdieron capacidad. Estaban a varios miles de pies en el aire, con unas 150 personas a bordo. El avión no tenía capacidad, y la situación parecía imposible. Pero el capitán Sullenberger es un piloto increíblemente experimentado. Cuando era joven sirvió en la Fuerza Aérea estadounidense pilotando aviones de combate. Recibió el premio Outstanding Cadet in Airmanship en la Academia de la Fuerza Aérea estadounidense. Sirvió como consultor de seguridad para la NASA, y es considerado uno de los principales expertos del mundo en seguridad en vuelo.

No sólo eso, pues el capitán Sully es piloto certificado de planeador. Durante treinta y seis años ha estado pilotando aviones sin motor. Muy pocos pilotos, si es que alguno, tenían más experiencia y más destreza en pilotar un avión sin ningún motor que el capitán Sully. ¿No es interesante? De los cientos de miles de vuelos que despegan y aterrizan con seguridad cada año sin ningún problema, el único vuelo que perdería la electricidad en todos los motores estaría pilotado por el único hombre que uno escogería para estar en esos controles si lo hubiera planeado con diez años de antelación.

Dios sabe lo que hace. Él puede ver el cuadro completo. Dios sabe lo que hay en su futuro: cada revés, cada desengaño y cada peligro.

Dios se asegurará de que esté usted en el lugar correcto en el momento correcto, y también se asegurará de que las personas a las que usted necesita estén en el lugar correcto en el momento correcto. Él está cruzando delante de usted. Si no es momento para que usted vaya, no se preocupe al respecto, pues no irá. Nada puede arrebatarle de las manos de Dios.

Bueno, usted dice: "Joel, si Dios tiene el control, entonces ¿por qué no evitó que aquellas aves golpearan contra los motores del avión del capitán Sullenberger en un principio?".

Dios no detendrá cada adversidad, ni evitará cada desafío. Pero si permanecemos en fe, Dios promete que nos hará atravesar cada desafío y nos llevará donde hemos de estar.

Me gusta la frase: "Dios nunca nos prometió una travesía suave, pero sí nos prometió una llegada segura". A veces, Dios permitirá desafíos solamente para mostrar su bondad de una manera mayor. ¿Sabe qué testimonio fue el ver un avión aterrizar con seguridad en el río Hudson? Aquel día, más personas reconocieron a Dios y su bondad que cualquier otra cosa que yo haya visto en toda mi vida. Los noticieros en todo el mundo comenzaron sus emisiones con historias sobre "el milagro en el Hudson". Personas que no creían en Dios se rascaban la cabeza y decían: "Eso tuvo que haber sido una intervención divina".

Quiero que usted tenga una nueva confianza, sabiendo que como creyente tiene una ventaja. El Creador del universo no sólo está luchando las batallas de usted, sino que también está preparando las personas correctas, los avances correctos y las oportunidades correctas. Al igual que con Josué, Dios está cruzando delante de usted. Al igual que con el capitán Sully, Dios situará a las personas correctas en su camino. Al igual que con mi hermano Paul y el monitor para cirugías, Dios tiene la solución antes de que usted tuviera el problema.

Puede que esté afrontando una situación que parezca que nunca va a cambiar. Permítame declarar esto sobre usted: la verá cambiar más rápidamente de lo que piensa. Saldrá usted de la deuda más rápidamente de lo que piensa. Cumplirá su destino mucho más rápidamente de lo que piensa.

CAPÍTULO DIEZ

La bondadosa mano de Dios

Si ha visto el popular programa de televisión *The X Factor*, sabe que los jueces buscan participantes que tengan ese *algo* indefinible que les haga destacar como artistas. Nadie puede definir exactamente cuál es esa cualidad especial. No es solamente el talento, no sólo el aspecto ni tampoco solamente la personalidad. Hay algo en ellos que les hace especiales, algo que les da una ventaja.

He oído a los jueces decir: "No sé lo que es, pero tú lo tienes".

Lo llaman el Factor X.

Cuando Dios sopló su vida en usted, puso algo en su interior para darle una ventaja. Hay algo con respecto a usted que le hace destacar, algo que atrae la oportunidad, algo que causa que usted venza obstáculos, que logre sueños. En ese programa de televisión lo llaman el Factor X, pero la Escritura lo llama "la bondadosa mano de Dios".

Ese algo especial es el favor de Dios; es su bendición. Usted no puede señalarlo con su dedo, pero sabe que no es solamente su talento, su educación o su duro trabajo. Es el Dios todopoderoso que sopla en dirección a usted. Podríamos llamarlo "el factor favor".

Al igual que yo, puede que a veces se pregunte: "¿Cómo he llegado hasta donde estoy? Esto no fue solamente mi propia capacidad". Mi madre pregunta con frecuencia: "¿Cómo me sobrepuse a esa enfermedad cuando el informe médico decía que no había ninguna solución?". Puede usted pensar: "¿Cómo podría estar tan feliz, tan bendecido, después de todo lo que he pasado?". No es solamente buena fortuna, no sólo un golpe de suerte. Es la bondadosa mano de Dios que le da su favor y su bendición sobre su vida.

El Salmo 44 dice: "No fue su propia fuerza lo que les dio la victoria. Fue porque los miraste con favor y sonreíste sobre ellos". Al igual que aquellas personas, las victorias que usted ha visto en el pasado no fueron solamente a causa de usted mismo. Dios le mostró favor. Usted no estaría donde está si la bondadosa mano de Dios no estuviera en su vida. Cada logro, cada buen avance, cada obstáculo que ha vencido, fue Dios abriendo la puerta, Dios atrayendo a las personas correctas, Dios dándole la vuelta. El Creador del universo estaba sonriendo sobre usted. Su bondadosa mano está obrando en su vida.

Ahora bien, puede que usted no tenga tanta educación formal como otra persona, pero eso está bien. Usted tiene una ventaja. Tiene este factor favor. Quizá no provenga de la familia más influyente, y eso está bien. El favor de Dios puede llevarle donde usted no podría llegar por sí solo.

En lo profundo de su ser tiene que saber que hay algo con respecto a usted que es indefinible. No puede medirse, no puede escribirse sobre el papel ni tampoco puede explicarse. Otras personas no serán capaces de saberlo. Lo único que saben es que usted lo tiene. Hay algo con respecto a usted que les gusta, algo que le hace tener éxito. Es la bondadosa mano de Dios.

Cuando usted se da cuenta de que tiene esta ventaja, saldrá cada día sin estar intimidado por sus sueños, sin estar desalentado o pensar que el problema es demasiado grande. No, usted pondrá sus hombros erguidos; mantendrá su cabeza alta y saldrá con brío en sus pasos, con confianza y seguridad, sabiendo que tiene usted lo necesario. Tiene el favor de Dios.

Recientemente, un amigo me dijo que quería comenzar un negocio, pero se encontró con un problema. Había realizado una gran investigación, y había creado una presentación fantástica; pero entonces se dio cuenta de que no tenía suficiente experiencia en este tipo de negocio. Cuando lo miró sobre el papel, no estaba calificado. Su corazón le decía: "Sí, puedo hacer esto", pero su mente seguía encontrando razones por las que no funcionaría.

Tiene que recordarse a usted mismo que debido a que mantiene a Dios en el primer lugar, debido a que le honra con su vida, hay algo con respecto a usted que no puede escribirse sobre el papel, algo que es indefinible. Es Dios todopoderoso que sopla en dirección a usted. Es Dios quien hace que lleguen buenos avances. Son las personas correctas que son atraídas a usted. Es la suave voz que le da información privilegiada, haciéndole saber cosas que son críticas para su éxito y que no pueden medirse.

Usted puede tener menos talento, pero con el favor de Dios irá más lejos que personas que tienen más talento. Puede usted tener menos experiencia y menos formación, pero debido a que el Dios todopoderoso está sonriendo sobre usted, llegará más lejos que personas que tienen más formación y más experiencia.

Si usted posee un pequeño negocio, puede que no tenga todo el equipamiento, todo el marketing, todo el dinero para respaldarle que tienen sus competidores, pero debido a que usted honra a Dios, su favor puede hacerle desafiar las probabilidades y sobrepasar a empresas que deberían estar superándole a usted con creces.

Uno de los miembros de Lakewood vio suceder eso en su pequeña empresa de computadoras. Aunque solamente tiene tres empleados, llegó un nuevo cliente de un competidor que tenía más de cien veces su tamaño. Esa otra empresa tenía una inmensa plantilla de personal, oficinas en todo el mundo, y prácticamente recursos limitados, pero ese cliente dijo: "Nos gusta su trabajo, y vamos a traspasar nuestra cuenta a su empresa".

Ahora, su empresa está sobrepasando a un competidor que tiene muchas, muchas veces su tamaño. Los ejecutivos de esa otra empresa se rascan la cabeza pensando: "¿Qué sucede con este hombre?". Yo le diré lo que es. Es la bondadosa mano de Dios, es el favor de Dios que le hace destacar. El favor de Dios está causando que personas sean atraídas a él.

No es lo influyente o educado que sea alguien, pues cuando tiene el favor de Dios, tiene una ventaja. El favor de Dios abre las puertas correctas; su favor causará buenos avances. El favor de Dios le hará lograr lo que no podría lograr por sí solo. Le da una ventaja.

Ahora bien, si quiere ver la bondadosa mano de Dios obrar, no puede pasar el día intimidado, pensando que es usted promedio o tan sólo esperando algún buen avance. Tiene que comportarse como si tuviera la mano de Dios sobre usted. Tiene que pensar como si tuviera favor, hablar como si tuviera favor, caminar como si tuviera favor y vestirse como si tuviera favor. No de modo arrogante, pensando que es usted mejor que otro, sino tan sólo viviendo con esa tranquila confianza, sabiendo que tiene usted una ventaja. La bondadosa mano de Dios está sobre su vida.

Eso fue lo que hizo Nehemías. Según la Escritura, él oyó que los muros de Jerusalén habían sido derribados, y el pueblo estaba viviendo en la ciudad desprotegido. Dios puso en su corazón el sueño de reconstruir esos muros. En lo natural era imposible, pues él vivía a más de mil kilómetros de distancia, trabajando como copero del rey. No tenía el dinero, la fuerza laboral ni la influencia. Sobre el papel, no tenía posibilidad alguna. El sueño era mucho mayor de lo que él podría lograr por sí solo. Pero Nehemías entendía este principio; sabía que tenía el factor favor.

Un día le pidió permiso al rey para ausentarse y regresar a Jerusalén para construir aquellos muros. Notemos su confianza, su valentía. Él no tenía una posición elevada en la plantilla de personal del rey; no era un miembro del gabinete ni un consejero. Trabajaba en la cocina, limpiando mesas. Pero cuando pidió ese tiempo libre, el rey no vaciló.

"No hay problema, Nehemías", dijo el rey. "Ve y regresa, y reconstruye esos muros".

Dios hizo que tuviese favor; pero Nehemías no se detuvo ahí. Dijo: "Su Majestad, necesito su ayuda. Necesito que usted escriba cartas para todos los líderes de las regiones diciéndoles que viajaré por sus tierras, diciéndoles quién soy y lo que estoy haciendo. Su carta me asegurará que tenga protección, de modo que no me hagan ningún daño".

El rey estuvo de acuerdo. Nehemías no había terminado.

"Una cosa más", dijo. "No tengo dinero, ni tampoco tengo ningún recurso. Necesito que escriba una carta pidiendo a las personas que son dueñas de serrerías y provisiones que me den materiales para reconstruir los muros de Jerusalén".

Una vez más, el rey dijo: "No hay problema, Nehemías. Haré eso por ti".

Nehemías se fue aquel día no sólo con las cartas de protección, sino también con los materiales que necesitaba para terminar la tarea. Nehemías 2:8 nos dice por qué sucedió eso. Nehemías dijo: "El rey accedió a mi petición, porque Dios estaba actuando a mi favor".

Nehemías reconoció que tenía el factor favor; sabía que Dios había puesto algo en él. Aunque sobre el papel no estaba calificado—no tenía la experiencia ni los recursos—, él dijo, en efecto: "Tengo algo mejor que eso: la bondadosa mano de Dios está sobre mi vida".

Cuando usted entiende que tiene este mismo favor, entonces, como Nehemías, se levantará con valentía, con confianza, y seguirá lo que Dios haya puesto en su corazón. Nehemías llegó a Jerusalén y vio que la ciudad estaba en total confusión, mucho peor de lo que él esperaba. Encontró a algunas personas y compartió su visión de reconstruir los muros. Al intentar convencerlos para que ayudasen, dijo en el versículo 18: "Entonces les conté cómo la bondadosa mano de Dios había estado conmigo".

Notemos que Nehemías siempre presumía del favor de Dios. No hay duda de que algunos de ellos dijeron: "Nehemías, no puedes hacer esto. Tú no eres constructor; no estás calificado ni tienes la experiencia. Esto es imposible".

Pero la respuesta de Nehemías fue: "No, hay algo en mí que ustedes no pueden ver, algo que no puede escribirse sobre el papel. La bondadosa mano de Dios está sobre mi vida".

Ellos comenzaron a reconstruir aquellos muros y tuvieron todo tipo de oposición. Los líderes de la ciudad intentaron prohibirlo; los críticos intentaron detenerlos; llegaron bandidos y comenzaron a luchar. Nehemías tuvo que enfrentarse a un desafío tras otro, pero el favor de Dios le ayudó a vencerlos. Debería haberles tomado al menos un año el terminar los muros, pero lo hicieron solamente en cincuenta y dos días.

Cuando usted entiende que la mano de Dios está sobre su vida, logrará sus sueños más rápidamente de lo que pensó que fuese posible. Puede que se enfrente a una situación como la de Nehemías, que parece imposible. No vaya por ahí hablando de lo grande que es el problema, o que nunca podrá lograrlo.

Descarte eso y haga lo que hizo Nehemías. Declare: "La bondadosa mano de Dios está sobre mi vida".

¿Cómo saldrá de la deuda?

"La bondadosa mano de Dios".

¿Cómo se pondrá bien?

"La bondadosa mano de Dios".

¿Cómo romperá esa adicción?

"La bondadosa mano de Dios".

¿Cómo logrará sus sueños?

"La bondadosa mano de Dios".

Cuanto más presuma del favor de Dios, más de su favor verá. No estaríamos leyendo sobre Nehemías hoy si él hubiera pensado: "Yo estoy solamente en el promedio. Me encantaría reconstruir los muros pero no tengo el dinero. Mi jefe nunca me dejará ir. Vivo demasiado lejos".

No se descalifique a usted mismo. La bondadosa mano de Dios está sobre usted.

Tiene el factor favor, así que no siga pensando en todo lo que le falta, los errores que ha cometido, o los mayores talentos de los competidores. Estará mirando solamente a lo natural, a lo que está sobre el papel, pero hay algo acerca de usted que no puede medirse, algo que sobrepasa su talento, su educación o su capacidad.

Es el favor del Dios todopoderoso.

Deje de decirse a usted mismo que el muro es demasiado alto, el sueño es demasiado grande o los obstáculos son demasiado elevados. No sucederá por su propia fuerza; no sucederá por su propia capacidad. Sucederá porque el Dios todopoderoso le favorece.

La victoria llegará porque Dios sonríe sobre usted. Póngase de acuerdo con Dios, y no vaya por ahí pensando pensamientos negativos y de autoderrota. En cambio, diga: "Padre, gracias porque tu bondadosa mano está sobre mí. Sé que tengo una ventaja. Otras personas puede que no la vean, y puede que intenten derribarme y descalificarme, pero eso está bien. Yo sé la verdad. Tengo el factor favor. Soy bien capaz de cumplir mi destino".

Eso es lo que hizo Nehemías, y él es uno de los héroes de la fe. Cuando esté usted en tiempos difíciles, necesita declarar el favor de Dios más que nunca. David dijo en el Salmo 41: "El favor de Dios evita que mis enemigos me derroten".

En sus finanzas: los negocios puede que vayan lentos. Usted no puede ver cómo avanzará. Necesita mirar esa deuda, esa carencia, y decir: "No me derrotarás. Tengo el favor de Dios. Todo lo que toque prosperará y tendrá éxito". Declare favor sobre sus finanzas.

En su salud: quizá esté afrontando una enfermedad, y las probabilidades están en su contra. El informe médico dice: "No hay solución". Mire esa enfermedad y diga: "No me derrotarás. La bondadosa mano de Dios está sobre mi vida. La sanidad fluye por medio de mí. Estoy más fuerte, más sano y mejor cada día".

Eso es lo que hizo Job. Él pasó por un período de nueve meses en el cual todo lo que podía ir mal fue mal. Perdió su negocio; perdió su salud; tenía grandes úlceras por todo su cuerpo. Estoy seguro de que era muy doloroso. Su esposa dijo: "Job, tan sólo maldice a Dios y muere. Nunca saldrá bien. Este es el final para nosotros".

Job tuvo muchas oportunidades para ser negativo, estar amargado y culpar a Dios. En cambio, Job entendía este principio: sabía que el favor de Dios evitaría que sus enemigos le derrotaran. En medio de la adversidad, no se veía bien; él se sentía mal, y todas las probabilidades estaban en su contra. Pero dijo en Job, capítulo 10: "Dios, sé que me has otorgado favor".

Job estaba diciendo básicamente lo que dijo Nehemías: "La bondadosa mano de Dios está sobre mí". Ahora bien, en lo natural no parecía que Job tuviera ningún favor. Parecía que todo mal avance que podría llegar, había llegado, pero de eso se trata la fe. No puede usted esperar a ver antes de decidir creer. Tiene que creer primero, y después verá.

Puede que esté pensando: "Joel, yo no tengo nada de ese favor. La bondadosa mano de Dios no está sobre mí. Si conociera mi situación, o si pudiera ver mi problema, lo entendería".

Usted está precisamente donde estaba Job. Está donde estaba Nehemías. Su actitud determinará el resultado. En Job 10, Job dijo: "Dios, tú me has otorgado favor". Él no fue restaurado y sanado y vio las cosas cambiar hasta el capítulo 42. Justamente al principio del problema, cuando fue más difícil, cuando fue más tentado a deprimirse, fue cuando él se puso firme, levantó su rostro hacia los cielos y dijo: "Padre, quiero darte gracias porque tengo tu favor".

No es sorprendente que Job terminara con el doble de lo que tenía anteriormente. No es sorprendente que sus enemigos no pudieran mantenerle derrotado. Muchas veces tendemos a posponer las cosas.

"Dios, en cuanto la situación cambie, entonces sabré que tengo tu favor. Entonces te daré las gracias".

"Dios, en cuanto reconstruya los muros, entonces diré a las personas que tu bondadosa mano está sobre mí".

"En cuanto logre mis sueños, entonces presumiré de tu bondad".

Sin embargo, lo que hace que Dios derrote a nuestros enemigos, lo que hace que nos dé avances y capacidades sobrenaturales, es que le ofrezcamos nuestra gratitud a Dios por su favor aunque no veamos una señal de favor. Él interviene cuando usted dice: "Padre, te doy gracias porque tu mano bondadosa está sobre mí" incluso cuando nada está a su favor. O cuando dice: "Señor, sé que tengo lo que se necesita" incluso cuando se siente descalificado, inferior.

Eso es lo que permite a Dios hacer cosas imponentes. Job habría permanecido derrotado si se hubiera quedado sentado pensando: "Bien, yo soy una buena persona. Amo al Señor. Espero que Dios haga algo con respecto a este problema". En cambio, Job consiguió la victoria porque puso en marcha su fe y declaró favor en medio de la adversidad.

Puede que usted se enfrente a grandes desafíos, y este no es el momento de quedarse pasivo. Más que nunca, al igual que Job, al igual que Nehemías, necesita usted declarar el favor de Dios. Diga a lo largo de todo el día: "Señor, gracias porque tu bondadosa mano está sobre mí. Señor, te doy gracias porque tu favor evita que mis enemigos me derroten. Señor, gracias porque tu favor abrirá un camino aunque yo no vea ningún camino".

Estaba leyendo sobre un pequeño pez llamado lenguado de Moisés. Es una pequeña platija que se encuentra en el mar Rojo, donde también hay grandes tiburones. Los tiburones normalmente se comerían ese tipo de peces. Pero a principios de la década de 1970, un grupo de investigadores observó algo sorprendente acerca del pequeño lenguado de Moisés. Todos los otros peces que eran del mismo tamaño y del mismo peso eran devorados por los tiburones, pero por alguna razón los tiburones no se comían el lenguado de Moisés.

Los científicos descubrieron que el lenguado de Moisés tiene un sistema de defensa muy característico. Siempre que siente algún tipo de peligro, este pez de modo natural secreta toxinas venenosas de sus glándulas. Las toxinas literalmente hacen que las mandíbulas del tiburón se paralicen. Uno de los informes mostraba una fotografía de este pequeño lenguado de Moisés en el interior de la boca de un tiburón. El tiburón obviamente había salido a la caza. Lo único que tenía que hacer el depredador era morder. La cena había sido servida.

Pero el tiburón no podía hacerlo. Dios puso algo en ese pequeño pez para protegerle, y la mandíbula del tiburón quedó paralizada. Tuvo que alejarse nadando del lenguado de Moisés durante algunos segundos antes de que su mandíbula regresase a la normalidad.

Eso es lo que la Escritura quiere decir cuando declara: "El favor de Dios evitará que mis enemigos me derroten". Dios ha puesto algo en usted que le hará ser victorioso.

El modo en que usted libera esas toxinas venenosas, por así decirlo, para mantener paralizadas las mandíbulas del tiburón es dando gracias a Dios por su favor. Cada vez que dice: "Señor, te doy gracias porque tu bondadosa mano está sobre mí, son liberadas toxinas que paralizan al enemigo.

"Señor, gracias porque estoy rodeado por tu favor". Más toxinas, más protección son liberados. Pero sucede lo contrario si usted va por ahí hablando de lo grande que es el problema y que nunca podrá lograrlo. Esa actitud negativa actúa como el cebo y atrae al enemigo, haciéndolo más difícil.

Cuando esté atravesando tiempos difíciles, recuerde al lenguado de Moisés. Si es usted negativo, está preocupado o comienza a quejarse, atraerá más dificultad, pero si se atreve a declarar el favor de Dios, liberará un poder que evitará que sus enemigos le derroten.

Cuando usted realmente entiende que tiene el favor de Dios, no quedará descolocado cuando lleguen problemas a su camino. Piense en ese pequeño lenguado de Moisés. Cuando está en la boca del tiburón, la presión sanguínea del pequeño pez no aumenta; no llama a la policía; no se deprime y dice: "Vaya, este no es mi día".

En cambio, sigue ocupándose de lo suyo. Sabe que hay algo especial con respecto a él. Antes de la fundación del mundo Dios ordenó que fuese protegido de ese enemigo, y por eso descansa en lo que Dios le hizo ser. Cuando usted tiene una revelación de que es un hijo del Dios Altísimo, coronado con favor, entonces cuando llegue la adversidad—cuando se enfrente a dificultades—, no se preocupará o quedará descolocado. Al igual que este pequeño pez, declarará usted el favor de Dios y sabrá que esos enemigos no pueden mantenerle derrotado.

Vi un reportaje en las noticias hace algunos años acerca de una muchacha adolescente que se había metido con su auto en una calle que estaba inundada. Se quedó atascada en su auto, y las aguas subían con rapidez. En sólo dos o tres minutos, las aguas cubrían su maletero. Ella no podía abrir las puertas del auto porque la presión del agua era demasiado fuerte. No podía bajar las ventanillas porque eran eléctricas y el motor de su auto se había detenido.

La noticia mostraba todo aquello a medida que sucedía. Mi corazón latía con fuerza. Ella estaba allí dentro orando sin cesar. Entonces, un hombre saltó al agua y nadó hacia su auto. Golpeó la ventanilla intentando romperla para abrirla, pero no pudo. Todo el tiempo el auto estaba flotando en la carretera. Nunca olvidaré aquella escena. Era como si las imágenes de la noticia fuesen en cámara lenta. En cierto momento, el auto se inclinó hacia adelante y se hundió bajo el agua.

Mi corazón se hundió también. En aquel momento saltó otro hombre al agua y nadó hacia el auto de la adolescente como si fuese Superman. De algún modo encontró el auto sumergido; buceó por debajo del agua y desapareció aproximadamente unos treinta segundos. Parecía una eternidad. Pero unos segundos después pude ver el brazo de la muchacha sobresalir por encima del agua.

Pensé: "¿Y cómo pudo el abrir una ventanilla o abrir una puerta bajo el agua?".

Entonces, el rescatador la sacó del agua y la llevó a tierra seca. Ella estaba bien y se fue caminando por su propio pie. Si aquello no fuese lo suficientemente increíble, cuando la grúa sacó el auto del agua, observaron que ninguna ventanilla había sido rota. Ninguna ventanilla estaba bajada. No había evidencia alguna de que alguna puerta hubiera sido abierta.

El reportero estaba perplejo. Dijo: "No sé. Imagínenlo ustedes".

Cuando usted camina en el favor de Dios, ninguna arma forjada contra usted prosperará. Independientemente de lo grande que parezca ser el obstáculo, el favor de Dios evitará que esos enemigos le derroten. Al igual que ese pequeño pez, Dios ha puesto algo en usted. Comience a declarar el favor de Él sobre su vida. Declare favor sobre sus finanzas, sobre su salud y sobre su familia. Ore a lo largo del día: "Señor, te doy gracias porque tu bondadosa mano está sobre mí".

También usted tiene este factor favor. No puede medirse. Hay algo con respecto a usted que no puede escribirse sobre el papel. Lo fundamental es que usted tiene lo necesario. Ahora haga su parte y active ese favor. En los momentos difíciles no se queje. Sea como Job y diga: "Señor, te doy gracias. Sé que tengo tu favor".

Cuando el sueño parezca demasiado grande, no abandone. Sea como Nehemías y diga: "Señor, te doy gracias porque tu bondadosa mano está sobre mí". Si hace eso, entonces como Job, vencerá cualquier obstáculo. Como Nehemías, logrará todo sueño que Dios le ha dado. Creo y declaro que usted llegará a ser todo aquello para lo cual Dios le creó, y tendrá todo lo que Dios quiso que usted tuviera.

PARTE
III

---

*Haga oraciones del
tamaño de Dios*

CAPÍTULO ONCE

Haga oraciones del tamaño de Dios

El modo en que ora determina el tipo de vida que vive. Si solamente hace oraciones pequeñas, comunes y para salir del paso, entonces vivirá una vida pequeña, común y para salir del paso. Pero cuando tiene la audacia de pedir a Dios grandes cosas, le pide que abra puertas que de otro modo podrían no abrirse nunca. Le pide que le lleve más allá que cualquiera en su familia; le pide que restaure una relación que parece totalmente terminada.

Cuando usted hace oraciones del tamaño de Dios, verá la grandeza del poder de Dios. A lo largo de toda la Escritura vemos este principio. Elías oró para que no lloviese, y durante tres años y medio no hubo lluvia. Josué oró para que hubiese más luz del día, y Dios detuvo el sol. Eliseo oró por protección, y sus enemigos que estaban justamente delante de él no le reconocieron. Dios le hizo invisible.

El denominador común es que ellos pidieron a Dios que hiciera lo impensable. Si usted quiere llegar a su más alto potencial, tiene que tener esa misma audacia. ¿Cuándo fue la última vez que pidió a Dios que hiciera algo imposible, o algo fuera de lo común? Una de las razones por las que no vemos a Dios hacer grandes cosas es que pedimos solamente pequeñas cosas. La mayoría de personas oran por sus alimentos; oran por protección; piden sabiduría a Dios. Todo eso es bueno, pero está limitando lo que Dios puede hacer. Debería haber algo por lo que usted ore y pida que parezca imposible, descabellado, algo que no puede usted lograr por sí mismo.

La frase que oigo en mi espíritu es *atrévete a pedir*. Su sueño puede parecer imposible. Puede que sienta que no tiene usted las conexiones o los fondos, pero Dios está diciendo: "Atrévete a pedirme que haga que suceda. Atrévete a pedirme que te relacione con las personas correctas. Atrévete a pedirme que derrame una inundación de mi favor".

Muchas veces oramos por cosas pequeñas: "Dios, mi hijo está tomando malas decisiones. ¿Podrías cambiarle?". Eso es bueno, pero es una oración común, y las oraciones comunes obtienen resultados comunes. Dios se encuentra con nosotros en el nivel de nuestra fe. Si usted pide algo pequeño, recibirá algo pequeño.

Una oración del tamaño de Dios es: "Dios, te pido no sólo que cambies a mi hijo sino que también le uses en gran manera. Permite que él toque a personas en todo el mundo".

Una oración común es: "Dios, ayúdame a llegar a fin de mes. Ayúdame a pagar mi renta". No hay nada de malo en eso, pero una oración del tamaño de Dios es: "Dios, te pido que me aumentes de tal modo que no sólo pueda pagar por completo mi casa, sino que también pueda pagar la casa de otra persona".

Una oración común es: "Dios, ayúdame a llegar hasta donde llegaron mis padres. Ayúdame a no perder ningún terreno". Pero una oración del tamaño de Dios es: "Dios, ayúdame a llevar a nuestra familia a un nuevo nivel. Permíteme establecer una nueva medida. Cuando las personas echen la vista atrás dentro de doscientos años, que puedan decir que fue ese hombre, o esa mujer, quien lanzó a nuestra familia más alto de lo que había estado nunca". Esa es una oración del tamaño de Dios.

Me pregunto cuántas de sus oraciones no están siendo respondidas sencillamente porque no está pidiendo.

Puede que se diga a usted mismo: "Dios es Dios. Si Él quiere bendecirme, me bendecirá". Pero la Escritura dice en Santiago 4:2: "No tienen, porque no piden". Si no está pidiendo en grande, entonces está provocando un cortocircuito para usted mismo. Nunca llegará a su mayor potencial si solamente hace oraciones pequeñas.

No estoy sugiriendo que pueda hacer una lista de deseos y orar por cada uno de sus caprichos. Le aliento a pedir a Dios lo que Él le ha prometido. Hay sueños y deseos que Dios ha puesto en su corazón, y que no aparecieron por casualidad. El Creador del universo los puso dentro de usted, y son parte de su destino divino.

Puede usted decir si un deseo o sueño proviene de Dios si implica algo mayor o más grandioso de lo que usted podría lograr nunca o adquirir por sí solo. Dios hace eso a propósito para que sea necesaria la fe. La fe es lo que agrada a Dios. La fe es lo que le permite hacer lo imposible.

Dios pondrá algo grande donde usted no tiene todo el talento, las conexiones o la confianza. También permitirá que un obstáculo se cruce en su camino, uno que usted no pueda vencer con su propia fortaleza. Cuando eso sucede, puede hacer una de dos cosas. Puede volverse negativo y decir cosas como:

"Qué mal que no vaya a funcionar".

"No tengo las conexiones".

"El informe médico no es bueno".

"No puedo conseguir la financiación".

Usted puede alejarse de sus sueños y deseos con sus palabras. O puede decir: "Dios, no puedo hacer esto por mí mismo, pero sé que tú eres todopoderoso. Tú no tienes limitaciones. No hay nada demasiado difícil para ti, así que Dios, te pido que tu favor brille sobre mí. Te pido que abras un camino, aunque yo no vea ningún camino. Dios, te pido que abras puertas que ningún hombre pueda cerrar".

Necesita usted ese tipo de audacia para pedir en grande. Esto es lo que hizo David: en 1 Crónicas 17, Dios le prometió que uno de sus descendientes siempre estaría en el trono; tendría una dinastía duradera. David podría haber dicho: "Dios, tan sólo soy un pastor que cuida de los rebaños de mi padre. No tengo ninguna educación formal. No soy tan grande, tan fuerte o tan talentoso como otros".

En cambio, David entendió esa promesa. Aunque parecía descabellada, David no la descartó. Dijo en 1 Crónicas 17:23-27:

"Señor, mantén para siempre la promesa que le has hecho a tu siervo y a su dinastía".

Imagine las agallas que tuvo David. El versículo 25 da la clave. Él dijo: "Tú, Dios mío, le has revelado a tu siervo el propósito de establecerle una dinastía, y por eso tu siervo se ha atrevido a dirigirte esta súplica". En otras palabras: "Dios, te estoy pidiendo algo grande no porque yo tenga todo el talento, la educación y las conexiones, sino simplemente porque tú lo has prometido".

Los sueños que Dios ha puesto en su corazón puede que parezcan imposibles, pero usted tiene que hacer lo que hizo David y decir: "Dios, tú lo prometiste, y ahora yo soy lo bastante valiente para pedírtelo".

Cuando sea así de audaz, no se sorprenda si tiene dudas como:

"Tú nunca podrías hacer eso".

"No tienes el talento".

"Has cometido demasiados errores".

"Vienes de la familia equivocada".

El enemigo comienza a inquietarse cuando usted empieza a pedir a Dios cosas grandes. Le dejará tranquilo si usted se conforma y hace solamente pequeñas oraciones comunes, pero las dudas bombardearán su mente cuando comience a hacer estas oraciones del tamaño de Dios y a pedirle que le lleve a lugares donde nunca ha estado, que toque a un familiar que se ha apartado del camino o que le dé los sueños ocultos de su corazón.

Llegarán pensamientos negativos: "¿Quién te crees que eres?". Tan sólo sonría y responda: "Soy un hijo del Dios Altísimo".

Un ministro al que conozco tenía un hijo de cuatro años que se puso muy triste cuando todos excepto uno de sus peces de colores murieron. Entonces, una mañana, descubrieron a ese último pez de colores flotando en la parte superior del agua, totalmente rígido. El pequeño dijo con gran decepción: "Papá, él también ha muerto".

El padre tan sólo meneó su cabeza. Antes de poder responder, su hijo dijo: "Papá, ¿podemos orar y pedir a Dios que sane a mi pez?".

El ministro quería que su hijo supiera que podía orar acerca de cualquier cosa; pero como padre, también quería dejar claro que a veces nuestras oraciones no son contestadas del modo en que queremos. Ese debate se libraba en su mente. Finalmente, dejó de razonar consigo mismo y dijo: "Sí hijo, vamos a orar".

A la mañana siguiente temprano, el padre oyó gritar a su hijo: "¡Sí!". Fue enseguida a ver de qué se trataba tanta emoción, y el pequeño dijo: "Papá, funcionó. El pez está bien".

El pez de colores estaba nadando tan sano como podía estar. Ese papá casi se desmaya. Antes de ver al pez cobrar vida, el padre tenía preparado su discurso: "Deja que te diga, hijo, lo que sucedió". Descartó su discurso y dijo: "Dios, tú puedes hacer cualquier cosa".

Dios no dijo que cuando usted ore debería asegurarse de que sea lógico y razonable, y que tiene que tenerlo todo solucionado. En cambio, nos alienta a creer y permanecer en fe. Eso es lo que permite a Dios hacer lo extraordinario.

¿Se ha apartado de sus sueños por sus palabras? ¿Se ha convencido a usted mismo de que nunca vencerá ciertos desafíos? ¿Por qué no sigue el ejemplo del hijo del ministro y quita los límites a Dios? ¿Y si sus sueños no están sucediendo porque usted no ha sido lo bastante audaz para pedir?

La Escritura dice en Lucas 12:32: "porque es la buena voluntad del Padre darles el reino". Dios quiere darle los deseos de su corazón, pero usted tiene que tener la fe de un niño y estar dispuesto a pedir.

Como padre, yo prefiero bendecir a mis propios hijos antes que a ninguna otra persona. ¿A quién le gustaría cualquier padre ver sobresalir y cumplir sus sueños? A nadie antes que a sus propios hijos. Así es nuestro Padre celestial también. Es su buena voluntad darle el Reino. Eso causa que haya una sonrisa en su rostro. Pero ¿y si mis hijos nunca pidieran nada? ¿Y si tuvieran temor a molestarme o hacerme sentir mal?

Yo diría: "Vengan aquí. Yo soy su padre, y quiero ser bueno con ustedes".

Puede que usted necesite pasar adelante. Deje de pedir en pequeño; deje de actuar como si estuviera molestando a Dios; deje de hacer oraciones débiles y para salir del paso. Su Padre es el dueño de todo. Él creó el universo. Si quiere usted ver la plenitud de lo que Él tiene preparado, debería aprender a pedir en grande.

Yo oro cada día: "Dios, lleva este ministerio donde ningún ministerio ha ido antes. Oro: "Dios, permite que mis hijos superen cualquier cosa que Victoria y yo hayamos hecho".

Hay cosas que oro en la intimidad y que nunca le he contado a otra persona. Son mis peticiones secretas. Si las compartiera, usted pensaría: "¿Lo dice en serio? ¿En realidad cree que podría suceder?".

El hecho es que puede que no todas sucedan, pero si yo no alcanzo mi mayor potencial, no debería ser porque no pedí la ayuda de Dios. No quiero llegar al cielo y oír decir a Dios: "Joel, yo tenía todo esto para ti—abundancia, buenos avances, sabiduría, favor, sanidad y restauración—, pero nunca pediste. Nunca liberaste tu fe. Te quedaste en la zona de seguridad. Yo quería que pasaras a la zona de fe. Hiciste oraciones comunes, y yo quería que hicieras oraciones del tamaño de Dios".

Creo que una razón por la que he visto el favor de Dios en mi vida es que he aprendido a pedir en grande. Cuando mi padre murió y yo nunca antes había ministrado, hice una oración audaz pidiendo a Dios que me ayudase no sólo a mantener lo que mis padres habían construido, sino también para que Dios me ayudase a ir más lejos. Fue una oración audaz cuando entré en aquella joyería, conocí por primera vez a Victoria y oré: "Dios, ¡permite por favor que ella vea lo guapo que soy!". Fue una oración audaz pedir a Dios que nos ayudase a construir nuestra iglesia en el estadio donde los Rockets solían jugar al baloncesto.

Miro atrás a mi vida y me pregunto qué no habría sucedido si yo no hubiera hecho oraciones audaces. Quizá no habría conocido a Victoria. Quizá no estaría ministrando en la iglesia Lakewood. Quizá no habría escrito libros que se han vendido en todo el mundo.

Es bueno pedir a Dios por sus necesidades, pero le desafío a pedir por sus sueños. Pida por sus metas. Pida por grandes cosas.

Un amigo me habló de una joven madre que trasladó a su familia desde Puerto Rico a Nueva York en busca de una vida mejor en la década de 1960. Ellos eran muy pobres, y vivían en un barrio difícil. Había todo tipo de drogas y violencia. Su hijo Víctor tenía solamente doce años cuando una pandilla le reclutó. Todo el mundo sabía que estaba en una pandilla; era ahí donde encontraba camaradería.

Cuando Víctor tuvo catorce años, estaba enganchado a la heroína. Ya había sido arrestado, había participado en robos y asaltos. Su madre estaba destrozada, y no podía controlar a su hijo. Ella era una mujer muy bajita, y no hablaba inglés, pero era luchadora.

Pero una cosa es que esa madre sabía era cómo orar. Cada día, siete días por semana y dos veces los domingos, iba temprano en la mañana a una pequeña iglesia instalada en un local comercial con su hermana, y allí oraban por su hijo. Ella no sólo oraba para que Dios le protegiera, le mantuviera fuera de los problemas y le liberase de las drogas. Esta madre sabía cómo hacer oraciones del tamaño de Dios.

Le pidió a Dios que le hiciera ministro y le utilizara para llevar a otros jóvenes a Dios. Mientras aún consumía drogas, Víctor llegaba a casa a las tres de la mañana, tan colocado como se pueda estar. Su madre le esperaba en la cocina; le daba un abrazo y decía: "Víctor, la mano de Dios está sobre ti. Él tiene un llamado en tu vida. No sólo te salva; te está haciendo un ministro".

Ella declaraba fe a su hijo. Al principio, cuanto más oraba, peor se comportaba Víctor. Su maestro en la escuela le dijo a la mamá de Víctor: "Su hijo va a terminar en la silla eléctrica. Nunca he visto a nadie que esté tan fuera de control".

Esta madre no permitió que eso la inmutase. Siguió orando, mes tras mes, aunque no parecía que Víctor estuviera mejorando. Lo que ella no sabía era esto: mientras ella estaba orando, Dios se estaba moviendo en un joven llamado David Wilkerson, que vivía en otro estado. Dios estaba llamando a ese ministro a ir a las calles más difíciles de Nueva York y hablar de las buenas nuevas.

Un día, Víctor se encontró con David Wilkerson que predicaba en una esquina en la ciudad de Nueva York. Víctor respondió al mensaje de David Wilkerson, y su vida fue transformada. En ese momento, Dios tocó su vida. Víctor se arrodilló y entregó su vida a Cristo. Dios le liberó de la heroína, le sacó de la pandilla y le apartó de una vida de violencia. En la actualidad, Víctor Torres no sólo es libre de drogas; es el pastor de una estupenda iglesia: New Life Outreach en Richmond, Virginia.

La iglesia de Víctor realiza grandes campañas para drogadictos y miembros de pandillas que están pasando por los mismos desafíos que él pasó. Va por todo el mundo contando su historia, hablando a pandilleros y a jóvenes con problemas a quienes muchos han calificado de sin esperanza. Me pregunto dónde estaría Víctor si esta madre no se hubiera atrevido a hacer una oración del tamaño de Dios. Quizá David Wilkerson nunca habría aparecido. Quizá Víctor estaría en la cárcel o incluso muerto.

Pero cuando parecía imposible, cuando todas las probabilidades estaban en contra de ella, todas las voces decían a esta madre: "Está desperdiciando su tiempo. Su hijo está demasiado apartado; nunca llegará a nada". Ella se puso firme y dijo: "Dios, tú prometiste que mi casa y yo serviríamos al Señor. Dios, tú hiciste la promesa, y como David, yo soy lo bastante valiente para pedírtela".

La mayoría de personas habrían hecho una oración normal: "Dios, protege a mi hijo, no permitas que resulte herido; Dios, guárdale de los problemas". Eso es bueno; pero cuando usted sabe cómo hacer oraciones del tamaño de Dios, Él removerá cielo y tierra para hacer que esa promesa se cumpla.

Puede que usted tenga un familiar al que está a punto de descartar. Al igual que Víctor, su familiar puede que esté tomando malas decisiones, y puede parecer que ese familiar nunca mejorará. Le aliento seguir pidiendo a Dios no sólo que haga regresar a esa persona, sino que también ayude a su familiar a hacer algo grande.

He descubierto que cuando Dios toca a alguien que ha estado viviendo un tipo de vida radicalmente errónea, la persona comienza a vivir un tipo de vida radicalmente correcta. Dios usará a esa persona para hacer cosas increíbles. Al igual que aquella madre, usted tiene la promesa: "Pero yo y mi casa serviremos al Señor". Dice en Salmos que la simiente del justo será poderosa en la tierra. No común, promedio y normal, sino excepcional, poderosa y sorprendente.

Ahora, no haga una oración promedio por sus hijos. No importa lo que estén o no estén haciendo. Haga una oración audaz: "Dios, te pido que mis hijos sean poderosos en la tierra. Te pido que los utilices de maneras increíbles. Permite que dejen un legado de fe que será visto durante generaciones futuras".

Atrévase a pedir en grande. Durante un reciente servicio en Lakewood oré con una estudiante universitaria que acababa de terminar su programa de máster. Ella está en investigación médica, es científica. Ni siquiera sé por qué lo dije, pero oré: "Dios, permite que encuentre la cura para el cáncer. Permite que marque una diferencia sorprendente".

Ella comenzó a llorar, y dijo: "Eso es lo que mis padres han orado por mí desde que era pequeña".

Alguien podría preguntar: "¿Y si eso no sucede?".

Yo prefiero pensar: "¿Y si sucede?".

No tienen, porque no piden. Dios está diciendo: "Pídeme grandes cosas. Yo creé el universo; di existencia al mundo con mis palabras. Yo puse las estrellas en el espacio. No me pidas un pequeño aumento de salario. No me pidas que tan sólo aleje a tus hijos de los problemas. No me pidas tan sólo poder sobrevivir en la vida.

"No, pídeme un Compaq Center. Pídeme que cambie a drogadictos. Pídeme hijos que harán historia. Pídeme que divida un mar Rojo. Pídeme que saque agua de una roca. Pídeme que abra las ventanas de los cielos y derrame inundaciones de favor, inundaciones de misericordia e inundaciones de mi bondad".

Dios está diciendo: "Te reto a que pidas. Te reto a que me quites todo límite. Te reto a que pienses en grande. Te reto a que estires tu fe, te reto a que hagas oraciones del tamaño de Dios".

En Mateo 20, Jesús iba atravesando una aldea cerca de dos hombres ciegos que estaban sentados a un lado del camino. Ellos escucharon toda la conmoción y la emoción por la llegada de Jesús, y comenzaron a gritar: "Jesús, ten misericordia de nosotros".

La gente a su alrededor les decía; "Cállense, pues le molestarán".

Ellos gritaron incluso con más fuerza: "Jesús, por favor, ten misericordia de nosotros".

Jesús se acercó a ellos y dijo algo interesante. Les preguntó: "¿Qué quieren que yo haga?".

Era obvio lo que ellos querían. Estaban ciegos. ¿Por qué les preguntó Jesús lo que querían? Él quería saber lo que ellos creían. Ellos podrían haber dicho: "Necesitamos a alguien que se ocupe de nosotros. Es difícil porque somos ciegos. Necesitamos un lugar mejor donde vivir. Necesitamos cobijo".

Aquellos dos hombres no defraudaron a Jesús. Fueron valientes, y dijeron: "Señor, queremos que nuestros ojos sean abiertos".

Cuando Jesús oyó su petición, tocó sus ojos y, por primera vez, pudieron ver. Imagine que Jesús estuviera delante de usted en este momento, y le dijera lo que les dijo a aquellos ciegos: "¿Qué quieres que yo haga?".

Su respuesta determinará lo que Dios haga. No diga: "Dios, tan sólo quiero lograrlo este año. Los tiempos son difíciles, Dios, y quiero que mi familia sobreviva. Somos muy disfuncionales. Dios, no me gusta mi trabajo, pero tan sólo ayúdame a soportarlo".

Atrévase a decir: "Señor, quiero ser libre de este dolor. Quiero romper esta adicción. Quiero casarme. Quiero ver a toda mi familia sirviéndote. Quiero pagar por completo mi casa. Quiero comenzar este negocio".

No es suficiente sólo con pensarlo; no es suficiente sólo con esperar que suceda algo sobrenatural. Cuando usted pide, Dios libera favor. Cuando usted pide, los ángeles se ponen a trabajar. Cuando pide, fortalezas son rotas. Cuando pide, el Dios Altísimo comienza a soplar en dirección a usted.

Dios dijo en los Salmos: "Abre tu boca, y yo la llenaré". Mi pregunta es: ¿Cuán abierta está su boca? ¿Qué está pidiendo? ¿Está haciendo oraciones audaces, o está haciendo oraciones para salir del paso?

Dios ha puesto semillas de grandeza en su interior. Él quiere que usted deje su marca en su generación. No debe usted ir y venir y que nadie le extrañe. Salga de su molde. Pida a Dios las peticiones secretas que Él ha puesto en su interior. Si pudiera lograrlo por usted mismo, entonces no es un sueño del tamaño de Dios. Ensanche su visión.

Mi familia y algunos de los miembros de nuestro personal estábamos en el estacionamiento del aeropuerto un viernes avanzada la noche. Acabábamos de realizar un evento de Night of Hope en otro estado, y eran las dos de la mañana. Salimos de nuestros autos y descubrimos que el auto de mi madre se había quedado sin batería. Los faros debieron de haberse quedado encendidos. Mi hermano Paul y yo nos pusimos a trabajar con mi amigo Johnny. Encontramos algunos cables de contacto. Yo situé mi auto cerca del de mi madre y pusimos los cables en ambos autos. Los faros de su auto se encendieron, pero no podíamos hacerlo arrancar. El motor no se movía; no hacía ningún tipo de sonido.

Yo aceleré mi auto y esperamos, intentando cargar la batería. Diez minutos después intentamos arrancarlo otra vez, pero no se produjo ningún sonido. El motor no funcionaba. Un mecánico del aeropuerto llegó para ayudarnos. Él trabajó sin descanso, pero no pudo conseguirlo.

Johnny sacó el manual de instrucciones del auto, e intentó ver si había algo que estábamos pasando por alto. Aquella noche hacía mucho frío. Aproximadamente treinta minutos después de intentar todo lo que se nos ocurría, Paul le dijo a mi madre: "No arranca; ven en mi auto y vendremos mañana a recogerlo".

Mi madre no tenía intención de dejar allí el auto. Le dijo: "No, Paul, tengo que oficiar dos funerales mañana, y necesito mi auto".

Eran ya las 2:30 de la mañana. Finalmente, yo dije: "Madre, puedo prestarte mi auto mañana. Puedes llevártelo a casa esta noche, y Paul me llevará a casa".

Pero nuestra madre dijo: "No quiero tu auto, quiero mi auto. Vamos a intentarlo otra vez".

Volvimos a intentarlo. Trabajamos en ello otros quince minutos, pero no sucedía nada. Yo dije: "Madre, podemos estar aquí toda la noche, pero el auto no va a arrancar. Bien podríamos irnos a casa".

"Dame las llaves", dijo ella.

Tenía esa expresión en su mirada que dice "no te metas conmigo".

No sé si ella estaba enojada conmigo o con el diablo. Probablemente con los dos. Se subió a ese auto y comenzó a orar. Cuando mi madre se pone realmente seria, ora en voz alta. Se asegura de que Dios pueda escucharla. Yo miré y mi madre estaba orando por el volante, estaba orando por la radio, orando por el salpicadero.

Ella no conoce la vergüenza. Cuando era pequeña oraba por el lavavajillas, oraba por el cortacésped. Nosotros estábamos allí sonriendo, nos encantaba verla a orar. De repente, oímos que el auto arrancaba. El motor no sonaba como si le estuviese costando; arrancó la primera.

Mi madre aceleró tanto el motor, que debió de haber presionado el pedal hasta el fondo. Lo mantuvo como si estuviera corriendo una carrera en Daytona. Sonaba como si el motor estuviera a punto de explotar. Cuando ella despegó, todos corrimos a cubrirnos. Ella conducía en círculos por el estacionamiento; una mujer de ochenta años haciendo giros a las tres de la madrugada.

Yo pensé: "Dios mío, hará que nos arresten".

Quería decirle: "Estás en tierra".

Cuando nuestra madre finalmente se alejó, ni siquiera nos dijo adiós. No dijo: "Gracias por intentarlo". No nos lanzó un beso; tan sólo nos dejó allí tras su estela.

Cuando se enfrente a situaciones que parezcan imposibles en su vida diaria, Dios dice: "Te reto a que ores. Te reto a que me pidas que ese auto pueda arrancar".

Puede que usted piense que Dios tiene cosas más grandes que hacer que ocuparse de que un auto arranque. Pero usted es lo más importante para Dios; es la niña de sus ojos. Muchas veces limitamos a Dios, y tenemos una perspectiva pequeña de Él. Pensamos que está por ahí ocupado dirigiendo el universo

"No puedo molestar a Dios con estas pequeñas cosas. Solamente puedo orar si estoy enfrentando una importante catástrofe".

Dios conoce el número de cabellos que hay en su cabeza. Él conoce sus pensamientos antes de que usted los piense y sus palabras antes de que las diga. Usted no está molestando a Dios al pedirle ayuda en su vida cotidiana. Dios quiere ser bueno con usted; quiere mostrarle su favor de maneras nuevas. Él le dice hoy: "Te reto a que pidas".

Miembros de una pequeña iglesia a los pies de las montañas Smoky construyeron un nuevo santuario sobre terreno donado por uno de sus miembros. Un mes antes de que se abriera la nueva iglesia, el inspector local de edificios les informó que su estacionamiento era demasiado pequeño. A menos que duplicasen la cantidad de espacios, no les permitirían abrir.

El problema era que habían utilizado cada parte de su propiedad a excepción del terreno que estaba a las espaldas y donde había una inmensa colina, casi una montaña. El pastor anunció la mañana del domingo siguiente que tendrían una reunión de oración especial aquella noche para pedir a Dios que de algún modo abriese un camino para que ellos pudieran abrir su nueva iglesia.

Veinticuatro de los miembros asistieron y comenzaron a orar. Después de una hora, el pastor anunció: "Dios nunca nos ha decepcionado antes, y no lo hará esta vez. Abriremos tal como está previsto".

A la mañana siguiente llamaron a su puerta. Era un capataz de la construcción con mirada seria. Le dijo: "Perdone, Reverendo, estamos construyendo un centro comercial en el siguiente condado y necesitamos tierra de relleno. Si usted nos vendiera la tierra de ese monte que hay detrás de su nueva iglesia, no sólo le pagaríamos la tierra sino que también allanaríamos las zonas donde cavemos".

Ellos consiguieron su estacionamiento gratuitamente, y se trasladaron a su nuevo edificio tal como estaba programado.

Cuando usted hace oraciones del tamaño de Dios, Dios intervendrá de modo asombroso. Puede que no esté viendo cosas grandes porque está pidiendo sólo cosas pequeñas. Dios está diciendo: "Pídeme que abra puertas que parecen imposibles. Pídeme que te conecte con las personas correctas. Pídeme por ese negocio con el que has soñado. Pídeme las peticiones secretas de tu corazón".

Si quiere usted llegar a ser todo aquello para lo cual Dios le creó, necesita audacia para pedir en grande. Como David, debe decir: "Dios, tú lo prometiste; lo veo aquí en la Escritura. Ahora seré lo bastante valiente para pedírtelo".

Si aprende a hacer esas oraciones del tamaño de Dios, entonces, al igual que con la madre de Víctor, verá usted a sus hijos llegar a ser poderosos en la tierra. Al igual que ese pastor, las personas correctas aparecerán en el momento adecuado. Al igual que con ese hijo del ministro, Dios le dará los deseos de su corazón.

CAPÍTULO DOCE

Recuérdele a Dios lo que Él dijo

Una de las maneras más poderosas de orar es encontrar una promesa en la Escritura y recordarle a Dios lo que Él dijo acerca de usted.

"Dios, tú dijiste que soy bendecido y no puedo ser maldecido".

"Dios, tú dijiste que me satisfarías con una larga vida".

"Dios, tú dijiste que tu favor no dura un tiempo sino toda la vida".

Cuando usted puede decir: "Dios, tú dijiste…", todo el cielo presta atención. Dios es fiel a su Palabra.

Isaías 62:6 dice que no descansemos y le recordemos a Dios sus *promesas*. No dice que le recordemos a Dios nuestros problemas. A veces utilizamos la oración como excusa para quejarnos: "Dios, estas personas en el trabajo no me tratan bien". O: "Dios, los precios de la gasolina son tan altos que no sé cómo voy a lograrlo". O: "Dios, estos niños me están volviendo loco. No puedo soportarlo más".

No tiene que contarle a Dios sus problemas, pues Él ya sabe lo que usted está pasando. Él conoce cada necesidad y cada preocupación. Él conoce el número de cabellos que hay en nuestras cabezas. Y por supuesto que está bien ser abierto y sincero y decirle a Dios cómo se siente, pero no convierta eso en una sesión de autocompasión. Todo lo que logrará es desalentarse aún más.

Si quiere ver las cosas cambiar, si quiere que Dios les dé la vuelta, entonces en lugar de quejarse encuentre una promesa sobre la cual poder estar firme. Acuda a Dios y diga: "Dios, tú dijiste que cuando el enemigo llegue contra mí por un camino, tú le derrotarás y harás que huya por siete caminos distintos".

"Sí, el precio de la gasolina es alto, pero no me voy a enfocar en eso".

"Dios, tú dijiste que suplirías para todas mis necesidades conforme a tus riquezas. Tú dijiste que eres Jehová-jiré; el Señor mi proveedor".

"Sí, la gente en el trabajo no me trata bien, pero no estoy aquí para quejarme. Dios, tú dijiste que serías quien me reivindica. Tú dijiste que pelearías mis batallas. Tú dijiste que lo que tiene intención de hacerme daño lo cambiarías y lo usarías para mi ventaja".

Cuando usted le recuerda a Dios sus promesas, permite que Dios haga que se cumplan. Puede que no se sienta bien, y el informe médico puede que no sea bueno. Usted podría fácilmente decir: "Dios, no veo cómo lo lograré. No veo cómo me pondré bien. El informe es muy malo".

En lugar de recordarle a Dios sus problemas, recuérdele sus promesas. "Dios, tú dijiste que me devolverías la salud y sanarías mis heridas. Tú dijiste que yo viviría y no moriría. Dijiste que lo que es imposible para los hombres es posible para Dios".

Cuando ora las promesas en vez de orar los problemas, se sentirá mejor, y eso cambiará su actitud de víctima a vencedor. La Palabra de Dios que sale de su boca es viva y poderosa.

Cuando Dios oye sus promesas, envía ángeles con las respuestas; pone en movimiento el milagro. Él cambiará las cosas en favor de usted. Puede que no suceda de la noche a la mañana, pero permanezca en fe y siga recordándole a Dios día tras día lo que le prometió.

En lugar de quejarse, recuérdele: "Dios, tú dijiste...". En lugar de suplicar, recuérdele: "Dios, tú dijiste...". En lugar de describir las circunstancias, declare sus promesas: "Dios, tú dijiste...".

Si forma el hábito de decir: "Dios, tú dijiste...", entonces finalmente verá suceder lo que Dios dijo en su propia vida. Un día, en lugar de decir: "Dios, tú dijiste...", usted dirá: "Dios, tú lo hiciste".

"Tú cambiaste la situación".

"Tú me bendijiste".

"Tú me sanaste".

"Tú me diste favor".

"Tú me restauraste".

"Tú me reivindicaste".

"Tú eres fiel a lo que dijiste".

Cuando los padres prometemos algo a nuestros hijos, haremos todo lo posible para hacer que esa promesa se cumpla. A nuestra hija Alexandra le encanta ir a Disneylandia. La llevamos allí cuando sólo tenía tres años, y se ha quedado enganchada desde entonces. Ahora es una adolescente, y hace algún tiempo que no hemos ido.

Recientemente le estaba dando las buenas noches y ella me dijo:

"Papá, de verdad quiero regresar a Disneylandia. ¿Me llevarás alguna vez?".

Yo no pensé mucho al respecto, y dije de pasada: "Claro. Te llevaré otra vez. Iremos dentro de poco".

"¿Lo prometes?".

"Sí, lo prometo".

No sabía en lo que me estaba metiendo. A la mañana siguiente, temprano y contenta: "Papi, dijiste que vamos a ir a Disneylandia. ¿Y cuándo vamos a ir?".

Pensé: "Vaya, y acabo de levantarme de la cama".

Cada dos días: "Papi, lo dijiste, lo dijiste, lo dijiste".

Debí de haber oído eso mil veces. Ella no estaba dispuesta a permitir que olvidase esa promesa. No es necesario decir que no pasó mucho tiempo hasta que regresamos a Disneylandia.

Si nosotros como padres terrenales somos movidos cuando nuestros hijos nos recuerdan lo que hemos prometido—si sentimos una obligación tan fuerte de responder a los *tú lo dijiste*—, ¿cuánto más nuestro Padre celestial respalda su palabra? Él no puede mentir.

Nosotros podemos romper promesas. Yo podría haber dado largas a mi hija y no haber sido fiel a mis palabras, pero Dios no puede ir en contra de su palabra. Todas sus promesas son sí y amén.

Necesita usted encontrar algunos *Tú dijiste*.

"Padre, *tú dijiste* que prestaré y no pediré prestado".

Recuérdele eso a Dios una y otra vez.

Quizá los negocios vayan lentos, y no vea usted cómo podría solucionar su situación. No acuda a Dios con eso. Tome un *tú dijiste*.

"Padre, tú dijiste que abrirías las ventanas de los cielos".

"Tú dijiste que mi copa rebosaría".

"Tú dijiste que todo lo que toque prosperará".

"Tú dijiste que me prosperarías incluso en un desierto".

Cuando usted constantemente le recuerda a Dios lo que Él dijo, está liberando su fe. Hablé con una señora cuyo matrimonio por diecisiete años estaba llegando a su fin. Ella estaba destrozada, pues su esposo le había dejado por otra mujer. Todo su mundo parecía que fuese a desplomarse. En esa situación, es fácil deprimirse y caer en la autocompasión y no tener esperanza alguna para el futuro.

Pero yo le dije lo que le estoy diciendo a usted: tiene que encontrar algunos *tú dijiste*. "Padre, tú dijiste que me darías belleza en lugar de cenizas".

"Dios, tú dijiste que me pagarías el doble por las cosas injustas que han sucedido".

"Dios, tú dijiste que mi final sería mejor que mi principio. Tú dijiste que todas las cosas obrarán para mi bien".

Cuando sea tentado a caer en la autocompasión, tan sólo dele la vuelta y declare un *tú dijiste*. A lo largo del día deberíamos recordarle a Dios sus promesas, como hizo mi hija Alexandra.

Cuando estábamos desayunando, de repente: "Papá, tú dijiste que íbamos a ir a Disneylandia. ¿Cuándo vamos a ir?".

"No lo sé aún, Alexandra".

"Pero papi, tú lo dijiste".

Finalmente le dije: "Alexandra, sé que lo he dicho. Me lo has recordado 450 veces". Fuimos a Disneylandia no porque yo quisiera ir, sino debido a lo que había prometido.

Isaías 62:6-7 dice que recordemos a Dios sus promesas, no nos quedemos en silencio, y no le demos descanso hasta que se cumplan.

Eso fue lo que hizo Alexandra; es una experta. No me daba descanso, y no se quedaba en silencio.

Cuando usted está firme sobre una promesa, no puede recordárselo a Dios una sola vez y pensar que eso es suficiente. Dice que no nos quedemos en silencio, y eso significa que debe ser usted persistente. Tiene que mostrarle a Dios que va en serio. No molestando a Dios, no suplicando a Dios, sino acudiendo a Dios en fe y recordándole una y otra vez lo que Él le ha prometido.

Cuando se despierte en la mañana y lleguen esos oscuros pensamientos ("Nunca te pondrás bien. Nunca lograrás tus sueños. Nunca saldrás de la deuda"), no los escuche. En cambio, meta la marcha.

"Padre, tú dijiste que en el momento en que oro, la dirección de la batalla cambia".

Al tomar un baño: "Dios, tú dijiste que soy más que vencedor".

Al conducir al trabajo: "Dios, tú dijiste que muchas son las aflicciones del justo, pero que tú me libras de todas ellas".

En la oficina, en un susurro: "Dios, tú dijiste que tienes preparada victoria para el justo".

Al conducir hacia casa: "Dios, tú dijiste que vas delante de mí y enderezas mis lugares torcidos".

No es suficiente con hacerlo una vez y pensar que ya está.

"Joel, yo hice eso hace treinta y siete años".

Tiene que ser usted persistente. La Escritura dice que no guardemos silencio. Tiene que ser usted un pesado cuando se trata de recordarle a Dios lo que Él le prometió. No suplicando ni demandando, pero implacable.

Jesús relató una parábola sobre un juez injusto. Ese hombre ni temía a Dios ni respetaba a la gente. Un día, acudió a él una viuda y le dijo: "Juez, tengo un problema. Un hombre me está molestando, y necesito que usted haga que me deje tranquila. Necesito protección".

Ella estaba diciendo: "Tengo una promesa del gobierno. La ley está de mi parte. Juez, le pido que haga cumplir la ley. Haga que me deje tranquila".

Ese juez no le hizo estar contenta, pues no le prestó atención alguna. Dijo: "No voy a hacer nada en su caso. No me moleste con eso. Váyase de mi tribunal".

Ella se fue, pero no se desalentó. Sabía que la ley estaba de su parte, así que siguió regresando día tras día, semana tras semana. Cada vez que el juez entraba en su tribunal, esa mujer estaba allí presentando su caso".

"Juez, haga cumplir esta ley. Es mi derecho. Está de mi parte".

Finalmente, ella agotó al juez, y el juez dijo: "Señora, voy a ayudarla no porque quiera o porque usted me caiga bien. Voy a hacerlo sólo para que me deje en paz".

Un pasaje de la Escritura dice que fue debido a su osada persistencia.

Así debemos ser cuando se trata de recordarle a Dios lo que Él dijo.

La buena noticia es que Dios no es como aquel juez. Dios está de nuestra parte. Él está de nuestro lado. Pero si queremos ver cumplirse sus promesas, debemos tener esa misma persistencia osada. En algunas promesas puede que deba estar firme por un año, o cinco años, o veinte años. Sea cual sea el caso, como aquella mujer, debería usted tener una mente decidida. No debe quedarse en silencio, pues sabe lo que le pertenece.

Mi hermana Linda y su esposo, Kevin, habían estado intentando tener un hijo por seis años sin éxito alguno. Lisa escribió un contrato con Dios. Enumeró en una hoja de papel todas las promesas en las que se apoyaba con respecto a tener un hijo. Lo hizo como si fuese un contrato legal, e incluso firmó la hoja y le pidió a Kevin que también la firmase.

Isaías 41 dice que presente su caso delante de Dios; que presente sus argumentos y muestre su prueba.

Lisa escribió al principio del contrato: "Dios, Kevin y yo te presentamos nuestro caso. Nuestro caso está basado en tu Palabra. Dios, tú dijiste en Génesis 1:28 que fuésemos fructíferos y nos multiplicásemos. Dios, ¿cómo podemos hacer eso a menos que tú nos ayudes?

"Dios, tú dijiste en el Salmo 112 que nuestros hijos serían poderosos en la tierra. Dios, ¿cómo podrá ser a menos que tú nos des hijos?

"Dios, tú dijiste en el Salmo 113 que tú haces que la estéril sea una feliz madre de hijos. ¿Cómo puede ser, Dios, a menos que tú nos bendigas con hijos?

"Dios, hemos hecho todo lo posible. Ahora, te presentamos nuestro caso basándonos en tu Palabra, sabiendo que tú eres fiel a lo que has dicho".

Ella tomó el contrato, esa hoja de papel llena de pasajes de la Escritura, y la puso en el espejo del baño, donde podía verla. Una y otra vez, semana tras semana, mes tras mes, ella seguía recordándole a Dios lo que Él había prometido.

Unos dos años después, Dios les bendijo con gemelos, y actualmente tienen tres hermosos hijos. Dios es fiel a su Palabra.

Mis preguntas son: "¿Está usted presentando su caso? ¿Tiene alguna prueba? ¿Ha hecho lo que hizo Lisa y ha encontrado la promesa que Él hizo de modo que pueda decir: 'Dios, tú dijiste que me harías una feliz madre de hijos'?

"Dios, tú dijiste que restaurarías lo que el enemigo ha robado".

"Dios, tú dijiste que me darías los deseos de mi corazón".

Si presenta su caso delante de Dios, la buena noticia es que a Jesús se le llama nuestro "Abogado". En el tribunal del cielo, imagine que Jesús es su abogado. Dios es el juez. Mientras usted presente su caso basándose en la Palabra de Dios, no puede perder. Él será fiel a su Palabra.

Sería bueno para todos nosotros hacer lo que hizo Lisa, y escribir una lista de las promesas en que nos apoyamos. Póngala en el espejo de su baño; en algún lugar donde la vea con frecuencia. A lo largo del día, semana tras semana, siga recordándole a Dios lo que Él le ha prometido.

Cuando lleguen a su mente esos pensamientos que le digan que nunca llegará más alto, que ha visto sus mejores días, presente su caso. Puede usted decir: "Dios, tú dijiste que el camino del justo va aumentando como la luz de la aurora".

"Dios, tú dijiste que la gloria de la casa postrera será mayor que la gloria de la casa primera".

"Dios, mi caso no está basado en lo que siento, ni está basado en la economía; no está basado en un informe médico, ni está basado en lo que alguien ha dicho sobre mí. Mi caso se basa únicamente en tu Palabra, y sé que tú no puedes mentir. Lo que tú dices, lo harás".

Eso es lo que significa presentar su caso delante de Dios.

Pero a veces, especialmente cuando es difícil, en lugar de presentar nuestro caso rogamos nuestro caso:

"Dios, por favor. Tienes que ayudarme".

"Dios, fui a la iglesia el pasado fin de semana".

"Dios, soy una buena persona. Me presté voluntario en el albergue".

El problema de eso es que usted no tiene ninguna prueba; no está mostrando ninguna evidencia. Tan sólo le describe a Dios cómo se siente; tan sólo describe todas las circunstancias.

Pero si presenta su caso como lo haría en un tribunal, tiene que estar preparado. No se limita a entrar y decir: "Juez, necesito ayuda". En cambio, lleva documentos; lleva evidencia; ha realizado su investigación. De la misma manera, cuando entra en el tribunal del cielo, por así decirlo, tiene que recordarle a Dios lo que dice el contrato.

"Dios, tú dijiste que ninguna arma forjada contra mi prosperará. Aquí está mi evidencia: Isaías 54:17".

"Dios, tú dijiste que siempre estás dispuesto a ayudar en tiempos de dificultad. Aquí está mi evidencia: Salmos 46:1".

"Dios, tú dijiste que quebrarías la fuerza de los malvados pero aumentarías la fuerza de los justos. Esta es mi evidencia: Salmos 75:10".

Cuando acude a Dios con evidencia, con lo que Él dijo, este es un caso poderoso; es un caso imbatible. Puede usted estar ocupado rogando su caso, pero si cambia y comienza a presentar su caso, verá a Dios comenzar a cambiar las cosas en favor de usted.

Conozco a una señora que se llevaba mal con su hija adolescente durante varios años. Acudía con frecuencia a Lakewood a orar, y siempre estaba triste y desalentada. Yo hacía todo lo posible por alentarla e intentar convencerla de que siguiera creyendo, pero parecía que no acudía tanto para orar como para quejarse de que Dios no estaba haciendo lo suficiente.

Compartí con ella este principio: en lugar de quejarse a Dios, necesita recordarle a Dios lo que Él le prometió. Le di el versículo en Proverbios 31:28. Dice que los hijos se levantan y bendicen a su madre.

Ahora bien, la hija de esta mujer le llamaba de todo excepto bendita; pero aún así, la madre lo tomó en serio. Dejó de quejarse y en cambio pasaba el día orando: "Padre, tú dijiste que mis hijos se levantarán y me llamarán bendita".

En lugar de quejarse cuando la hija era irrespetuosa, la madre oraba: "Padre, tú dijiste que mi hija me llamará bendita". Encontró también otras promesas: "Dios, tú dijiste que los hijos son un regalo de Dios para disfrutar de ellos".

Ella presentó su caso, planteó sus argumentos y ofreció sus pruebas. Unos tres años después, su hija tuvo un cambio total de actitud. Actualmente, la madre y su hija son muy buenas amigas. Ella es tan amable y respetuosa como se puede ser; hacen todo juntas, incluyendo acudir juntas a la iglesia.

La madre me dijo recientemente: "Joel, ahora cuando digo que mis hijos se levantarán y me llamarán bendita, ya no lo digo por fe solamente, pues se ha convertido en realidad. Dios ha hecho que esa promesa se cumpla".

Eso es lo que Dios quiere hacer en nuestras vidas.

¿Está rogando su caso, o está presentando su caso recordándole a Dios lo que Él le prometió? Hay una increíble promesa en Génesis 12:2 que Dios nos hace a todos nosotros. Refiriéndose a la simiente de Abraham, Dios dice: "Engrandeceré tu nombre". Otra traducción dice: "Haré que tu nombre sea distinguido". Esa es una gran promesa que recordarle a Dios.

Tengo un amigo que se crió en una familia con muy mala reputación. Su nombre era cualquier cosa menos distinguido. Eran conocidos por delitos, drogas y otras actividades ilegales. Muchos de sus familiares habían ido a la cárcel, y su reputación como delincuentes se remontaba a tres o cuatro generaciones.

Cuando era joven, entregó su vida a Cristo, y fue por un mejor camino. Hacía todo lo posible por sobreponerse a todo aquel equipaje negativo, pero parecía como si aquella oscura nube le siguiera dondequiera que iba. Cuando las personas se enteraban de cuál era su apellido, especialmente en su comunidad, le trataban de modo diferente. No querían tener nada que ver con él; era como si él llevase puesta su señal de deshonor.

Yo le dije que le recordase a Dios sus promesas. Cada día necesitaba decir: "Dios, tú dijiste que engrandecerías mi nombre. Tú dijiste que si yo te honro, tú me honrarás".

En lugar de rogar su caso y decir: "Dios, esto no es justo. ¿Por qué nací en esta familia? ¿Por qué tengo que soportar esta mala reputación?", él presentó su caso: "Dios, tú dijiste que harías que mi nombre fuese distinguido".

Llegó a convertirse en un entrenador muy exitoso. Un día, me enseñó una fotografía en la cual estaba aceptando un premio. Fue escogido como Entrenador del Año en su distrito escolar. En el vestíbulo de aquella escuela hay una placa con los nombres de todos los ganadores de ese premio. Cada año añaden a esa lista a un nuevo entrenador.

Él señaló el nombre de arriba. Decía: "Entrenador del Año", y debajo, con grandes y destacadas letras, la placa decía: "Distinguidos galardonados". Ahí estaba su nombre. Sonrió y me dijo. "Joel, Dios ha hecho que mi nombre sea distinguido".

Dios es un Dios fiel. No ruegue su caso; no le diga a Dios por qué no puede usted ser exitoso, por qué no puede ponerse bien, por qué nunca saldrá de la deuda. Presente su caso. Recuérdele a Dios lo que Él dijo acerca de usted. Haga una lista de las promesas en las que se apoya.

Cuando acuda al tribunal del cielo, por así decirlo, lleve evidencia; lleve sus pruebas. "Dios, tú dijiste que soy bendito y no puedo ser maldito". Presente su caso como hizo mi hermana Lisa: "Dios, tú dijiste que me harías la feliz madre de hijos".

"Dios, tú dijiste que restaurarías lo que el enemigo ha robado".

No se quede en silencio. Recuérdele esas cosas a Dios una y otra vez. No molestando a Dios; no suplicando a Dios. No, acuda a Él en fe con un *tú dijiste*.

Si le recuerda a Dios sus promesas y no le recuerda los problemas que usted tiene, entonces Él será fiel a su Palabra. Lo que Dios prometió, Él lo hará.

CAPÍTULO TRECE

El poder de creer

Una de las mayores capacidades que Dios nos ha dado a cada uno de nosotros es nuestra capacidad de creer. Si usted cree, puede ser exitoso. Si usted cree, puede vencer los errores del pasado. Si usted cree, puede cumplir el destino que Dios le ha dado. Hay un poder increíble en lo que creemos.

En lo que usted cree es mayor que lo que dice el informe médico. Respetamos la ciencia médica, pero Dios tiene la última palabra. Cuando se pone de acuerdo con Dios y cree en lo que Él dice acerca de usted, entonces lo que cree puede anular cualquier ley natural.

Lo que usted cree es mayor que lo que hay en su cuenta bancaria. Tengo un amigo que llegó al país sin nada más que la ropa que llevaba puesta. Actualmente, dirige una empresa que está en *Fortune 500*. Contra todo pronóstico, él creyó que podía hacer lo que Dios puso en su corazón.

Pablo oró en Efesios 1:19 que pudiéramos entender la increíble grandeza del poder de Dios para aquel que cree. Notemos que el poder es activado solamente cuando creemos. Eso significa que en este momento el Creador del universo está a la espera de liberar sanidad, restauración, favor, ascenso y abundancia. La clave está en que tenemos que creer.

A veces, Dios pondrá una promesa en su corazón que parece imposible, una promesa que dice: "Estarás sano. Comenzarás un negocio. Conocerás a la persona correcta y te casarás".

Es fácil pensar: "Nunca me sucederá a mí. He estado así demasiado tiempo. He cometido demasiados errores. El informe médico es demasiado malo. Nadie en mi familia ha sido exitoso".

Siempre podemos encontrar excusas; pero en lugar de convencerse usted mismo de otra cosa, tan sólo responda con tres sencillas palabras: "Señor, yo creo".

Dios dice que los hijos de usted serán poderosos en la tierra.

"Señor, yo creo".

Dios dice que restaurará los años que fueron robados. Él le llevará a un brillante final. "Señor, yo creo".

Dios dice que todo lo que usted toque prosperará y tendrá éxito. Usted prestará y no pedirá prestado, será cabeza y nunca cola. Ahora, no encuentre cinco razones por las que eso no puede suceder. Su respuesta debería ser: "Señor, yo creo".

Cuando se pone de acuerdo con Dios, la increíble grandeza de su poder es activada.

En la Escritura, un hombre acudió a Jesús y dijo: "Mi hija está muy enferma, está próxima a la muerte. ¿Quieres venir a mi casa y orar por ella?".

Jesús estuvo de acuerdo, pero en el camino le detenían continuamente, una interrupción tras otra. Finalmente, llegaron noticias hasta Él que decían: "No hay necesidad de que vengas. Has esperado demasiado. La niña ha muerto".

Las personas quedaron muy confusas, pero Jesús les dijo: "No tengan miedo. Si solamente creen, la niña se pondrá bien".

Notemos la frase "solamente creen". Jesús fue a aquella casa, oró por la niña, y ella regresó a la vida. También usted puede que esté afrontando situaciones que parecen imposibles. En lo natural, no puede ver cómo podría llegar alguna vez a estar sano, cómo podría vencer la adicción, o cómo su familia podría ser restaurada. Pero Dios le dice lo que les dijo a ellos: "Si solamente crees, yo cambiaré la situación. Si solamente crees, victorias se dirigen a tu camino".

No es complicado. Dios nos dijo: "Si oras tres horas cada día", o: "Si citas doce capítulos de la Escritura, entonces yo lo haré por ti". No, Él dijo: "Si solamente crees". En otras palabras, si hace que su mente vaya en la dirección correcta y cree que puede elevarse más alto. Crea que puede vencer el obstáculo. Crea que su familia puede ser restaurada. Crea que puede hacer algo grande y que dejará su marca en esta generación.

Cuando usted cree, la sobreabundante grandeza del poder de Dios es liberada. Puede que tenga que desarrollar nuevos hábitos. Si ha sido negativo por mucho tiempo, debería entrenar de nuevo a su mente para que pase del "no puedo" al "sí puedo". Del "no sucederá" al "sucederá". Del "nunca me pondré bien" al "Dios me está devolviendo la salud".

Vuelva a programar su computadora. Cargue el nuevo software.

Primera de Crónicas 28:20 dice que no se desaliente por el tamaño de la tarea, porque el Señor su Dios está con usted. Él se ocupará de que sea terminada por completo.

Cuando usted cree, Dios se ocupará de que se lleve a cabo. Cuando cree, tiene al Creador del universo peleando sus batallas, acomodando las cosas en favor de usted, yendo delante de usted, apartando a las personas equivocadas del camino. Usted no podría hacerlo suceder con sus propias fuerzas, pero debido a que es creyente, la sobreabundante grandeza del poder de Dios está obrando en su vida.

Ahora bien, no sea intimidado por el tamaño del problema o por el tamaño de su sueño. "Bueno, Joel, me despidieron, y usted no conoce mi situación económica".

Pero conozco a Jehová-jiré; el Señor nuestro proveedor. Él sigue estando en el trono. Un toque del favor de Dios, y usted pasará de apenas arreglárselas a tener más que suficiente.

"Bueno, usted no conoce mi situación médica. No se ve nada bien".

Pero conozco a Jehová-rafá; el Señor nuestro sanador no ha perdido su poder. Él lo ha hecho en el pasado, y puede hacerlo en el futuro.

"Bueno, Joel. Tengo grandes sueños, pero no conozco a las personas adecuadas. No tengo las conexiones".

Eso está bien. Dios las tiene. Usted tiene amigos en las altas esferas. Cuando cree, Dios hará que las personas adecuadas se crucen en su camino. No sea intimidado por el tamaño de lo que esté afrontando.

Esto es lo que he aprendido: cuanto mayor es el problema, mayor es su destino. El enemigo no estaría peleando tan duro con usted a menos que supiera que Dios tiene algo imponente en su futuro. Al otro lado de ese desafío hay un nuevo nivel de su destino.

Ningún desengaño, ningún revés, ninguna injusticia, ninguna persona, ningún aborrecedor, ningunos celos pueden aguantar ante nuestro Dios. Cuando usted cree, todas las fuerzas de la oscuridad no pueden evitar que Dios le lleve donde Él quiera que usted vaya. Sea creyente y no alguien que duda.

El libro de Hebreos dice que cuando nos acercamos a Dios debemos creer que Él es. En realidad no se termina la frase. Creer que Él es, ¿qué? El pasaje deja el final abierto. Es decir que cuando usted cree, Dios se convierte en cualquier cosa que usted necesite que sea. Él es fuerza cuando usted es débil. Él es sanidad cuando usted está enfermo. Él es favor cuando usted necesita un buen salto. Él es quien abre camino cuando usted no ve ningún camino. Él es restitución cuando algo ha sido robado. Él es reivindicación cuando usted ha sido falsamente acusado. Él es cualquier cosa que usted necesite que sea.

Puede que usted conozca a Dios por un solo nombre. Le conoce como Salvador, y eso es estupendo, pues es la manera más importante; pero necesita descubrir qué otras cosas es Él. ¿Le conoce como un Dios de resurrección, un Dios que puede devolver la vida a lo que usted pensaba que estaba muerto? ¿Le conoce como el Dios de Efesios 3:20, un Dios que puede hacer muchísimo más que todo lo que podamos imaginarnos o pedir? ¿Le conoce como sanador, restaurador, un Dios que da belleza en lugar de cenizas?

Puede que haya soportado heridas y desengaños, y puede que la gente le haya ofendido, pero no tiene que vivir derrotado, deprimido y con autocompasión. Dios quiere sanar las heridas, darle un nuevo comienzo y sacarle mejor de lo que estaba usted antes.

Pero tiene que conocerle como un Dios que da belleza en lugar de cenizas. Hay mucho más en nuestro Dios. No le mantenga encerrado en una pequeña caja. Descubra qué otras cosas es Él.

Una joven pareja que pertenece a la iglesia Lakewood soñaba con comprar su primera casa. Durante el último año y medio me han oído hablar de creer Efesios 3:20 y que Dios quiere mostrarnos su favor sin precedente. Y se atrevieron a creer. Permitieron que esa semilla echase raíz. Durante los diez últimos años han estado trabajando muy duro, ahorrando fondos para así poder comprar una casa.

En cierto momento todo encajó. Encontraron la casa que les gustaba, y tenía un buen precio. Ellos tenían el dinero para dar el pago de entrada, y estaban muy emocionados; pero cuando fueron a cerrar el trato, hubo un problema. La joven estaba finalizando unos detalles en la oficina del agente inmobiliario cuando su esposo llamó, y dijo que le acababan de despedir de su trabajo. Había trabajado para esa empresa por más de seis años, siempre había trabajado duro y tenía una buena actitud, pero nunca le cayó particularmente bien a su supervisor. A lo largo de los años su esposa seguía alentándole: "No estás trabajando para las personas. Trabajas para Dios".

Él hacía todo lo posible para mantenerse en el camino del éxito, pero parecía que le despidieron en el peor momento posible. Para empeorar aún más las cosas, todo eso sucedió el día de su cumpleaños. Perdió su empleo y la casa de sus sueños el mismo día.

Quedaron muy decepcionados; pero la buena noticia es que esa joven pareja no sólo conocía a Dios como su Salvador, también le conocía como un Dios de restauración. Le conocía como un Dios de justicia, un Dios que enmendará sus errores.

Podrían fácilmente haberse amargado y dejar de asistir a la iglesia, pero entendían este principio: si usted cree, verá la bondad de Dios.

En lugar de quedarse sentados en casa cada día deprimidos, el hombre estaba buscando un nuevo empleo o en nuestra iglesia trabajando como voluntario semana tras semana, mes tras mes, tan fiel como se pueda ser.

En lo natural no parecía que estuviera sucediendo nada, pero ellos no quedaron desalentados por el tamaño de su problema. Sabían que mientras creyeran, el Señor su Dios se ocuparía de que ellos estuvieran cuidados.

Cinco meses después de que el esposo fuese despedido, recibió una llamada de su antigua empresa. No había hablado desde que le despidieron. Era un ejecutivo de las oficinas generales. Habían despedido al anterior equipo gerente, y el nuevo jefe quería que él regresara. No sólo recuperó su empleo, sino que también recuperó todos sus beneficios, toda su jubilación y toda su veteranía.

La casa que ellos habían querido comprar ya estaba vendida, pero encontraron una casa en un barrio mejor y por un mejor precio. Actualmente, el joven esposo ha recuperado su empleo y viven en la casa de sus sueños. Dios es un Dios fiel.

Isaías 3:10 dice: "Díganle al justo que le irá bien". Puede que usted pase por algunas dificultades; puede que las personas le ofendan, pero debido a que es creyente, le irá bien. Usted perdió su empleo, sí, pero llega otro empleo. Le irá bien. El informe médico no se ve bien, sí, pero tenemos otro informe: le irá bien.

Puede que haya estado orando, creyendo por mucho tiempo que su situación cambiará, pero no ve que esté sucediendo nada.

Al igual que con la pareja de Lakewood, Dios está trabajando tras bambalinas en este momento preparando las cosas en favor de usted. La respuesta ya está en camino, y es sólo cuestión de tiempo antes de que aparezca. A usted le irá bien.

Me gusta pensar que tener fe es como programar la temperatura en un termostato. Usted establece la temperatura en 72 grados (22 grados Celsius); ahora bien, puede que haya 96 (35 grados Celsius) en la habitación, muchos más de los que usted estableció. Podría acudir al termostato y decir: "Esto no funciona, no se corresponde". En cambio, sabe que es cuestión de tiempo el que la temperatura en la habitación se iguale a la temperatura que usted ha establecido.

De la misma manera, deberíamos programar nuestro termostato en lo que Dios dice sobre nosotros. Dios dice que usted prestará y no pedirá prestado. Yo establezco mi termostato precisamente ahí, y eso es lo que decido creer. Puede que esté lejos de eso en este momento. Puede que tenga muchas deudas, pero está bien. No estoy preocupado. Mientras haya programado mi termostato, mientras siga creyendo, siga honrando a Dios y siga haciendo lo mejor, sé que es cuestión de tiempo el que las condiciones en mi vida igualen a las condiciones en mi pensamiento.

Puede que tenga usted un hijo que esté a 140 grados (60 grados Celsius), viviendo una vida loca. No importa. Mientras su termostato esté programado, usted no está preocupado, no está frustrado, no tiene que vivir preguntándose si él cambiará. Sabe que Dios tiene el control completo.

Dios se pone a trabajar cuando ve que usted tiene una mente decidida. Su termostato está programado según las promesas de Él, en fe, en restauración, en sanidad, en victoria. Puede que no suceda de la noche a la mañana, pero Dios es fiel, y Él hará lo que ha prometido.

Puede que necesite reajustar su termostato. En cierta ocasión creyó que haría algo grande; creyó que comenzaría ese negocio; creyó que vencería esa adicción; creyó que conocería a la persona correcta y se casaría. Pero no sucedió según su propio calendario, y usted se desalentó y abandonó.

Dios está diciendo: "Programa otra vez el termostato". Comience a creer una vez más. Crea que puede vivir libre del dolor. Crea que puede mudarse a esa casa más bonita. Crea que Dios está haciendo que las personas correctas se crucen en su camino. Mantenga programado el termostato. Tenga una mente decidida.

Cuando haga frío o cuando haga calor, permanezca en fe. Nuestra actitud debería ser: "Esto es lo que Dios dice acerca de mí. Soy bendito. Viviré y no moriré. Mis hijos serán poderosos en la tierra. Mis postreros días serán mayores que mis primeros días".

Puede que no vea nada suceder semana tras semana, mes tras mes, incluso año tras año. Eso no importa. Su actitud es: "Mi termostato está programado. No soy movido por lo que veo, por lo que siento o por lo que las personas me dicen. Soy movido por lo que sé. Y sé que cuando creo, la increíble grandeza del poder de Dios es activada. Sé que cuando creo, fortalezas son destruidas. Favor, sanidad, ascenso, restauración están llegando a mi camino".

En la Escritura, Ezequiel se enfrentaba a una situación imposible. Había huesos secos en un valle. Dios había prometido que aquellos huesos volverían a la vida. Los huesos secos representan sueños y metas que no creemos que llegarán a cumplirse. Dios tenía el poder para dar vida a aquellos huesos secos, pero necesitaba a una persona que lo creyera, de modo que Él pudiera obrar por medio de esa persona.

Dios preguntó a Ezequiel: "¿Crees que esos huesos secos pueden vivir?".

¿No es interesante? Dios quería saber lo que Ezequiel creía. Ezequiel podría haber razonado y haber dicho: "Dios, los huesos están muertos. No veo cómo eso pueda suceder".

Del mismo modo, usted podría decir: "El informe médico no se ve bien, Dios. Los negocios van lentos. Este es un gran problema".

Puedo imaginar a Dios a decir: "Ezequiel, no te estoy preguntando todo eso. Lo único que quiero saber es si crees".

Enseguida Ezequiel se sacudió la duda y dijo, en efecto: "Señor, yo creo". El Espíritu de Dios vino sobre él, y comenzó a profetizar; de algún modo, de alguna manera, aquellos huesos secos cobraron vida.

Dios nos está preguntando lo que le preguntó a Ezequiel. "¿Crees que puedes vivir una vida bendecida, próspera y exitosa? Yo tengo el poder. Estoy buscando a alguien que crea".

¿Cree usted que Dios puede dar la vuelta a esa situación? ¿Cree que puede sobreponerse a los errores del pasado? Cuando se pone de acuerdo con Dios y cree, eso permite a Dios liberar la increíble grandeza de su poder.

Cuando Lázaro estaba muy enfermo, sus dos hermanas, María y Marta, enviaron aviso a Jesús y le preguntaron si podría acudir a su casa que estaba en una ciudad diferente y orar por Lázaro. Pero Jesús esperó cuatro días, y fue demasiado tiempo. Lázaro ya había muerto cuando Jesús finalmente apareció.

Marta estaba muy angustiada, y dijo: "Jesús, si hubieras estado aquí antes, mi hermano seguiría vivo".

¿Ha sentido alguna vez que Dios llegó demasiado tarde para usted? Había orado; había creído; pero aun así no consiguió el ascenso. Usted trabajó duro; tenía una buena actitud, pero aun así la empresa le despidió. Usted permaneció firme en las promesas de Dios, citaba los versículos, pero sus oraciones no fueron respondidas.

Así es como se sintieron María y Marta. Estaban desalentadas, deprimidas, y probablemente un poco amargadas. Jesús las miró y dijo: "Llévenme al lugar donde le han puesto". En otras palabras: "Llévenme al lugar donde dejaron de creer. Llévenme al lugar donde decidieron que todo había terminado".

Tiene usted que ir a ese lugar en su vida y hacerse las preguntas: "¿Sigue estando mi Dios en el trono? ¿Sigue siendo mi Dios todopoderoso? ¿Sigue siendo mi Dios El-shadai, el Dios que es más que suficiente?".

Tiene que avivar su fe. Dios dijo: "María; Marta. Se ve mal, pero no ha terminado. Si comienzan a creer una vez más, yo les mostraré mi poder de manera más grande".

La fe comenzó a avivarse en sus corazones. Marta dijo: "Jesús, si hubieras estado aquí, mi hermano aún estaría vivo. Pero creo incluso ahora. Tú puedes resucitarle de la muerte".

A veces tiene usted que tener una fe de "incluso ahora" y decir: "Dios, parece imposible; parece que todo ha terminado, pero sé que tú eres un Dios sobrenatural y creo incluso ahora que puedes cambiar la situación de mis finanzas".

"Incluso ahora puedes sanar mi cuerpo".

"Incluso ahora puedes restaurar esta relación".

María y Marta se sacudieron la duda y comenzar a creer otra vez. Ya conoce la historia: Jesús resucitó a Lázaro de la muerte.

En aquellos tiempos, los saduceos, que estaban en contra de Jesús, creían que el espíritu salía del cuerpo el tercer día después de la muerte de una persona. No fue ninguna coincidencia que Dios esperase hasta el cuarto día para aparecer. Jesús esperó a propósito de modo que cuando resucitase a Lázaro no hubiese ninguna duda. Ellos sabrían que fue un gran milagro.

A veces, Dios esperará a propósito no sólo para que usted conozca que es el poder de Él, sino también para que quienes dudan, quienes están en contra de usted y sus familiares no creyentes, no puedan negar que Dios ha hecho algo imponente en su vida.

Cuando Jesús resucitó a Lázaro de la muerte, les dijo a María y Marta: "¿No les dije que si creían…?".

María y Marta al principio estaban decepcionadas porque Jesús no había llegado a tiempo para sanar a Lázaro. Estaban decepcionadas porque sus oraciones no fueron respondidas del modo en que ellas querían. Pero todo el tiempo Dios sabía lo que hacía.

Dios no estaba planeando una sanidad; estaba planeando algo mejor. Estaba planeando una resurrección. Tan sólo porque usted creyó y no funcionó a su manera, o según su calendario, no significa que haya terminado. Significa precisamente lo contrario.

Dios está planeando algo mejor. Usted creyó y no obtuvo el ascenso. Creyó y no se calificó para la nueva casa. Siga creyendo, pues Dios tiene algo mejor que llegará.

Usted creyó pero su hijo no ha cambiado. Siga creyendo. Dios utilizará a su hijo en gran manera.

Usted creyó, pero su año no ha sido tan estupendo hasta ahora. Siga creyendo, pues no ha terminado. Dios sigue estando en el trono. Incluso ahora Dios puede darle la vuelta.

Mantenga programado el termostato. En este momento, tras bambalinas Dios está obrando en su vida, acomodando cosas en favor de usted. No sea intimidado por el tamaño de lo que afronta. Permanezca en fe, y el Señor su Dios se asegurará de que suceda.

Permita que esto eche raíces en su espíritu. Debido a que es usted creyente, todo le irá bien. Todo le irá bien a su familia. Todo irá bien en sus finanzas. Todo irá bien en su salud. Todo irá bien en su carrera. Necesita usted prepararse, porque las promesas de Dios están a punto de cumplirse en su vida.

Puede que no haya sucedido en el pasado según su calendario, y eso se debe a que Dios no está planeando una sanidad, sino que está planeando una resurrección. Será mejor, mayor y más estupendo de lo que usted imaginó nunca.

Sea un creyente. Quite los límites a Dios. Mantenga avivada su fe. ¡Yo creo y declaro que usted va a ver la grandeza de Dios de maneras sorprendentes!

CAPÍTULO CATORCE

Tenga una fe poco común

En una ocasión Josué estaba en medio de una gran batalla. Él y sus hombres intentaban derrotar a ese ejército, pero el sol se estaba poniendo, y se estaba quedando sin luz del día. Josué sabía que si no podía llegar a derrotar por completo a ese ejército, entonces más adelante volverían a levantarse y causarle problemas. Fácilmente podría haberse desalentado y pensar: "Nunca va a suceder. Muy mal por mí". Pero Josué tenía fe poco común. Era valiente. Dijo: "Dios, sé que esto es inusual, y que está fuera de lo ordinario, pero te pido que detengas el sol para que pueda tener más luz del día y completar totalmente esta tarea".

Imagine las agallas de Josué. Le pidió a Dios que hiciera algo que nunca antes había sido hecho. Dios podría haber dicho: "Josué, ¿quién te crees que eres? Yo no voy a detener el sol. Eso es un poco egoísta, y podría afectar a otras personas".

No, es precisamente al contrario. Cuando usted tiene esta fue poco común, pone una sonrisa en el rostro de Dios. Puedo ver a Dios dirigiéndose a los ángeles y diciendo: "Escuchen lo que este hombre está diciendo. Él este extremo; es radical; cree que yo puedo hacer cualquier cosa, y me está pidiendo que detenga el sol".

Dios dijo, efectivamente: "Josué, si eres lo bastante valiente para pedirlo, entonces yo soy lo bastante valiente para hacerlo". La Escritura dice que el sol se detuvo hasta que Josué terminó por completo de derrotar a ese ejército. Nunca había habido un día así anteriormente. Las personas se quedaron totalmente sorprendidas. ¿Qué sucedió? Dios interrumpió todo el universo solamente porque un hombre tuvo una fe poco común.

La fe poco común no es una fe promedio; no es ordinaria; está por encima y más allá. Le da una valentía y una confianza para creer lo extraordinario. La fe promedio dice: "Dios, ayúdame a sobrevivir a esta recesión". La fe poco común dice: "Dios, yo creo que me prosperarás en medio de esta recesión". La fe promedio dice: "Quizá algún día saldré de este problema. No lo sé, pues es bastante malo". La fe poco común dice: "Sé que no sólo voy a salir; voy a salir mejor de lo que estaba antes". Cuando usted tiene una fe poco común no sólo cree para realizar el pago mensual de su casa. Cree para pagar por completo su casa. No sólo le pide a Dios: "Ayúdame a controlar mi adicción". No, le pide a Dios que le libere por completo.

La fe poco común es una fe radical; es extrema. Usted cree que Dios puede hacer cualquier cosa. Usted no hace planes pequeños, y no dice: "Dios, permite que llegue hasta donde mis padres llegaron. Permítame hacer tanto como hicieron ellos. Entonces estaré bien; entonces seré exitoso".

La fe poco común dice: "Dios, dame una doble porción. Permite que haga el doble de quienes fueron delante de mí. Permite que pueda dar el doble. Permíteme tener el doble de influencia, el doble de sabiduría, el doble de amigos, el doble de creatividad y el doble de ingresos".

Puede que diga: "Joel, eso es bastante valiente. ¿Quién se cree usted que es?". Esto es lo que somos: somos hijos del Dios Altísimo, llenos de fe poco común.

¿Le ha pedido alguna vez a Dios algo fuera de lo común? Cuando yo comencé a ministrar después de que mi padre partiese con el Señor, me preocupaba mucho mantener la asistencia a nuestra iglesia. Yo hacía lo mejor que sabía cada semana, orando, creyendo y estudiando, pero sabía por años anteriores que siempre que llovía las mañanas de los domingos asistía mucha menos gente. En nuestras anteriores instalaciones el estacionamiento se extendía por treinta acres alrededor de todo el edificio. Si alguna vez llovía, era casi imposible llegar al auditorio sin estar totalmente empapado.

Todo aquello era muy nuevo para mí, el estar delante de personas. Por naturaleza soy tranquilo y reservado; pero por alguna razón tenía esta fe poco común, esta valentía poco común. Cada semana oraba para que no lloviese durante nuestros servicios del domingo en la mañana. Nunca le hablé a nadie de mis oraciones salvo a Victoria. Sé que otras personas pensarían que eso era descabellado. "Joel, eso es extremo. No puedes orar para detener la lluvia. ¿Quién te crees que eres?".

Pero durante dos años, los domingos en que yo ministraba puede que lloviese una hora antes del servicio o dos horas después del servicio, pero ni una sola vez llovió durante aquellos servicios del domingo. Hubo veces en que yo salía de mi casa que está a treinta minutos de distancia, y llovía con fuerza, pero cuando estaba a un par de kilómetros de la iglesia, era como si alguien tuviera un gran paraguas sobre la propiedad. Estaba tan seco como podía estar.

Los miércoles, comenzaba a consultar los informes meteorológicos para la semana siguiente. Aprendí tanto sobre altas presiones, bajas presiones y puntos de condensación, que podría haber sustituido al hombre del tiempo. Si veía cualquier señal de mal tiempo el fin de semana, me ponía a trabajar. "Dios, te pido que retengas esta lluvia". En una ocasión, la predicción era de una importante tormenta para la mañana del domingo: un 90 por ciento de posibilidad de lluvia, truenos y relámpagos. Apenas pude dormir la noche anterior; pero cuando me desperté ese domingo, estaba tan claro y despejado como podía estar. El frente se había retrasado.

Algunos puede que piensen: "Ah, eso es sólo un golpe de suerte, es sólo una coincidencia".

Pero yo soy lo bastante valiente para creer que fue la mano de Dios la que retuvo la lluvia.

He aprendido que cuando uno tiene esta fe poco común verá resultados poco comunes. Puede que usted no necesite algo tan trivial como buen tiempo. Quizá necesite que Dios sane a su hijo. Quizá necesite que una relación sea restaurada, o favor en el trabajo con un cliente. Puede que necesite avance en una situación legal. ¿Está liberando su fe para lo extraordinario? ¿Para lo poco común?

Eso fue lo que hizo mi padre. Él se crió en la pobreza extrema. Sus padres eran agricultores del algodón, y perdieron todo lo que tenían durante la Gran Depresión. Mi padre no tenía dinero alguno, ninguna educación formal en aquel momento, ningún futuro del que hablar.

Pero a la edad de diecisiete años entregó su vida a Cristo. Dios puso un sueño en su corazón de que un día ministraría a personas por todo el mundo. En lo natural parecía totalmente imposible, ya que él no tenía ninguna conexión, ningún modo de salir de ese ambiente limitado. Lo único que tenía era esta fe poco común, y se atrevió a pedir a Dios los avances correctos y las oportunidades correctas.

Años después, cuando viajamos juntos a la India, los jóvenes ministros indios reconocían a mi padre y sostenían en alto sus Biblias. Entonces decían en su propio idioma lo que le habían oído escribir en sus libros y decir en sus cintas, videos y emisiones de televisión: "Esta es mi Biblia. Yo soy lo que dice que soy".

Un día, estábamos en las junglas de Tailandia caminando al lado de una pequeña cabaña, y vimos en el interior a una familia que estaba viendo un video de mi padre ministrando desde Lakewood. Al ir por el río Amazonas, en las aldeas, veíamos a personas leyendo los libros de mi padre en español. ¿Cómo podía ser que un muchacho sin ningún recurso, ninguna conexión, pudiera cumplir su sueño y no sólo tocar a personas aquí sino también a personas en todo el mundo?

Mi padre tenía esta fe poco común. No se conformaba donde muchos otros se habrían conformado. Cuando todas las probabilidades estaban en contra de él, en lugar de abandonar creyó que Dios abriría un camino. Fue lo bastante valiente para pedir el favor de Dios, y vio a Dios llevarle a lugares que él nunca soñó.

¿Qué le retiene a usted? Es fácil poner excusas:

"Provengo de la familia equivocada. Yo no tuve buenos avances como usted tuvo".

"He tenido este problema por demasiado tiempo".

"La economía está demasiado mal".

"He cometido demasiados errores".

No, Dios sabe cómo hacerle llegar a su destino. Quiero encender en usted una nueva llama. No hay obstáculo demasiado difícil para que usted lo venza. Ningún sueño que Dios haya puesto en su corazón es demasiado grande para lograrlo. Pregúntese: "¿Es radical mi fe? ¿Es lo que estoy creyendo, la visión para mi vida, lo bastante grande para hacer pensar a alguien: 'Cuál es su problema' o 'quién se cree que es'?". ¿O está atascado en una rutina y tan sólo acepta el lugar donde ésta como el modo en que siempre será?

Si no está estirando su fe, no está accediendo a todo lo que Dios tiene preparado. Durante años, Eliseo se ocupó del profeta Elías. Era su ayudante, y se aseguraba de que tuviera alimento y agua. Viajaba con él de ciudad en ciudad. El profeta Elías era un hombre viejo, muy conocido y muy respetado por los grandes milagros que realizaba y por ser un hombre de Dios.

Cuando Elías era muy anciano y estaba a punto de irse al cielo, le dijo a su ayudante Eliseo: "Me has sido fiel todo este tiempo. Ahora ¿qué quieres que haga por ti antes de que me vaya?".

Podría usted pensar que Eliseo habría pedido algo sencillo. "Tan sólo dame un extra. Dame un par de semanas libres. Organiza una fiesta para mí".

En cambio, Eliseo pensaba de maneras poco comunes. Le dijo: "Elías, me gustaría tener una doble porción de tu espíritu". Estaba diciendo: "Quiero hacer el doble de milagros que tú has hecho. Quiero tener el doble de influencia, el doble de sabiduría, el doble de amigos, el doble de ingresos".

Estoy seguro de que Elías pensó: "Eres valiente. Estás hecho de otra pasta". Le dijo: "Eliseo, has pedido una cosa difícil; sin embargo...". Esa es la palabra clave. Le estaba diciendo: "Puede que sea difícil. Has pedido algo grande; *sin embargo*, sucederá. No es demasiado grande para Dios".

Si estudia la vida de Eliseo, descubrirá que eso fue exactamente lo que sucedió. Él hizo el doble de milagros; tuvo una doble porción de su unción. Me pregunto lo que sucedería si cada uno de nosotros fuésemos bastante valientes para decir: "Dios, te pido que me permitas hacer el doble de lo que hicieron mis padres. Permíteme tener el doble de influencia, el doble de sabiduría, el doble de favor, el doble de ingresos".

Cuando mi padre partió con el Señor, personas solían acercarse a mí y decir: "Joel, ¿crees que puedes continuar lo que tu papá y tu mamá comenzaron?".

Nunca lo decía de modo arrogante, pero siempre les respondía: "No creo que pueda tan sólo continuarlo. Creo que puedo ir más allá".

Así es como Dios lo quiso, que cada generación aumentase. Es interesante; el anterior santuario que mi mamá y mi papá construyeron tenía ocho mil asientos. El actual auditorio de la iglesia Lakewood tiene dieciséis mil, exactamente el doble. No estoy presumiendo. Simplemente estoy planteando el caso de que si usted le quita los límites a Dios y libera su fe de maneras poco comunes, entonces verá a Dios hacer cosas poco comunes. Como con Eliseo, Dios le aumentará y le llevará más lejos que anteriores generaciones. Como con Josué, Dios le mostrará su favor y hará lo extraordinario. Como con mi padre, Dios le llevará desde los campos de algodón hasta tener impacto en el mundo, y experimentará usted la plenitud de su destino.

PARTE
IV

Mantenga la perspectiva correcta

CAPÍTULO QUINCE

Mantenga la perspectiva correcta

Todos afrontamos desafíos, pero lo importante no es el tamaño del problema, es nuestra percepción de ese problema; es lo grande o lo pequeño que lo hagamos en nuestra mente. Cuando Moisés envió a doce hombres para espiar la Tierra Prometida, diez regresaron y dijeron: "Nunca los derrotaremos. Hay gigantes en la tierra. Pero los otros dos espías, Josué y Caleb, regresaron con un informe diferente. Dijeron: "Sí, el pueblo es grande, pero nuestro Dios es más grande. Bien podemos tomar la tierra. Vamos a entrar enseguida".

Ambos grupos vieron los mismos gigantes y la misma situación; la única diferencia fue su perspectiva. Un grupo se enfocó en el tamaño de su Dios, y el otro grupo se enfocó en el tamaño de su enemigo. De los dos millones de personas acampadas a las puertas de la Tierra Prometida, solamente dos entraron: Josué y Caleb. ¿Podría ser que su perspectiva le esté manteniendo fuera de su tierra prometida? Si usted ve sus desafíos como imposibles y se dice para sí: "Nunca saldré de la deuda; nunca venceré esta enfermedad; nunca lograré mis sueños", entonces al igual que ellos, su perspectiva errónea puede evitar que llegue a ser todo aquello para lo cual Dios le creó.

Aquello en lo que se enfoca, lo agranda. Si permanece enfocado en su problema, en lo que no tiene y en que nunca funcionará, lo único que hace es conseguir que sea más grande de lo que realmente es. Cuando usted agranda algo, no cambia el tamaño del objeto; solamente cambia su percepción de él.

Por eso David dijo: "Engrandezcan al Señor conmigo". Estaba diciendo que si usted quiere hacer que algo sea mayor, entonces no agrande sus problemas, no agrande el informe médico, no agrande la oposición. En cambio, aprenda a engrandecer a Dios.

Cuando David se enfrentó a Goliat, nunca le llamó gigante. Todos los demás lo hicieron; hablaban sobre su tamaño, su fuerza y su destreza; pero David llamó a Goliat filisteo incircunciso. Nunca le dio mérito por ser así de grande. Esta es la clave: David no lo negó, pero no se quedó en eso. Su actitud fue: "Si voy a engrandecer algo, engrandeceré la fuente de mi fuerza. Voy a hablar de la grandeza de Dios. No me enfoco en lo grandes que son mis problemas. Me enfoco en lo grande que es mi Dios".

Sus hermanos y los otros israelitas tenían miedo y se sentían intimidados, preguntándose qué iban a hacer. Cuando David les dijo que quería luchar con Goliat, ellos dijeron: "No puedes luchar con él; eres solamente un muchacho, eres demasiado bajito, y no tienes oportunidad alguna".

Pero David tenía una perspectiva diferente. Él sabía que si Dios estaba con él, ¿quién se atrevería a estar contra él? Sabía que era fuerte en el Señor. David sabía que no estaba solo, que todas las fuerzas de los cielos lo respaldaban. Ellos intentaron advertirle: "David, es mejor que tengas cuidado, pues vas a salir ahí y vas a resultar herido. Goliat es demasiado grande para tumbarlo".

David dijo: "No, es demasiado grande como para fallar".

Él salió, se puso delante de Goliat y dijo: "Tú vienes contra mí con espada y escudo, ¡pero yo salgo contra ti en el nombre del Señor Dios de Israel!".

David estaba engrandeciendo a su Dios, hablando de la bondad de Dios. Ese muchacho adolescente—que tenía la mitad del tamaño del gigante y ninguna oportunidad en lo natural—derrotó a ese inmenso gigante. ¿Cómo? Tenía la perspectiva correcta.

Filipenses 1:28 dice: "Sin temor alguno a sus adversarios". Puede que sea usted como David, y se enfrente a un gran gigante en este momento; un gigante de deuda, un gigante de enfermedad, un gigante de problema legal. Es muy grande, y parece imposible en lo natural. Fácilmente podría sentirse abrumado y pensar: "No tengo ninguna oportunidad".

No, Dios está diciendo: "No tengas temor. Quienes están a tu favor son mayores que quienes están contra ti. Mantén tus hombros erguidos y tu cabeza alta. No eres débil, derrotado o sin poder; eres un hijo del Dios Altísimo, ungido, equipado y capaz. No te atrevas a acobardarte y pensar: 'Es demasiado grande. Ha sido así por demasiado tiempo. Mi propiedad nunca se venderá, nunca romperé esta adicción, nunca cumpliré mis sueños'".

Haga lo que hizo David: obtenga una nueva perspectiva. Usted está lleno de poder capacitador. La mayor fuerza en el universo sopla en dirección a usted. No hay ningún desafío demasiado difícil para usted, ningún enemigo demasiado grande, ninguna enfermedad demasiado grave, y ningún sueño demasiado lejano".

El mismo poder que resucitó a Cristo de la muerte vive en su interior. El enemigo no estaría luchando contra usted tan duramente si no supiera que Dios tiene preparado algo grande. He descubierto que el tamaño de su desafío es un indicador del tamaño de su futuro. Si se enfrenta a un desafío gigante, no se desaliente; eso significa que Dios tiene algo sorprendente delante de usted. Él tiene un nuevo nivel de su destino.

¿Sabe lo que hizo rey a David? Goliat. Dios utilizó la oposición para llevarle al trono. Cuando usted afronta grandes dificultades, se debe a que Dios quiere llevarle hasta su trono; quiere llevarle a un nivel más alto. Su desafío puede que haya tenido intención de dañarle, pero Dios quiere utilizarlo para beneficio de usted. Ese gigante no está ahí para derrotarle; está ahí para ascenderle. Puede que esté pasando por momentos difíciles, pero la perspectiva correcta que debe tener es: "No voy a quedarme aquí; voy a salir. Esto también pasará. No estoy enterrado; estoy plantado. Puede que esté abajo, pero saldré más fuerte, mejor, aumentado, ascendido y a un nuevo nivel".

Eso es lo que dice en Éxodo: Cuanto mayor era la oposición, más aumentaban ellos. Cuando usted afronte adversidad, no se deprima y diga: "Dios, ¿por qué me está sucediendo esto a mí? Pensé que Joel dijo que este sería un buen año. Fui a la iglesia el domingo pasado".

Su actitud debería ser: "Sé que esta oposición es una señal de que el aumento llegará a mi camino. Parece un revés, pero sé que en realidad es un avance. No será una piedra de tropiezo para derribarme. Dios lo utilizará como un escalón para llevarme más alto".

Como David, necesita tener una actitud de victoria. A veces hablamos a Dios sobre lo grandes que son nuestros problemas, cuando deberíamos hablar a nuestros problemas de lo grande que es nuestro Dios.

Me encanta el modo en que David respondió a Goliat cuando el gigante se reía y se burlaba de él por ser tan bajito. Goliat dijo: "¿Soy yo un perro para que vengas a mí con un palo? ¿No tienen nada mejor que este enano?".

David le miró a los ojos y dijo: "Este día te derrotaré y entregaré tu cabeza como alimento para las aves". No dijo: "Espero", "Creo" o "Estoy orando".

Su declaración debería ser: "Tendré un año bendecido, venceré esta adicción, saldré de la deuda, viviré sano y fuerte, cumpliré el destino que Dios me ha dado". Puede que se enfrente a una gran oposición, pero no sea intimidado por ese informe médico, no sea intimidado por esa situación legal, y no sea intimidado por el tamaño de su sueño.

Una de nuestros visitantes en Lakewood me dijo que estaba en Houston para recibir tratamientos, pero tenía una actitud tan positiva que me resultaba difícil creer que se estuviera enfrentando a una grave enfermedad. Ella me dijo que todo iba bien, y ni siquiera pronunció la palabra *cáncer*.

No le daba mérito a la enfermedad por lo que era. No la estaba negando; estaba escogiendo no pensar en ella. Su actitud era: "No estoy intimidada. Este cáncer no es mayor que mi Dios. Él hizo mi cuerpo y controla mi destino. Ninguna arma forjada contra mí prosperará. Si este no es el momento de que me vaya, no me iré". Ella tenía la perspectiva correcta. No permitió que la enfermedad definiera o dominara su vida.

Su historia me recordó a un pequeño muchacho del que escuché. Había un gamberro en la calle que siempre le molestaba. El muchacho intentaba reunir valentía para enfrentarse al gamberro, pero tenía demasiado temor.

Un día, su padre le compró un telescopio nuevo. Él estaba en el patio de su casa jugando con él, pero miraba por el extremo incorrecto. Miraba por la lente más grande.

Su padre salió y le dijo: "No hijo, lo estás haciendo al revés. Dale la vuelta y hará que todo se vea más grande, para eso es".

El muchacho dijo: "Ya lo sé, papá, pero en este momento estoy mirando a ese gamberro. Y cuando le miro de esta manera hace que se vea tan pequeño, que ya no le tengo ningún miedo".

Puede que usted necesite darle la vuelta al telescopio. Ha agrandado ese problema el tiempo suficiente, ha pensado sobre lo imposible que es y que nunca va a funcionar. Pero si le da la vuelta, lo verá desde la perspectiva correcta, y se dará cuenta de que no es nada para Dios. Lo único que Él tiene que hacer es soplar en dirección a usted.

Primera de Corintios 15 dice que Dios ha puesto todas las cosas bajo nuestros pies. Necesita usted ver cada obstáculo, cada enfermedad, cada tentación y cada mal hábito bajo sus pies. No es rival para usted. Eso no es permanente. No evitará que cumpla su destino. Ya está derrotado, y es sólo cuestión de tiempo hasta que usted lo viva.

Esa adicción no le seguirá durante toda su vida. Está bajo sus pies. Esa depresión en su familia por tantos años no será transmitida a la siguiente generación. Está bajo sus pies. Usted la detiene.

Esa lucha, carencia, apenas arreglárselas, no es permanente, y no evitará que sea usted bendecido. Está bajo sus pies. Es sólo cuestión de tiempo que usted llegue a un nuevo nivel.

Necesita sacudirse las mentiras que le dicen: "Es demasiado grande, lo he tenido por demasiado tiempo y nunca va a cambiar". Este es un nuevo día. Dios dice que ningún enemigo, ninguna injusticia y ningún obstáculo le derrotarán; en cambio, le ascenderán. Su desafío no tenía intención de ser una piedra de tropiezo para derribarle, sino que Dios lo está usando como un escalón para llevarle más alto. Mantenga la perspectiva correcta. Está bajo sus pies.

David dijo en el Salmo 59 que miraría con triunfo a todos sus enemigos. Observemos que no dijo a *algunos* de sus enemigos, sino a *todos* sus enemigos. ¿Qué voy a hacer? Mirar hacia abajo con triunfo. ¿Por qué estoy mirando hacia abajo? Porque están bajo mis pies.

Puede que esté afrontando obstáculos que no parezcan estar bajo sus pies; esa enfermedad parece grande, ese problema económico parece imposible, o quizá haya tenido esa adicción durante años. Pero no puede guiarse por lo que ve. Debería guiarse por lo que sabe.

Andamos por fe y no por vista. En lo natural puede verse inmenso, pero cuando usted habla a ese enemigo como un acto de fe, necesita hacer lo que hizo David y mirar hacia abajo. Está bajo sus pies.

Cuando hable a esa enfermedad, esa depresión o ese temor, mire hacia abajo. He oído que si quiere decirle algo al enemigo, debe escribirlo en la suela de su zapato, porque él está bajo sus pies.

A veces, cuando hay una importante competición de boxeo, los dos luchadores saldrán un día antes y darán una conferencia de prensa. Se sitúan pie con pie, con sus caras solamente a centímetros de distancia. Se miran el uno al otro a los ojos, con mirada fija, cada uno intentando intimidar al otro. Están diciendo: "Yo soy más duro, más fuerte, más grande, más malo. Tú no vas a derrotarme".

Cuando usted se enfrenta a un enemigo, algo que intenta evitar que llegue a su destino—una enfermedad, un mal hábito, una situación injusta—, contrariamente a esos dos luchadores, usted no está pie con pie para mirar a los ojos al enemigo. Ese enemigo no está a su nivel. Puede que sea un bocazas; puede parecer mayor y más duro, como si usted nunca pudiera derrotarlo. Pero lo cierto es que no es rival alguno para usted.

Para poder mirarlo a los ojos, necesita mirar bajo sus pies. Usted es más que vencedor. Si Dios está con usted, ¿quién se atreve a estar contra usted? El enemigo tiene poder limitado, pero nuestro Dios tiene todo el poder. Él dijo que mayor es el que está en usted que el que viene contra usted.

Ahora deje de decir para sí: "Nunca saldré de la deuda, nunca perderé peso, siempre lucharé en esta área". Cambie su perspectiva. Usted no es débil, derrotado o inferior; está lleno de poder capacitador. El mismo espíritu que resucitó a Cristo de la muerte vive en su interior. Tiene que comenzar a poner algunas cosas bajo sus pies.

Dios dijo: "Te he dado poder para pisar todo poder del enemigo". Notemos la palabra *pisar*, pues tiene que ver con un zapato. Una traducción dice que significa pisotear. Si comienza a ver a esos enemigos bajo sus pies, como ya derrotados, entonces se levantará con una nueva valentía y su fe activará el poder de Dios de un modo nuevo.

Isaías dijo: "Ninguna arma forjada contra ti prosperará". No dice que no tendrá usted dificultades, pues eso no es realista. Dice que llegarán desafíos, la gente hablará, puede que tenga un informe médico negativo, o puede que un familiar se desvíe del camino. Dios dijo que el problema puede formarse, pero usted puede permanecer en paz sabiendo que no prosperará contra usted. Eso significa que no evitará que llegue a su destino. Debido a que usted le pertenece a Él, y porque habita en el lugar secreto, Dios ha puesto un vallado de protección a su alrededor, un vallado de misericordia, un vallado de favor que el enemigo no puede cruzar.

Ninguna persona, ninguna enfermedad, ningún problema, ningún mal salto, ninguna discapacidad puede detener el plan de Dios para su vida. Todas las fuerzas de la oscuridad no pueden evitar que llegue usted a su destino. Cuando esté en dificultades y sea tentado a desesperarse, necesita recordarse a usted mismo: "Puede que se haya formado este problema, pero tengo una promesa del Dios todopoderoso de que no va a prosperar. Puede que hablen de mí intentando hacer que me vea mal, pero sé que Dios es quien me reivindica, y Él se ocupará de ellos. Puede que mi hijo esté con las personas equivocadas, pero eso no es permanente sino sólo temporal. Pero yo y mi casa serviremos al Señor. El informe médico puede que no se vea bien, pero sé que Dios creó mi cuerpo; me tiene en la palma de su mano y nada puede arrebatarme".

Leí un artículo sobre científicos que investigaban la enfermedad de Alzheimer. Estudiaron los cerebros de quienes habían muerto por la enfermedad y los compararon con los cerebros de quienes murieron sin tenerla. Descubrieron que muchas personas tenían lesiones en sus cerebros que técnicamente les calificaban para tener Alzheimer, pero lo interesante fue que cuando estaban vivos no mostraban ninguna señal de Alzheimer. Científicamente tenían la enfermedad, pero los síntomas nunca aparecieron. Sus mentes eran agudas, y sus memorias eran excelentes.

El denominador común era que aquellas personas eran positivas y tenían esperanza, y se mantuvieron productivas. Isaías dijo que solamente porque se forme el problema no significa que tenga que prosperar. Puede que tengamos cosas que salgan contra nosotros debido a nuestra genética, cosas que nos transmitieron, pero la buena noticia es que Dios puede anular eso. Dios tiene la última palabra.

Eso es lo que sucedió con Ramiro. Nació sin oídos, y los médicos les dijeron a sus padres que nunca sería capaz de oír ni tampoco de hablar. Se había formado el problema. En lo natural no se veía bien, pero servimos a un Dios sobrenatural.

Ramiro tenía unos padres que creían que su discapacidad no tenía que prosperar. No se quedaron sentados teniendo lástima de sí mismos y pensando: "Pobres de nosotros". Sabían que estaban armados con fortaleza para la batalla; sabían que Dios lo había puesto bajo sus pies. Siguieron orando, creyendo y declarando fe.

Cuando Ramiro tenía unos meses de edad, los médicos notaron que aunque no tenía oídos, se habían formado partes de sus tímpanos. Aquellos médicos increíblemente dotados realizaron una operación para crear oídos y corregir el problema. Él mejoró un poco, le hicieron más operaciones y fue mejorando cada vez más.

Actualmente, Ramiro no sólo puede oír y hablar, sino que también puede cantar. Dirige la alabanza para nuestros adultos jóvenes, y apareció en *American Idol* cantando "Sublime gracia" delante de millones de personas.

Cualquier cosa que esté usted afrontando está bajo sus pies; no es permanente, sino temporal. El poder que está con usted es mayor que cualquier poder que puede estar contra usted. Mantenga la perspectiva correcta. Dé la vuelta a ese telescopio. No se enfoque en el tamaño del problema; enfóquese en el tamaño de su Dios. Él le ha sacado de situaciones en el pasado, y lo hará en el futuro. Puede que se haya formado el problema, pero no prosperará. Declaro fortaleza para usted; declaro sanidad, determinación, nueva visión, favor, sabiduría, valentía. Declaro que no será usted intimidado; es usted fuerte, confiado y capaz. Este es un nuevo día. La dirección de la batalla está comenzando a cambiar. No será usted vencido, sino que será el vencedor. No será la víctima; es usted el vencedor. Dios no sólo le sacará, ¡también hará que salga mejor de lo que estaba antes!

CAPÍTULO DIECISÉIS

Permanezca en el partido

Es fácil tener una buena actitud y perseguir sus sueños mientras todo éste a su favor. Eso no necesita mucha fe; pero ¿qué de los momentos difíciles cuando una relación no funciona, cuando recibe un mal informe de salud, o cuando un amigo le ofende?

Es fácil que pierda su pasión cuando está sufriendo. Muchas personas están sentadas en las bandas de la vida porque han sido heridas; están cuidando sus heridas, y no avanzan debido a lo que han pasado.

Puede que tenga usted un *motivo* para sentir lástima de sí mismo, pero no tiene *derecho*. Dios prometió darle belleza en lugar de esas cenizas. Él dijo que le devolvería el doble por las ofensas, pero usted tiene que hacer su parte. Si quiere ver la belleza, si quiere recibir el doble, tiene que sacudirse su autocompasión.

Sacúdase el desaliento y regrese al partido. Todos tenemos heridas, pero no puede permitir que una pérdida, un problema de salud o un divorcio sea su excusa para quedarse sentado en las bandas. A veces en la vida tiene usted que jugar con dolor.

Entendí esta idea mientras veía un partido de fútbol americano en el cual uno de los mejores jugadores tenía una mano rota y costillas heridas. Era un delantero inmenso. No se esperaba que jugase, y sus entrenadores querían que se quedase sentado, pero él no estaba dispuesto a perderse el partido. Tenía un gran yeso en su brazo y llevaba un chaleco especial para proteger sus costillas. Llevaba tantas vendas que parecía una momia.

Un reportero le preguntó cómo se sentía: "Duele un poco, pero prefiero estar en el partido con dolor que sentado en el banquillo mirando".

Si quiere usted llegar a ser todo aquello para lo cual Dios le creó, tampoco puede permitir que una herida, un sufrimiento o desengaño le hagan quedarse sentado en la banda. Sea como ese delantero vendado. Vende lo que duele. Perdone a la persona que le ofendió. Suelte lo que no funcionó y regrese al partido.

Me encontré en el vestíbulo de nuestra iglesia con una señora a la que no había visto en mucho tiempo. Es una mujer mayor, muy fiel, y asiste a nuestros servicios regularmente. Le dije de pasada: "No la he visto últimamente. ¿Dónde ha estado?".

Ella dijo: "Joel, tuvieron que operarme de urgencia. He estado en el hospital por tres meses".

"¡Vaya! Estamos muy contentos de que haya regresado", dije yo. ¿Cómo se siente?".

No olvidaré sus palabras mientras viva.

Ella dijo: "Me duele, pero estoy aquí".

Ese es el tipo de persona a la que Dios recompensa. Una persona fiel. Una persona que está decidida. Una persona que es derribada pero no se queda abajo. En cambio, vuelve a levantarse. No puede usted permitir que la herida, el dolor o el mal salto le haga estar amargado, o perder su pasión, o comenzar a culpar a Dios. Como esa señora de nuestra iglesia, necesita usted permanecer en el partido.

A pesar de lo que la vida le lance a su camino, su actitud debería ser: "Duele, pero sigo estando aquí. Un amigo me ofendió pero sigo estando aquí. Los negocios van lentos pero sigo estando aquí. No tenía ganas de venir pero sigo estando aquí".

Necesita tener una mente decidida para permanecer en el partido. No puede ser fiel solamente mientras se sienta perfectamente bien, mientras todo el mundo le trate correctamente, o mientras haga sol y buena temperatura en el exterior. Tiene que ser como esta señora con una mente decidida.

"Me duele, pero sigo viniendo".

"Mi jefe me ofendió, pero sigo llegando al trabajo a tiempo, haciendo lo mejor posible".

"Mi hijo no me habla, y eso me rompe el corazón. Tengo dolor, pero sigo cantando en el coro; sigo siendo ujier y dando la bienvenida cada semana; sigo siendo bueno con un amigo que lo necesite. Sigo teniendo una sonrisa. Sigo dándole alabanza a Dios".

Cualquiera puede quedarse sentado en las bandas. Cualquiera puede encontrar una excusa para estar amargado, para alejarse o para abandonar en la vida. Le pido que permanezca en el partido. Cuando esté sufriendo y sienta dolor, es fácil fijarse en su herida, en sus desengaños o en sus malos avances. Lo único que es hará es causar más desaliento, más autocompasión y finalmente incluso depresión.

Una de las mejores cosas que puede usted hacer cuando esté sufriendo es salir y ayudar a otra persona que también esté sufriendo. Quite su mente de sus problemas y su dolor al ayudar a otra persona que tenga necesidad. Cuando usted ayuda a otros en su momento de necesidad, está sembrando una semilla que Dios puede utilizar para cambiar su situación.

Eso fue lo que mi madre hizo en 1981, cuando le diagnosticaron cáncer terminal de hígado. Le dieron unas cuantas semanas de vida. Ella no se sentía bien, y tenía una buena razón para estar desalentada; podría haberse ido a casa, haber corrido las cortinas y haber estado deprimida.

Podría haberse quedado sentada en las bandas, y nadie le habría culpado por eso; pero mi madre entendía este principio, y permaneció en el partido. Conducía hasta el otro lado de la ciudad para orar por una amiga enferma. Lo cierto es que ella necesitaba oración más que esa amiga, pero mi madre estaba sembrando una semilla. Acudía a la iglesia cada fin de semana y oraba por otras personas que tenían necesidad. Ella estaba sufriendo, pero seguía estando en el partido.

Dios tiene una recompensa mayor para personas que son fieles en los momentos difíciles. Hace años, mi hermana Lisa pasó por un divorcio no deseado. Tenía veintitantos años. Quedó totalmente devastada; fue una situación injusta. Durante semanas estuvo tan deprimida que no salía de la casa. La mayor parte del tiempo ni siquiera salía de su cuarto. En la mañana, no podía esperar a que se pusiera oscuro. En la noche, no podía esperar a que llegase la mañana. Ella no vivía: tan sólo existía.

Un día llamó a mi padre, y estaba llorando. Le dijo: "Papá, creo que estoy teniendo un colapso nervioso". Sentía mucho dolor, y estaba abrumada.

Nuestra familia intentaba alentarla. Intentamos animarla, pero no podíamos hacer que saliera de ese profundo agujero de depresión. Un ministro amigo nuestro, T. L. Osborn, llamó a Lisa y le dijo: "Nadie puede sacarte de esto salvo tú misma. Sabes que te quiero, Lisa, pero tienes que dejar de sentir lástima de ti misma. Deja de cuidar tus heridas. Deja de pensar en tu problema. Sal de la casa y sigue adelante con tu vida".

Lisa estaba a la defensiva al principio, casi ofendida. Pensaba: "No sabes el dolor que estoy sintiendo. No sabes por lo que estoy pasando. Esto ha arruinado mi vida".

"Lisa, si sigues adelante", le dijo él, "Dios tomará tus cicatrices y las convertirá en estrellas para su gloria".

Cuando Lisa oyó eso, algo se encendió en su interior. Es como si una fortaleza hubiera sido derribada en su mente. En lugar de quedarse sentada en casa sintiendo lástima de sí misma, fue a la iglesia y comenzó una clase cada semana para personas que creían para que sus matrimonios fuesen restaurados. Ella se acercó a otras personas que estaban sufriendo.

Mi hermana estaba herida, pero regresó al partido. Por medio de sus actos estaba diciendo: "Estoy sufriendo pero sigo estando aquí. Estoy decepcionada pero sigo estando aquí. Me han hecho daño pero sigo estando aquí".

Lisa podría haber permanecido amargada y resentida, culpando a Dios, pero tomó la decisión de regresar al partido. Actualmente, más de veinte años después, está felizmente casada, tiene un esposo estupendo y tres hermosos hijos. Ella vio lo que Dios prometió. Él tomó las heridas y las convirtió en estrellas; le dio belleza en lugar de aquellas cenizas. Pero todo ello sucedió cuando ella tomó la decisión de regresar al partido.

Isaías lo expresó del siguiente modo: "Levántate de la depresión en la cual las circunstancias te han tenido. Levántate a una nueva vida". Observe que si quiere tener una nueva vida, hay algo que tiene que hacer. No puede quedarse sentado con autocompasión; no puede esperar hasta que todas sus heridas se curen y se sienta al cien por ciento. Tiene que hacer lo que hizo Lisa y levantarse de ese desengaño.

Sacúdase lo que no funcionó. Deje de lamentarse por lo que ha perdido. Deje de pensar en quién le hizo daño y lo injusto que fue, y levántese a una nueva vida. Cuando Dios le ve en el partido, con dolor y todo, con vendajes y todo—cuando usted aparece con la actitud: "Me duele pero sigo estando aquí. Me duele pero sé que Dios sigue estando en el trono. Me duele pero espero que Dios cambie la situación—, es entonces cuando el Creador del universo se pone a trabajar.

Es entonces cuando Dios le recompensará por las ofensas que se hayan producido contra usted.

Puede que esté en un momento difícil. Puede que esté sentado en las bandas. Si ese es el caso, Dios está diciendo: "Levántate y regresa al partido". Si un amigo le traicionó, no vaya por la vida solitario. Salga y encuentre nuevas amistades. Las personas correctas están en su futuro. Si perdió su empleo, no se quede sentado y quejándose. Salga a encontrar otro empleo. Cuando una puerta se cierra, Dios siempre abrirá otra puerta.

Si está afrontando problemas de salud, luchando contra una enfermedad, no abandone la vida y comience a planear su funeral. Levántese de ese desaliento. Cuando Dios vea que usted hace su parte, Él hará la suya. Él le dará una nueva vida; restaurará su salud, le dará nuevas oportunidades y nuevas relaciones. Él le dará una nueva perspectiva, y usted verá que aunque sea doloroso durante un tiempo, no es el final. Aunque sea injusto, no ha terminado. Sigue habiendo vida después de la enfermedad, vida después del divorcio y vida después del mal salto. Una vida plena sigue estando delante de usted.

La Escritura dice que Job experimentó eso. Pasó por todo tipo de momentos difíciles. Todo lo que podía ir mal, fue mal. Fue tentado a quedarse sentado en las bandas de la vida. Su esposa le dijo: "Job, tan sólo abandona. Esto nunca va a mejorar".

Pero en medio de ese dolor, Job dijo: "Yo sé que mi Redentor vive". Estaba diciendo, en efecto: "Me duele pero sigo estando en el partido. Me duele pero sé que mi Dios sigue estando en el trono".

Un año después cuando Job salió de ese desafío, Dios no sólo le sacó: Dios le devolvió el doble de lo que había perdido. La Escritura dice que después de aquello, Job vivió 140 años y vio a sus nietos hasta cuatro generaciones.

Notemos que después de los problemas, después de la pérdida, después de la enfermedad, después de que los negocios se derrumbasen, después de que todo se desmoronase, su vida no había terminado. Él no terminó amargado y derrotado; pasó a vivir unos benditos y felices 140 años, disfrutando de sus nietos, logrando sus sueños y cumpliendo su destino.

Su vida no ha terminado porque haya sufrido un revés. Dios tiene un "después de esto" en su futuro. Cuando pase por tiempos difíciles, no se sorprenda si el enemigo le susurra al oído: "Nunca serás tan feliz como solías ser. Has visto ya tus mejores tiempos. Este revés es tu final".

Deje que en eso le entre por un oído y le salga por el otro. Dios le está diciendo lo que le dijo a Job: después del cáncer, después del mal avance, después del desengaño, sigue habiendo una vida plena. Usted no ha bailado su mejor baile; no se ha reído con su mejor carcajada; no ha soñado su mejor sueño.

Si permanece en el partido y no llega a amargarse, Dios le sacará tal como sacó a Job, y lo hará con el doble de lo que usted tenía antes.

Hubo otro jugador de fútbol profesional cuyo hermano menor resultó trágicamente muerto en un accidente el día antes de un gran partido. Este jugador prácticamente había criado a sus hermanos, y estaban muy unidos. Puede imaginarse el dolor y el asombro que debió de haber sentido. El entrenador le dijo que se fuese a su casa y pasara tanto tiempo con su familia como fuese necesario, pero él dijo: "No, entrenador. Voy a jugar en el partido de mañana en memoria de mi hermano. Sé que eso es lo que él querría que hiciera".

Es interesante; este jugador tuvo uno de los partidos más estupendos de su carrera. Agarró un increíble pase de *touchdown* e hizo otras grandes jugadas. Algunas personas lo considerarían una coincidencia, tan sólo la adrenalina del momento; pero yo lo veo como la mano de Dios, y creo que Dios estaba diciendo: "Si te atreves a permanecer en el partido, si te atreves a jugar con dolor, entonces yo soplaré mi favor sobre tu vida".

Nadie le culparía por estar desalentado cuando usted está cuidando sus heridas a causa de un ser querido perdido, una grave enfermedad, un niño con necesidades especiales o una batalla legal. Eso es lo que la mayoría de personas esperan; pero cuando usted desafía las probabilidades, juega con dolor y dice: "Oigan, sufro pero sigo estando aquí", la fuerza más poderosa del universo sopla en dirección a usted.

Puede que esté pasando por tiempos difíciles, y podría desalentarse fácilmente. Pero Dios está diciendo: "Es momento de enjugarse las lágrimas. Lava tu cara, ponte una nueva actitud y regresa al partido".

Quizá no sea capaz de hacer lo que solía hacer. Puede que tenga algunos dolores y algunas limitaciones, y todo eso está bien. Dios no está interesado necesariamente en su desempeño; Él mira el hecho de que esté usted en el partido.

Podría sentirse resentido, y estar sentado en las bandas. Se necesita un acto de fe para ignorar las voces que le dan excusas para quedarse sentado allí. Cuando usted se niega a escucharlas y regresa al partido, Dios ve su esfuerzo. Dios sabe lo que le costó asistir a la iglesia o acercarse a otra persona que tenía necesidad.

Otras personas puede que no conozcan las batallas que tuvo usted que luchar para regresar al partido. No entienden el desaliento que tuvo usted que vencer; no vieron todas las oportunidades que tuvo de amargarse y tirar la toalla. Tan sólo el hecho de que usted acudiera le dice a Dios: "Tú sigues estando en el trono".

Se está diciendo a usted mismo: "Estoy aquí para rato". Y le está diciendo al enemigo: "Estás bajo mis pies. No hay nada que puedas hacer para evitar que cumpla mi destino".

Cuando Jesús estuvo aquí en la tierra, sintió cada dolor, cada emoción que nosotros sentiríamos alguna vez. Él sabe lo que es sentirse solo, experimentar una pérdida, ser traicionado o sentirse desalentado; de tal modo que sudó grandes gotas de sangre. Él ha estado en nuestro lugar. La Escritura dice que Él fue tocado con los sentimientos de nuestras enfermedades.

Cuando usted sufre, Dios siente el dolor. Usted es su posesión más preciada; es su hijo. Cuando usted se levanta a pesar del dolor y entra en el partido, esa es la semilla que Dios utilizará para tomar la herida y convertirla en una estrella.

Me encontré con un hombre en el vestíbulo de la iglesia Lakewood que llevaba una muñequera del hospital, y le pregunté si todo iba bien. Él me explicó que anteriormente aquella semana le habían realizado una importante operación. Se suponía que debía estar en el hospital todo el fin de semana para recuperarse, pero él dijo: "Doctor, tengo que ir a la iglesia el domingo, pues soy ujier, y me estarán esperando".

El doctor le dijo: "De ninguna manera, señor. Ni siquiera estoy pensando en dejarle salir del hospital. Se quedará usted aquí para recuperarse".

El hombre dijo: "Doctor, no lo entiende. Tengo que estar en la iglesia. Nunca me pierdo un domingo".

El doctor le miró y le dijo: "Permítame preguntarle si va usted a Lakewood".

Él dijo: "Sí, señor; así es".

El doctor dijo: "Las personas de Lakewood son las personas más dedicadas, fieles y felices que haya visto nunca. Entonces dijo: "Voy a hacer un trato con usted. Voy a darle un pase de tres horas para ir a la iglesia la mañana del domingo, y después regresará directamente aquí y se meterá en esa cama para recuperarse".

El hombre asistió. Sentía dolor, pero estuvo allí. Me dijo antes del servicio: "Joel, no se retrase mucho, ¡pues me meterá en problemas!".

Hay otro joven que asiste a los servicios en Lakewood. Siempre tiene una sonrisa, y siempre parece muy feliz. Lo que yo no sabía era que ha estado en diálisis durante doce años. Yo llevé a mi padre a diálisis en los últimos tres meses de su vida, y sé un poco al respecto. No siempre es fácil, y puede ser una carga. Este joven siempre llevaba camisas de manga larga. Un domingo pasó para recibir oración, y me encontré con él en el altar por primera vez. Le dije: "Hola, le veo entre la audiencia todo el tiempo. Es bueno finalmente llegar a conocerle".

Él dijo: "Sí, Joel. Nunca me pierdo un servicio. Me encanta venir". Se subió la manga, y su brazo entero estaba tan rojo como un tomate. Parecía como si alguien hubiera tomado un alfiler y le hubiera pinchado durante tres horas seguidas. Yo no había visto nada como eso anteriormente.

No pude evitar pensar en todas las veces en que le había visto entre la audiencia con sus brazos levantados en adoración. Parecía que no tenía ningún problema en el mundo; se veía tan feliz como se pueda ser. Lo que yo no sabía era que bajo esta manga estaba herido. Estaba en la iglesia pero estaba herido. Estaba jugando con dolor.

Una cosa es pasar por una dificultad que todo el mundo conoce. Usted está preocupado o desalentado; tiene a sus amigos y familiares orando, y no hay nada de malo en eso. Todos somos humanos, todos tenemos emociones, y todos manejamos las cosas de diferentes maneras.

Pero lo que realmente capta la atención de Dios es cuando usted está en un tiempo difícil, está sufriendo, tiene dolor, pero como aquel joven, es usted estable, es usted coherente, siente tal paz que nadie sabe nada al respecto. Usted asiste a la iglesia cada semana con una sonrisa, y va a trabajar con una buena actitud. Es amable, afable y compasivo. Todo el tiempo está luchando una batalla de la que nadie sabe nada. Eso capta la atención de Dios de una manera grande.

Hace unos tres meses, el joven que había estado en diálisis por tanto tiempo regresó al altar con otro joven. Dijo: "Joel, mi amigo va a donar uno de sus riñones para mí. Voy a recibir un trasplante el martes".

La operación salió muy bien, y el nuevo riñón respondió perfectamente. En la actualidad, él ya no va a diálisis; no tiene que llevar camisas de manga larga. Está sano y libre de ese dolor.

Doce años después de la diálisis, después de la lucha, después del dolor, seguía habiendo un futuro brillante delante de él. Debido a que permaneció en el partido, al igual que Job, llegó a su "después de esto". Dios hará lo mismo por usted.

Hay una joven en la Escritura que pasó por tiempo de gran dolor porque su esposo resultó muerto en una batalla. Su nombre era Rut. En un momento, su vida cambió para siempre. Rut podría fácilmente haber cedido a la autocompasión o al desaliento, sintiendo que la vida no era justa.

Pero Rut permaneció en el partido. Decidió cuidar de su suegra, Noemí, que era viuda y había perdido a su hijo. Noemí dijo: "Rut, tú eres una mujer joven, y yo soy vieja. Tú tienes una vida plena por delante de ti. No te preocupes por mí. Sigue adelante con tu propia vida".

Rut dijo: "No, Noemí. No voy a dejarte sola, especialmente cuando estás sufriendo. Voy a ir contigo y a ocuparme de ti". Aunque Rut estaba sufriendo, aunque sentía dolor, se acercó a otra persona que sufría.

Mes tras mes, Rut siguió cuidando de Noemí, obteniendo la comida, sirviéndole la cena, siendo su amiga. Un día, Rut estaba en los campos recogiendo trigo para la cena, y conoció a un hombre llamado Booz. Él era el dueño de todos los campos, el hombre más rico en aquella zona. Se enamoraron y se casaron, y Dios les bendijo con un bebé, al que pusieron el nombre de Obed.

Obed tuvo un hijo llamado Isaí. Isaí tuvo un hijo llamado David. David, desde luego, llegó a ser el rey de Israel, uno de los hombres más grandes que haya vivido jamás.

Rut podría haberse quedado en las bandas el resto de su vida después de aquella pérdida, pero entendía este principio: jugó con dolor. Estaba herida pero siguió haciendo lo correcto. Dios tuvo un "después de esto" para Rut. Después de la pérdida, después del dolor, Dios dijo: "Te daré un biznieto que cambiará el mundo".

Puede que sienta usted dolor en este momento. Quizá haya sufrido una pérdida o haya experimentado un desengaño. Mi mensaje es: "Eso no es el final. Dios sigue teniendo un plan". No se quede sentado cuidando de sus heridas. No permita que la amargura y el desaliento establezcan el tono de su vida. Dios está diciendo: "Levántate. Sécate las lágrimas y regresa al partido".

Tenga la actitud: "Estoy sufriendo pero sigo aquí. Estoy decepcionado pero aun así tengo una sonrisa. Me han ofendido pero sigo alabando a Dios".

Si permanece en el partido, Dios siempre tendrá un "después de esto" para usted. Después de la pérdida, conocerá a la persona correcta. Después del despido, obtendrá un empleo mejor. Después de la enfermedad, saldrá más fuerte; después del desengaño, seguirá teniendo una vida bendecida, plena y feliz. Al igual que mi madre. Al igual que el joven con el riñón. Al igual que Rut y al igual que Job.

Creo y declaro que a pesar del dolor, a pesar de la adversidad, debido a que sigue usted en el partido, Dios va a hacer que el resto de su vida sea lo mejor de su vida.

CAPÍTULO DIECISIETE

Su segundo viento está de camino

Todos estamos cansados a veces; cansados de intentar hacer crecer un negocio, cansados de tratar una enfermedad, cansados de criar a un hijo difícil, cansados de estar solos y esperar conocer a la persona correcta. Incluso podemos estar haciendo lo que nos gusta, ya sea viviendo en la casa de nuestros sueños, criando hijos estupendos o teniendo un buen empleo, pero si no tenemos cuidado podemos perder nuestra pasión y permitir que llegue el cansancio.

Vi un documental sobre una larga guerra en la que nuestro país estaba implicado. Las tropas de Estados Unidos habían estado en el extranjero por muchos años participando en el conflicto. Un general de cuatro estrellas testificó delante del Congreso. Un senador pregunto cómo les iba a las tropas, y él dijo: "Señor, nuestras tropas están cansadas. Nunca esperábamos que la guerra durase tanto tiempo. Ahora están tratando la fatiga en la batalla".

El militar estaba afrontando la misma pregunta que con frecuencia nos hacemos como individuos: ¿Qué hace uno cuando la batalla ha durado más tiempo del que se pensó? Usted ha orado, ha creído, ha hecho lo que debe hacer, pero sigue esperando conocer a la persona correcta. O sigue buscando el empleo adecuado. O sigue orando para que ese hijo al que quiere regrese al camino correcto.

La palabra *cansado* significa "perder el sentimiento de placer, no sentir el disfrute que antes se sentía". Cuando los soldados son enviados en barco al extranjero, están muy emocionados, y no pueden esperar a marcar una diferencia. Entonces, cuando la batalla continúa, puede llegar la fatiga. Lo mismo puede sucedernos a cualquiera de nosotros que hemos estado luchando por algo durante un largo período.

El problema es que cuando usted se permite llegar a estar cansado, será tentado a abandonar: abandonar el crecimiento, abandonar estar firme por ese hijo apartado, abandonar creer que llegará a tener salud, o abandonar perseguir sus metas y sueños.

Una mujer que visitaba nuestra iglesia me dijo que estaba en la ciudad para hacerse un chequeo médico en el gran centro para el cáncer en Houston, y que no había recibido las noticias que esperaba. Había pasado por seis meses de quimioterapia, y esperaba haber terminado, desde luego; pero descubrió que el tratamiento sí hizo algún bien, pero le dijeron que necesitaba otros seis meses de tratamiento. Estaba muy decepcionada. Me dijo: "Joel, estoy cansada. No creo que pueda hacer esto durante otros seis meses".

De camino hacia nuestras victorias siempre afrontaremos la prueba del cansancio. Seremos tentados a desalentarnos y abandonar. La prueba nunca llega cuando estamos frescos; nunca llega cuando comenzamos. Siempre llega cuando estamos cansados, pues es entonces cuando somos más vulnerables.

El apóstol Pablo dijo en Gálatas 6:9: "No nos cansemos de hacer el bien, porque a su debido tiempo cosecharemos si no nos damos por vencidos". Tres palabras son la clave de este pasaje: "damos por vencidos". En otras palabras, si usted no abandona, si se sacude el cansancio, si se viste de una nueva actitud sabiendo que Dios sigue teniendo el control, si permanece firme y dice: "He llegado demasiado lejos para detenerme ahora", si no se da por vencido, verá cumplirse la promesa.

En lugar de quejarse por lo larga que está siendo la batalla, deberíamos decir: "Esto también pasará. Sé que no es permanente, sino sólo temporal. No voy a acampar aquí. Sigo adelante".

El cansancio mantuvo al pueblo de Israel fuera de la Tierra Prometida. Estaban cerca de su victoria, al lado de la Tierra Prometida; Dios ya había dicho que les daría la tierra, y lo único que tenían que hacer era entrar y luchar por ella, pero permitieron que entrase el cansancio. Habían atravesado el desierto, habían vencido obstáculos, derrotando a todo tipo de enemigos. Entonces se cansaron. Moisés intentó conseguir que siguieran adelante, pero el cansancio condujo al desaliento.

Cuando usted está desalentado, ve el problema en lugar de ver la posibilidad. Habla sobre el modo en que es el lugar del modo en que puede llegar a ser. El pueblo de Israel comenzó a quejarse: "Moisés, nuestro enemigo es demasiado grande, y no tenemos oportunidad alguna. Nunca los derrotaremos".

Ellos tomaron una decisión permanente basándose en un

sentimiento temporal. Si usted se permite llegar a cansarse y pierde su pasión, también será tentado a tomar decisiones basándose en cómo se siente en lugar de basarse en lo que sabe.

Cuando sienta que llega ese cansancio, necesita orar para reunir fuerzas. "Dios, tú dijiste que me has armado con fuerza para cada batalla. Tú dijiste que todo lo puedo en Cristo, que me da nuevas fuerzas. Tú dijiste que soy más que vencedor, y no una víctima". Si habla con usted mismo de la manera correcta, sentirá que llega el segundo viento.

Pero con demasiada frecuencia hacemos lo que hizo el pueblo de Israel y pensamos: "No puedo soportarlo más. Estoy muy cansado. Estoy abatido. Es demasiado difícil". Sin embargo, cuanto más habla de lo cansado que está, más cansado se siente. Tan sólo está echando leña al fuego. No hable sobre cómo es usted; hable de cómo quiere llegar a ser.

Necesita que palabras de fe y victoria salgan de su boca. En otras palabras: "Puede que esto sea difícil, pero sé que soy capaz. Estoy equipado. Estoy capacitado. Soy fuerte en el Señor".

Todos nos cansamos; todos nos sentimos agotados. De hecho, si nunca ha tenido ganas de abandonar, entonces sus sueños son demasiado pequeños. Si nunca ha tenido ganas de tirar la toalla, entonces necesita establecer algunas metas mayores. Cuando llega presión para que sea usted desalentado y piense que no puede soportarlo más, eso es completamente normal. Todas las personas se sienten así a veces.

Isaías nos da la solución. Él dijo: "Los que esperan en el Señor tendrán nuevas fuerzas. Se levantarán con alas como las águilas. Correrán y no se cansarán; caminarán y no se fatigarán".

Dios sabía que habría momentos en que sentiríamos fatiga por la batalla, y por eso dijo: "Hay una manera de obtener su segundo viento. Hay una manera de que su fuerza sea renovada. ¿Cuál es? Esperar en el Señor".

Eso no significa quedarse sentado y ser pasivo y complaciente; significa esperar con expectativa, sin quejas, sin desaliento, sin hablar de todas las razones por las que no saldrá bien.

Si quiere que sus fuerzas sean renovadas, la manera correcta de esperar es diciendo: "Padre, gracias porque tú estás luchando mis batallas. Gracias porque la respuesta está en camino. Gracias porque tú eres mayor que estos obstáculos. Gracias porque tú harás que mis sueños se cumplan".

Cuando usted da alabanza a Dios, habla sobre su grandeza; pasa el día esperando que Él cambie la situación. Dios promete que renovará sus fuerzas. La Escritura dice que correrá y no se cansará. Esta es una referencia a agarrar su segundo viento. Es Dios que sopla fortaleza, energía, pasión, visión y vitalidad a su espíritu. No saldrá usted del mismo modo en que era; saldrá en alas de águila. Saldrá más fuerte, más alto y mejor de lo que era antes.

Puede que se enfrente a importantes obstáculos. Cuando usted mira hacia su futuro, puede ser muy abrumador; no es capaz de ver cómo lo logrará. Conozco a una mujer que estaba en la misma situación. Ella crió a sus hijos, y logró que entrasen en la universidad. Ella esperaba ese nuevo período en su vida en el cual tendría tiempo libre; pero debido a circunstancias inusuales ha tenido que criar a su nieto, que es un niño pequeño. Desde luego que ama a su nieto, pero me dijo: "Joel, no creo que pueda volver a hacer esto. ¿Otros quince años? No creo que tenga las fuerzas para lograrlo".

Yo le dije que no puede centrarse en mirar quince años en el futuro. Si mira tan lejos, se sentirá abrumada. Tiene usted que tomarlo día a día. Hoy no tiene las fuerzas que necesita para mañana. Cuando llegue mañana, tendrá las fuerzas para ese día.

No puede pensar en batallar durante años y años; en cambio, enfóquese en un día cada vez. Dios dice solamente: "¿Lo harás hoy? ¿Te apropiarás de mi fuerza hoy?".

¿Esperará usted en el Señor hoy? ¿No abandonará y se cansará hoy? Si pasa la prueba y lo hace hoy, entonces cuando llegue a mañana, la fuerza que necesita para ese día estará ahí. Mientras se preocupe— "¿Cómo voy a lograrlo la semana que viene, o el próximo mes, o dentro de veinte años?"—, esa preocupación agotará sus fuerzas, agotará su energía, agotará su pasión y agotará su victoria.

Lo único que hace la preocupación es abatirnos y evitar que disfrutemos de la vida. En lugar de preocuparse por su futuro, levántese cada mañana y diga para sí: "Puedo hacer esto un día más. Puede que no sepa cómo podría hacerlo en los próximos veinte años, pero sé que puedo hacerlo otras veinticuatro horas más. Puedo permanecer en fe un día más. Puedo mantener una buena actitud un día más. Puedo tener una sonrisa en mi cara otras veinticuatro horas".

Tómelo día a día.

Me gusta hacer ejercicio para mantenerme en forma. A veces, cuando voy corriendo, especialmente cuando hay calor y humedad, me canso. Comienzan a llegar pensamientos que dicen: "Necesitas detenerte. Te sientes incómodo. Es difícil, y mira la distancia que todavía te queda por recorrer".

La verdadera batalla tiene lugar en nuestras mentes. Si yo medito en esos pensamientos y comienzo a pensar en cómo me siento, cuántas colinas hay y lo que me queda por recorrer, me convenceré a mí mismo y me detendré. En cambio, dejo de mirar a los dos kilómetros siguientes y comienzo a decirme a mí mismo: "Puedo hacer esto un paso más. Un paso más. Un paso más".

Cuando me enfoco no en lo que me queda por recorrer sino en el siguiente paso, poco después levanto la vista y casi he llegado. He proseguido en medio del dolor de sentirme incómodo. He encontrado un ritmo, y de repente llega mi segundo viento; y en lugar de apenas lograrlo, voy remontando sobre esas alas de águila. Termino fuerte.

Llegarán pensamientos a usted: "Nunca va a cambiar. Nunca vas a ponerte bien. Nunca alcanzarás tus metas". Pero no los escuche. Dios dijo en Job que Él ha establecido un final para la dificultad. Dios ya ha establecido una fecha final para los problemas. Él ha establecido un final para la batalla, un final para la enfermedad, un final para la adicción, un final para la soledad.

Recuérdese eso a usted mismo cuando esté en un período difícil y sienta que llega el cansancio, diciéndole: "No vale la pena. Te sientes demasiado incómodo. Te queda mucho por recorrer". En cambio, recuerde: "No siempre voy a estar solo. Dios ha establecido un final para esta soledad, y traerá a alguien estupendo a mi vida.

"No siempre batallaré en mis finanzas. Dios ha establecido un final para esta carencia. Él tiene ascenso y aumento que llegan a mi camino. No siempre estaré luchando con estas adicciones. Estos malos hábitos no me perseguirán toda mi vida. Dios les ha puesto fin; Él tiene libertad y victoria en mi futuro.

"No siempre tendré que tratar estos problemas médicos. No siempre tendré este dolor. Jehová-rafá, el Señor mi sanador, ha establecido un final para esta enfermedad".

Recuerde: el final ya ha sido establecido. Le pido que permanezca fuerte; no se canse. Siga creyendo. Siga esperando. Siga siendo lo mejor que pueda. Si permanece en el camino y hace lo correcto, verá que llega el final. Eso es lo que la Escritura quiere decir: "Si no desmayas, recibirás la recompensa".

Sé que no es usted alguien que desmaya. ¡Usted es fuerte! Es un guerrero, un vencedor y no una víctima. Cuando la vida se ponga difícil, recuérdese que Dios dijo que usted ha sido armado con fortaleza para cada batalla. Piense en eso: Dios dice que la fuerza es un arma. En lo natural, podría usted ir armado con una pistola, una granada de mano o incluso un bazuca. Esas son armas potentes, pero no son nada comparadas con las armas que Dios le ha dado.

Usted está lleno de poder capacitador. No vaya por ahí sintiéndose débil y derrotado, como si no pudiera soportarlo más. Si fuese demasiado para usted, Dios no lo habría permitido.

En lugar de quejarse, diga para sí: "Puedo manejar esto. Este niño puede que sea difícil, pero puedo manejarlo. Quizá los negocios sean lentos, pero puedo manejarlo. El informe médico no fue bueno, pero puedo manejarlo. El jefe me pone nervioso, pero puedo manejarlo. ¡Hace calor fuera, pero puedo manejarlo!".

Ponga sus hombros erguidos, mire a los ojos a esos obstáculos y diga: "No eres rival para mí".

"Cáncer, no eres rival para mí"

"Compañero de trabajo malhumorado, no eres rival para mí".

"Depresión, no eres rival para mí".

"Adicciones, no son rival para mí".

"Batalla y carencia, no son rival para mí".

"Sé que tu final ya ha sido establecido, y es sólo cuestión de tiempo que Dios cambie la situación. Es sólo cuestión de tiempo que Él haga que ese sueño se cumpla".

Un amigo mío está en el ejército, y acababa de enterarse de que había sido destinado al extranjero durante un año. Él y su esposa nunca habían estado separados por tanto tiempo, y tenían dos hijos pequeños. Su esposa estaba muy preocupada, y se preguntaba cómo iba a lograrlo.

Le dije lo que le estoy diciendo a usted: su desafío puede ser difícil, pero puede manejarlo. Dios le ha dado la gracia para este período. Si no estuviera usted a la altura de esto, Dios no lo habría traído a su camino. En los momentos difíciles, recuérdese que siempre hay una recompensa por hacer el bien. Dios nunca deja de compensarle, y Él paga muy bien. Puede que el período sea difícil en este momento, pero si sigue haciendo lo correcto, prepárese porque llega la recompensa.

Cuando usted permanece fuerte y tiene una buena actitud, aunque realmente tenga ganas de quejarse...

Cuando sirve, da y trata bien a las personas, aunque ellos no le den las gracias...

Cuando nadie le da el mérito...

Cuando pasa esas pruebas de cansancio, la Escritura dice que llegará a su camino un día de recompensa.

Puede que esté usted acampado al lado de la Tierra Prometida como el pueblo de Israel, al borde de pasar a un nuevo nivel del favor de Dios, pero el problema es que está cansado. La batalla ha tomado más tiempo del que usted esperaba, y ahora está en una encrucijada. Puede permitir que el cansancio le derrote, haciendo que abandone y que se quede donde está, o puede ponerse firme y decir: "He llegado demasiado lejos para detenerme ahora. Seguiré adelante. Seguiré persiguiendo mis metas. Seguiré siendo bueno con la gente. Seguiré esperando, orando, estirándome, creciendo".

Cuando tenga ese tipo de actitud, sentirá que llega su segundo viento. Yo he aprendido lo siguiente: usted afronta la mayor presión cuando está cerca de su victoria. Cuando la intensidad ha aumentado, esa es una señal de que está a punto de pasar a un nuevo nivel del favor de Dios.

Es como una mujer que tiene un hijo. Cuando afronta el mayor dolor, está cerca de dar a luz. Es el mismo principio en la vida. Cuando se siente de lo más incómodo, cuando parece más injusto, cuando es más tentado a abandonar, esa es una señal segura de que está a punto de dar a luz a lo nuevo que Dios quiere hacer.

Puedo sentir en mi espíritu que el período está cambiando. La depresión está llegando a su fin y el gozo está a punto de surgir. Su carencia y su lucha están llegando al final, y un nuevo período de aumento, ascenso y más que suficiente llegará a su camino. Si ha tenido constantes problemas médicos y no se ha sentido adecuado, eso llega a su fin. Un período de salud y vitalidad llegará a su camino.

Ahora bien, no actúe como lo hizo el pueblo de Israel, que se desalentó, se cansó demasiado y solamente quería quedarse donde estaba. En cambio, prosiga y deje atrás el dolor y la incomodidad. Deje atrás los sentimientos que le dicen que se quede; deje atrás el cansancio. Recupere su fuego.

No ha visto usted aún sus mejores días. Sus mayores victorias siguen estando por delante de usted. Esas adversidades y batallas no quedarán desperdiciadas; Dios las está utilizando para prepararle para el increíble futuro que tiene preparado.

Cuando yo corría en atletismo en la secundaria, el entrenador nos ponía unos entrenamientos increíbles. En una ocasión tuvimos que correr dieciocho carreras de media milla. Corríamos media milla, hacíamos un descanso de dos minutos, y después corríamos la siguiente. Teníamos que hacer eso dieciocho veces seguidas. Pensábamos: "Este hombre está intentando matarnos. Algo le sucede".

Pero varios meses después, todos corríamos en nuevos niveles y batimos nuestras antiguas marcas, y entendimos que no estaba intentando matarnos; simplemente intentaba aumentar nuestro aguante. Nos estaba estirando para que pudiéramos alcanzar nuestro pleno potencial. De la misma manera, Dios a veces nos permite afrontar dificultades para aumentar nuestro aguante, para estirarnos de modo que podamos alcanzar nuestro pleno potencial. Puede que pensemos: "Esto es demasiado difícil. Este jefe es demasiado injusto. Este maestro de matemáticas es demasiado difícil. ¿Cómo puedo criar a estos niños?".

Puede que sea muy difícil; puede que tuviera intención de hacerle daño, pero permanezca fuerte y declare: "Puedo manejar esto. No es demasiado para mí. He sido armado con fortaleza para esta batalla". Entonces, cuando llegué al otro lado, no sólo recibirá su recompensa, sino que también tendrá una fortaleza interior, una confianza y una resolución que nunca antes había tenido.

Afrontará situaciones que podrían haber parecido demasiado hace diez años, y podrían haber causado que se derrumbara. Pero debido a que ha pasado esas pruebas, algo ha sido depositado en su espíritu. Lo que solía ser gran cosa, ahora no lo es en absoluto.

¿Qué está sucediendo? Está usted creciendo; está aumentando; está subiendo a nuevos niveles.

Creo que en este momento el Creador del universo está soplando un segundo viento hacia usted. Tan sólo recíbalo por fe. Llega fuerza a su cuerpo; llega fuerza a su mente; correrá y no se cansará; caminará y no se fatigará. No se arrastrará por la vida derrotado o deprimido. ¡Planeará por la vida con alas de águila!

CAPÍTULO DIECIOCHO

El Dios que cierra puertas

Todos sabemos que Dios abre puertas. Le hemos visto darnos favor, buenos avances y ascenso. Eso es la mano de Dios que abre la puerta; pero el mismo Dios que abre puertas cerrará puertas.

Quizá usted oró, pero no consiguió el ascenso que quería. Hizo la solicitud, pero su préstamo no fue aprobado. Una relación de la que disfrutaba no salió bien. Muchas veces podemos llegar a desalentarnos y sentir que Dios nos ha decepcionado.

Pero Dios puede ver el cuadro completo para su vida. Dios sabe dónde conduce cada camino, y conoce las calles sin salida. Él puede ver los atajos, y sabe que algunas carreteras son un gran círculo.

Podríamos pasarnos años y años regresando donde comenzamos, sin hacer nunca ningún progreso. Nosotros no podemos ver lo que Dios puede ver. Una gran parte de la fe es confiar en Dios cuando usted no entiende por qué las cosas suceden como suceden. Dios puede que cierre una puerta porque usted cree demasiado en pequeño. Si Él abriera esa puerta, limitaría lo que Él quiere hacer en su vida. Otra puerta puede que se cierre porque no es el momento adecuado, o hay otras personas implicadas y no están preparadas aún. Si Dios abriese esa puerta en el momento equivocado, no saldría bien.

Lo fundamental es lo siguiente: Dios tiene en su corazón el mejor interés para usted. Cuando una puerta se cierra, usted no sabe de lo que Dios le está salvando. Si sus oraciones no son respondidas del modo en que usted quiere, en lugar de desalentarse o sentir que Dios le ha decepcionado, ¿por qué no tiene una perspectiva más grande? La razón de que la puerta esté cerrada es porque Dios tiene algo mejor preparado.

Si Dios quisiera que usted lograse ese ascenso que no logró, se lo habría dado. Sacúdase el desengaño y siga adelante; sepa que llega algo mejor. O si Dios quisiera que la persona que le dejó se quedase, esa persona aún estaría con usted. Sacúdase eso. Las personas adecuadas están en su futuro.

No es ningún accidente que algunas puertas estén cerradas para usted. Puede que no entienda por qué en este momento; puede que sienta que la oportunidad de toda una vida acaba de pasar por su lado. Pero un día mirara atrás y dará gracias a Dios por la puerta cerrada, porque si Dios no hubiera cerrado la puerta, usted no habría conocido a la persona correcta. O si Dios no hubiera cerrado otra puerta, se habría quedado atascado en un nivel y no habría visto el increíble favor que Él tiene en su futuro.

Yo solía emocionarme con respecto a mis puertas abiertas, pero realmente me sentía abatido por las puertas cerradas. Ahora le doy gracias a Dios por mis puertas cerradas tanto como lo hago por mis puertas abiertas. Quiero que usted llegue al lugar donde tenga la misma confianza en Dios, y esté tan confiado en que Él está dirigiendo sus pasos que diga, como David: "Dios, mi vida está en tus manos".

Si cree eso cuando una puerta se cierra y usted no consigue lo que quería, no quedará decepcionado. Su actitud será: "Sé que esta puerta no se cerró por accidente. Dios la cerró a propósito, y lo que Dios cierra yo no quiero abrirlo. No quiero las cosas a mi manera; las quiero a la manera de Él, pues Él sabe lo que es mejor. Él puede ver lo que yo no puedo ver. Dios, no se haga mi voluntad sino la tuya".

Esa es una manera muy liberadora de vivir. Cuando usted realmente cree que Dios tiene el control completo, eso quita toda la presión.

Hace algunos años, este hombre voló hasta Houston para una importante entrevista de trabajo. Estaba muy emocionado al respecto, pues era una posición elevada en una de las empresas más grandes del mundo. Parecía una oportunidad de oro, un inmenso avance para su carrera. Él estaba preparado para abandonar el puesto que había tenido durante casi treinta años y trasladar a su familia.

Lo sé porque acudió al servicio de la iglesia Lakewood y nos pidió que orásemos por su importante entrevista. Oramos para que Dios le diese favor y le hiciese destacar. Unos días después llamó, y estaba emocionado. Todo fue estupendamente, y se veía muy prometedor.

Pasaron varias semanas, y le invitaron de nuevo a realizar una segunda entrevista. Él hizo lo mismo. Visitó la iglesia. Oramos: favor, ascenso y otras cosas. Después de hablar con él durante varias horas, esa empresa le llamó y le dijo: "Realmente nos gusta. Tiene usted mucho talento, pero sencillamente no sentimos que sea la persona adecuada para nuestra organización".

Fue como si hubieran desinflado su globo. Llegó al servicio como si hubiera perdido a su último amigo. Parecía que había envejecido veinte años. Estaba muy desalentado. Me dijo: "Joel, no lo entiendo. Oré, creí. ¿Cómo pudo Dios permitir que esto sucediera?".

Le dije lo que le estoy diciendo a usted: el mismo Dios que abre puertas cerrará puertas. Tiene que confiar en Él. Puede que no entienda el desengaño en este momento, pero un día lo entenderá. Un día dará gracias a Dios por no haber conseguido ese puesto.

Un par de años después, ese mismo hombre de negocios apareció en un servicio de Lakewood, y sonreía de oreja a oreja. La empresa en Houston que le había rechazado estaba en bancarrota. Miles de personas habían sido despedidas, y fue un gran escándalo en las noticias. La empresa finalmente cerró.

Esa es la bondad de Dios: cuando solicitó el empleo en Houston, al hombre de negocios le quedaban menos de dos años para la jubilación en el puesto que quería dejar. Si hubiera sido contratado por la empresa en Houston, no sólo se habría quedado sin empleo, sino que también habría perdido casi treinta años de beneficios en su jubilación.

Dios sabe lo que hace. No se desaliente por sus puertas cerradas. Si Dios quiere que una puerta se abra, puede estar seguro de que se abrirá. Todas las fuerzas de las tinieblas no podrán evitarlo.

Lo que quiero que vea es que cuando usted ora, cree, permanece en fe, si esa puerta no se abre, tómelo como una señal de parte de Dios. No es lo mejor de Él. A veces, al igual que ese hombre, puede quedar usted decepcionado, pero Dios le ama demasiado para abrir esa puerta. Dios no le está decepcionando; le está haciendo un favor, y está evitándole todo tipo de sufrimiento y dolor.

Si realmente confía en Dios, tiene que estar contento con la respuesta que Dios le dé. Muchas veces decimos que confiamos, pero lo cierto es que estamos contentos solamente si Dios lo hace a nuestra manera y según nuestro calendario. Tiene usted que poner el sueño sobre el altar y decir: "Dios, si esto es lo que quieres para mí. Si esto es lo mejor que tienes para mi vida. Sé que tú tienes todo el control. No hay poder alguno más grande que el tuyo. Dios, confío en ti. Si sucede, estaré contento y te daré las gracias por ello. Si no funciona, no quedaré desalentado. No dejaré de creer. Sé que eso significa que tienes algo mejor preparado".

Eso quita toda la presión. No quedará frustrado si no funciona, y no vivirá con autocompasión si no sucede a su manera. Sabe que los pasos de una persona buena son ordenados por el Señor.

Esto fue difícil para mí de aceptar durante un tiempo, porque algunas oportunidades parecían estupendas. En mi mente yo pensaba: "Dios, es perfecto. Nunca habrá nada mejor". El problema es que nuestro pensamiento es limitado. El plan de Dios para nuestras vidas supera tanto a nuestros propios planes que si Dios no cerrase ciertas puertas, evitarían que entrásemos en la plenitud de nuestro destino.

Un par de años después de que mi papá partiese con el Señor y yo me hiciese cargo de Lakewood, la iglesia realmente comenzó a crecer. Necesitábamos terrenos para construir un nuevo santuario. Mi padre dijo que nunca trasladaría la iglesia, así que buscamos terrenos que estuvieran tan cerca de nuestra ubicación como pudiéramos encontrar. Encontramos un terreno de cien acres al lado de la autopista, a unas dos millas (tres kilómetros) de nuestra ubicación. Era perfecto. Hablamos con el dueño, y él dijo que había estado en el mercado por más de veinte años. Nunca había recibido una oferta, ni ninguna otra persona había estado interesada.

Dijimos: "Gracias, Señor. Tú has guardado este terreno para nosotros".

Unos seis meses después de hacer nuestra investigación y las pruebas al terreno, fuimos a cerrar el trato. Teníamos una reunión a las ocho de la mañana. Llegamos con quince minutos de antelación, y nunca olvidaré lo que sucedió. Salió la secretaria y dijo: "Lo siento mucho, pero el dueño vendió el terreno anoche a otra persona".

Yo quedé muy decepcionado, y regresé a casa muy desalentado. Le dije a Victoria lo que había sucedido, y ella dijo: "Escucha, Joel. Dios cerró esa puerta por un motivo. No vamos a desalentarnos. Mantendremos una buena actitud. Dios tiene algo mejor preparado".

En mi mente no podía creerlo, pero en mi corazón sabía que ella estaba diciendo exactamente lo correcto. Pensé: "Dios sigue estando en el trono, y su plan no puede ser detenido por un mal paso, un desengaño o una persona. Dios tiene la última palabra".

Aquel día tomé una decisión. En lugar de quedarme sentado con autocompasión y diciendo: "Dios, ¿por qué no salió bien?", decidí creer que Dios seguía teniendo el control. Unos meses después, me llamó un amigo y me dijo: "Joel, el estadio de baloncesto de los Houston Rockets va a salir del Compaq Center. Serían unas instalaciones estupendas para Lakewood".

Cuando dijo eso, algo se avivó en mi interior. Supe en aquel momento que esa era la razón de que Dios hubiera cerrado la otra puerta. Era demasiado pequeño, y habría limitado lo que Dios quería hacer. Las cosas comenzaron a encajar, y ahora la iglesia Lakewood tiene un hogar increíble en el anterior Compaq Center. Pero en aquel entonces yo no podía imaginar tener una iglesia en un estadio de baloncesto; ni siquiera estaba en mi radar. Estaba por encima y mucho más lejos. Yo habría estado contento con la otra propiedad, y habría celebrado la bondad de Dios si Él lo hubiera hecho de esa manera. Pero el sueño de Dios para su vida es mucho mayor que su propio sueño.

Habrá veces en que una puerta se cierre y usted no pueda entender por qué. En una relación, puede sentir que había encontrado a la persona perfecta, pero no funciona. O quizá era la casa perfecta, pero su oferta será rechazada. Puede que no tenga sentido cuando sucede, pero un día lo tendrá. Un día tendrá usted su momento Compaq Center. Mirará atrás y dirá:

"Dios, gracias porque la otra propiedad me fue arrebatada".

"Dios, gracias porque ese préstamo no fue aprobado".

"Dios, gracias porque la otra persona me dejó".

Esta es la pregunta: ¿Permanecerá en fe mientras espera ver lo que Dios hará? ¿No se desalentará y comenzará a quejarse? "Nunca me sucede nada bueno. No puedo creer que no consiguiera el ascenso, pues he estado en la empresa más tiempo que nadie". O: "Traté a esa chica como a una reina y ella solamente quiere que seamos amigos, y me dice que soy como un hermano. Dios, yo no quiero ser un hermano. ¡Quiero ser un esposo!".

Confíe su vida a Dios. Él sabe lo que hace. Yo oro cada día: "Dios, abre las puertas correctas y cierra las puertas equivocadas. Dios, trae a mi camino a las personas adecuadas, y aparta a quienes no deberían estar ahí".

He aprendido que las puertas cerradas son tan importantes como las puertas abiertas. ¿Sabe lo que llevó a la iglesia Lakewood a la ubicación del anterior estadio? Una puerta cerrada. No se desaliente por sus puertas cerradas.

Puede que sea usted como yo. Quizá quiera un terreno en este momento, pero Dios tiene un edificio ya construido para usted. Él tiene más de lo que puede usted pedir o pensar: un futuro grande, abundante y mucho más allá.

Dios le ama tanto que no ha respondido ciertas oraciones; no ha permitido que haya ciertas personas en su vida a quienes usted realmente quería, porque hubieran limitado su crecimiento. Aprenda a confiar en Él, y dele gracias por sus puertas abiertas. Celebre su bondad, pero dele gracias igualmente por sus puertas cerradas, sabiendo que Él sigue dirigiendo sus pasos.

Una joven dolida acudió a pedir oración a la iglesia Lakewood hace unos años. Estaba muy desalentada porque su novio había roto con ella, y pensaba que no podía vivir sin él. Creía que él era el hombre de sus sueños. Cada domingo orábamos para que la relación fuese restaurada, y eso siguió un mes tras otro. Ella era tan fiel como se puede ser; sin embargo, yo podía decir que solamente iba a ser feliz si Dios hacía las cosas como ella quería.

Yo intentaba alentarla: "Permanezca abierta. Dios sabe lo que es mejor, y Él puede ver el cuadro completo".

Ella no quería oír nada de eso; solamente quería que aquel joven regresara, pero no salió del modo en que ella esperaba, pues él se casó con otra persona. Ella quedó muy decepcionada, y sentía que Dios le había dado la espalda. Dijo: "Joel, todas esas oraciones que hicimos. Yo cité la Escritura. Era buena con los demás. Hice todo lo que debía hacer".

Estaba tan desalentada que dejó de ir a la iglesia.

La Escritura dice que los caminos de Dios no son nuestros caminos. Son mejores que nuestros caminos. Quizá como aquella muchacha, haya hecho usted oraciones que no fueron respondidas del modo en que quería, o algo no resultó ser del modo en que usted había esperado. Permita que estas palabras calen en su espíritu: el camino de Dios es mejor que su propio camino. Los planes de Él son mayores que sus propios planes. Los sueños que Él tiene para su vida son más satisfactorios, más gratificantes y mejores de lo que usted nunca soñó.

Permanezca abierto y permita que Dios haga las cosas a su manera.

Ponga la petición sobre el altar. Está bien ser sincero y decir: "Dios, esto es lo que yo quiero. Dios, tú sabes con qué fuerza lo quiero, y sabes lo mucho que significa para mí. Pero Dios, si no es lo mejor que tú tienes, no lo quiero. Dios, confío en ti".

No vi a aquella joven por mucho tiempo, y ella terminó mudándose a otra ciudad. Unos cinco o seis años después, llegó a la iglesia con un hombre muy bien parecido a su lado. Estaban casados, y tenían una hermosa hija. Ella era tan feliz como se puede ser.

En cierto momento, su esposo se apartó un poco y susurró a mi oído: "Joel, ¿recuerda el joven por el cual solían orar? Ya se ha casado y divorciado dos veces. Constantemente entra y sale de los problemas, y no puede mantener un buen empleo".

Ella hizo la afirmación: "Le doy gracias a Dios cada día porque no respondió mis oraciones".

Cuando usted quiere algo con tanta fuerza que se convence a sí mismo de que no puede vivir sin ello, intenta hacer que suceda. Puede orar noche y día por ello, pero Dios es tan bondadoso que si no es lo mejor que Él tiene, no responderá esa oración. Él le ama demasiado para abrir esa puerta. ¿Por qué no confía en Él? Él quiere que usted cumpla su destino más que usted mismo. Él tiene el control completo.

Cuando llegue a una puerta cerrada, considere si es una prueba de su fe. ¿Llegará a estar amargado, vivir con autocompasión y renunciar a sus sueños, o seguirá adelante sabiendo que Dios sigue teniendo el control?

Si pasa usted la prueba, Dios liberará lo que Él tiene en su futuro. Y muchas veces será exactamente aquello por lo que usted ha orado. Dios hará regresar a la persona que usted quería. O puede que abra una oportunidad que pensó que se había perdido, un sueño que creyó que era imposible. Dios quiere ver si usted confía lo bastante en Él para estar feliz incluso si las cosas no suceden a su manera.

Eso es lo que sucedió con Abraham. Dios le dijo que pusiera a su hijo Isaac, la persona que más significaba para él, sobre el altar como un sacrificio. Justamente cuando Abraham iba a hacerle daño, Dios dijo: "No, Abraham. No lo hagas. Sólo quería ver si confiabas en mí lo suficiente para entregarme a tu propio hijo".

Abraham pasó la prueba. ¿Qué sucedió? Dios le devolvió lo que él realmente quería, la persona que tanto significaba para él. Cuando usted se enfrente a un desengaño, o a una puerta cerrada, o cuando sus planes no salgan bien, si mantiene una buena actitud y permanece en fe, pasará la prueba. Si hace eso, permite que Dios le devuelva lo que usted realmente más quería.

Proverbios 20:24 dice: "Los pasos del hombre los dirige el Señor. ¿Cómo puede el hombre entender su propio camino?". Podría encontrar libertad si tan sólo dejase de intentar solucionarlo todo.

"Dios, ¿por qué experimenté esa ruptura? Soy una buena persona".

"Dios, ¿por qué no conseguí ese empleo que solicité? Es perfecto para mí".

Si intenta solucionar todo lo que no sale como usted quiere, se sentirá frustrado y confundido. Suéltelo y siga adelante. Dios puede ver cosas que usted no puede ver. Puede que no tenga sentido en este momento, pero un día cuando se despliegue el plan completo de Dios, verá lo que Dios estaba haciendo. Una parte de la confianza es decir: "Dios, no lo entiendo, y no parece justo. Pero Dios, creo que mis pasos son ordenados por ti. Sé que al igual que puedes cerrar puertas, tú puedes abrirlas; por tanto, mantengo una buena actitud. Sigo adelante en fe sabiendo que tú tienes en tu corazón mi mejor interés".

Había una mujer que se quejaba constantemente. Después de un día particularmente malo, dijo: "Dios, ¿por qué permitiste que me sucedieran tantas cosas malas? Mi despertador no sonó, y llegué tarde al trabajo. En el almuerzo prepararon mal mi comida, y tuve que devolverla. Al conducir a casa, mi teléfono celular cortó la llamada justamente en mitad de una conversación. Además, Dios, cuando llegué a casa quería poner mis pies en el masajeador para relajarme, pero no funcionaba. Dios, nada salió bien hoy".

Dios dijo: "Muy bien. Deja que recorra la lista. Tu despertador no sonó porque había un conductor borracho en la autopista, y yo te retrasé a propósito para que no recibieras daño. El sándwich que tuviste que devolver fue preparado por un cocinero que estaba enfermo, y yo no quería que agarraras su gripe, y por eso hice que otra persona te preparase uno nuevo. Corté tu llamada telefónica porque la persona con la que hablabas ha estado difundiendo rumores, y no quería que oyeses demasiado. ¿Y ese masajeador para pies? No se encendió porque había un cortocircuito en los cables. Si hubiera permitido que se encendiese, la electricidad se habría ido en toda la casa, y no creo que quisieras estar sentada en la oscuridad durante toda la tarde".

¡Dios sabe exactamente lo que hace! Todo en su vida está calculado. Puede que usted no entienda cuando algo no sale a su manera, pero eso se debe a que usted no es Dios. Él tiene un motivo para cada puerta que le cierra. Ya que el Señor dirige sus pasos, no intente solucionar todo lo que sucede. En cambio, confíe en Él.

Un ministro amigo mío una vez tenía planeado un gran evento al aire libre en otro país. Él y su plantilla de personal pasaron más de dos años preparándolo. Iban a participar oficiales del gobierno, líderes de negocios, pastores y varias organizaciones. Era una empresa inmensa, que costaba miles y miles de dólares.

Tan sólo unos días antes del evento, casi habían terminado con los preparativos. Tenían listo el escenario y también el sistema de sonido. Sus anuncios se ponían en la radio y la televisión. Entonces recibieron noticias del gobierno local diciendo que debido a una epidemia de gripe porcina, todas las reuniones públicas habían sido canceladas.

Mi amigo estaba muy decepcionado. Dos años de duro trabajo nos sirvieron para nada. Parecía la mayor pérdida de tiempo, energía y dinero. Él y su equipo se subieron al avión y regresaron a casa. Aquel fin de semana, justamente cuando su evento se hubiera realizado, el ejército declaró un golpe de estado que derrocó al gobierno. Fue un caos total.

Las personas tenían pánico. No había ley. No había orden. Tiroteos en las calles. Todo tipo de tumultos. Si su evento no hubiera sido cancelado, él habría estado justamente en medio de todo. No hay manera de saber lo que hubiera sucedido. Él dijo: "Sé que suena extraño, pero le doy gracias a Dios por la gripe porcina. Puede que hayamos perdido tiempo, energía y dinero, pero podríamos haber perdido nuestras vidas".

Quizá se pregunte por qué algo que había planeado no resultó, al igual que le sucedió a mi amigo. Pero como él, un día le dará gracias a Dios por la puerta que se cerró. Estará agradecido de que no resultara.

Primera de Corintios 13:12 dice: "Ahora vemos de manera indirecta y velada, como en un espejo; pero entonces veremos cara a cara". En este momento puede que no lo vea todo claramente; está mirando solamente en parte. Pero un día todo tendrá su enfoque, y usted mirará atrás y dirá: "¡Vaya, Dios! ¡Eres increíble! Y lo tenías todo pensado. Cerraste la puerta a propósito para que se hiciera tu perfecta voluntad".

Eso es lo que le sucedió a un brillante joven que sacaba estupendas calificaciones en la secundaria. Le encanta estudiar. Académicamente, está entre el más alto 5 por ciento del país. Su sueño era llegar a ser ingeniero; era lo que siempre había querido hacer. Después de terminar sus estudios universitarios, hizo la solicitud para estudiar una licenciatura en una docena de las mejores escuelas de ingeniería del país, pero le rechazaban una y otra vez.

No tenía sentido. Algunos de sus amigos con calificaciones más bajas eran aceptados, pero él no lo era. No podía entenderlo.

Mientras estaba esperando recibir noticias de algunas otras escuelas, hizo un viaje misionero con un grupo de médicos de su iglesia. Estaba allí sólo para hacer recados y ayudar. Estaban en un país muy pobre. Cuando vio a los médicos ocuparse de las personas y tratar sus enfermedades, algo nuevo nació en su interior. Pensó: "No quiero ser ingeniero. Esto es lo que quiero hacer con mi vida; quiero llegar a ser médico y ayudar a las personas".

Al regresar a su casa, envió la solicitud a la escuela de medicina y fue aceptado inmediatamente. De hecho, tuvo varias escuelas entre las que escoger. Lo interesante es que la primera escuela de ingeniería a la que había enviado una solicitud finalmente le envió una carta de aceptación. Si él hubiera recibido esa carta meses antes, nunca habría hecho el viaje misionero, y puede que nunca se hubiera sentido llamado a ser médico. Dios cerró las puertas de la escuela de ingeniería a propósito, para impulsarle hacia su destino divino.

Puede que esté usted desalentado porque sus planes no han funcionado, pero esas puertas cerradas no fueron un accidente; fue Dios dirigiendo sus pasos. El motivo de que Dios las cerrase es que tiene algo mejor preparado. ¿Confiará en Él? Puede que ahora no tenga sentido, pero un día lo tendrá. Recuerde: no está realmente confiando en Él si es feliz solamente cuando las cosas salen a su manera. Ponga sus deseos sobre el altar. "Dios, esto es lo que yo quiero, pero que se haga tu voluntad y no la mía".

Si adopta esa perspectiva y le da gracias a Dios por sus puertas cerradas tanto como por sus puertas abiertas, entonces como Abraham, pasará usted la prueba. Creo y declaro que verá el futuro sobresaliente y abundante que Dios tiene preparado.

CAPÍTULO DIECINUEVE

Dios tiene el control de la tormenta

La mayor parte del tiempo creemos que Dios tiene el control cuando todo sale como nosotros queremos. Obtenemos buenos avances; los negocios van bien; la familia está feliz, y los niños están sacando buenas calificaciones. Sabemos que Dios está dirigiendo nuestros pasos. La vida es buena.

Pero tener fe no nos deja exentos de dificultades. Las tormentas de la vida llegan a cada persona. Recibimos un mal informe médico. Un amigo nos traiciona. Los negocios sufren un revés. En los momentos difíciles es fácil pensar: "Dios, ¿dónde estás? ¿Cómo pudiste permitir que me suceda esto?".

Pero el mismo Dios que tiene el control en los buenos momentos también lo tiene en los momentos difíciles. Dios no permitirá una tormenta a menos que tenga un propósito divino para ella. Él nunca dijo que evitaría cada dificultad, pero sí prometió que utilizaría cada dificultad.

Esta es la clave: Dios dirigirá los vientos de la tormenta para que soplen hacia donde Él quiere que usted vaya. Vemos las tormentas de modo negativo: "Oh, esto es muy malo. No puedo creer que me esté sucediendo esto a mí". Pero Dios utiliza la tormenta para llevarle del punto A al punto B. Los vientos puede que sean fuertes, las circunstancias pueden parecer malas, pero si usted permanece en fe, sin amargarse, sin comenzar a quejarse, esos vientos le impulsarán a un nuevo nivel de su destino.

Puede que hayan tenido intención de hacerle daño, pero Dios sabe cómo cambiar los vientos. En lugar de soplar para hacerle retroceder, Él puede hacer que soplen para darle impulso y que usted salga mejor y más fuerte; y esa tormenta también le llevará a un lugar de mayor bendición y mayor influencia.

Muchas personas dicen que tienen fe, pero en los momentos difíciles se desmoronan. Sienten que Dios les ha decepcionado, y no estarán contentas hasta que la tormenta haya pasado. Pero tiene que recordarse a usted mismo que Dios tiene el control de esa tormenta, y nada sucede sin el permiso de Él. Si esa tormenta estuviera evitando que usted llegue a su destino, Dios nunca la habría permitido. Si esa persona que le dejó, esa dificultad económica o esa situación legal estuviera deteniendo el plan de Dios para su vida, Él nunca lo habría permitido.

La razón de que lo permitiera fue para moverle un paso más cerca de su destino divino. En lugar de utilizar su fe para intentar alejar orando toda dificultad, debería utilizar su fe para creer que cuando los vientos dejen de soplar, estará usted exactamente donde Dios quiere que esté.

El apóstol Pablo hizo precisamente eso. Dios prometió que Pablo estaría delante del César. Pablo estaba haciendo lo correcto, cumpliendo su propósito, cuando fue arrestado. Le metieron en un barco que se dirigía hacia Roma, y Pablo les dijo al capitán y a la tripulación: "Este no es un buen momento para navegar. Hay mal tiempo más adelante".

Pablo tenía información privilegiada, pero ellos no le escucharon. Su barco estaba en medio del océano cuando se levantó una inmensa tormenta. Durante catorce días no vieron el sol ni las estrellas. Todo era oscuridad. El mar estaba turbulento, y el viento soplaba con fuerza.

La tormenta era tan fuerte que comenzaron a tirar por la borda equipamiento para evitar que el barco se hundiese. Estaban seguros de que todos morirían. Imagine lo que debió de haber estado pasando por la mente de Pablo. Allí estaba él haciendo lo correcto, pero terminó en medio de aquella inmensa tormenta.

Algunas veces, usted afronta dificultades no porque esté haciendo algo equivocado, sino porque está haciendo algo correcto. Es tan sólo otro paso en el camino hacia su destino divino. En la mayoría de tormentas, podemos ver el final; en algún momento sabemos que terminará pronto. Tan sólo tenemos que ponernos firmes y soportarlo. Pero hay otras tormentas, como la que Pablo afrontó, que parece que nunca terminarán. Quizá tenga usted problemas así, y parece que nunca se resolverán. Puede pensar que en lo natural nunca se recuperará, o nunca saldrá de la deuda.

Pablo se enfrentaba a ese tipo de tormentas sin final. La tripulación finalmente le dijo: "Tenías razón. Deberíamos haberte escuchado".

Pablo no dijo: "Ya se lo dije. Ahora vean lo que han hecho. Nos han condenado a todos".

En cambio, dijo, en efecto: "No se preocupen. El Dios a quien yo sirvo me ha dado una promesa, y me ha dicho que estaré delante del César. Él no habría permitido esta tormenta si evitase que llegara a mi destino".

Cuando usted tiene una promesa en lo profundo de su corazón, todo en el mundo puede salir contra usted. El sueño puede parecer muy lejano, pero al igual que Pablo, usted sabe que ese revés no es permanente, sino sólo temporal. No evitará que llegue usted a ser aquello para lo cual Dios le creó.

El viento era tan fuerte y las olas tan grandes, que la tripulación en el barco de Pablo no podía controlar ya el barco. En lugar de luchar contra ella, en lugar de intentar dirigir el barco donde ellos querían que fuese, dice en Hechos 27 que bajaron las velas y dejaron que el viento llevase al barco donde la tormenta quisiera que fuese.

Como con esa tripulación, llega un momento en que usted ha hecho todo lo que puede. Ha orado; ha creído; ha permanecido en fe. Ahora tiene que hacer lo que ellos hicieron. Dejar de luchar; dejar de intentar hacer que suceda a su manera; dejar de intentar forzar las cosas para que resulten y tan sólo soltar el control. Permita que la tormenta le lleve donde Dios quiera que usted vaya. Dios nunca le llevará a algún lugar donde Él no le sostenga.

Soltar el control es una actitud poderosa—cuando usted deja de preocuparse al respecto, deja de perder el sueño y deja de aborrecerlo—, y dice: "Dios, confío en ti. Tú controlas estos vientos, y pueden llevarme hacia atrás, hacia adelante, de lado, arriba o abajo. Pero tengo confianza en una cosa: donde tú me lleves es donde debo estar".

Cuando mi padre tenía setenta y siete años de edad, tenía que ir a diálisis. Seguía ministrando la mayoría de fines de semana, pero su salud comenzó a descender en picado, y terminó en el hospital. Toda la iglesia estaba orando, creyendo que él iba a salir de eso como había hecho tantas veces antes.

Desgraciadamente, esa vez no lo logró. Podría haber parecido que esa tormenta se llevó lo mejor de él, pero Dios seguía estando en control. Esa tormenta no le derrotó, sino que le ascendió. Aquellos vientos le impulsaron a su hogar eterno, a los brazos de su Padre celestial.

Para nuestra familia, sin embargo, parecía que todo estaba fuera de control. Fue una de esas tormentas en las que no podíamos ver el final. No sabíamos cómo resultaría. Los críticos estaban diciendo que Lakewood nunca seguiría adelante sin mi papá. Mis propios pensamientos me decían: "Nunca funcionará. Lakewood ha visto ya sus mejores días".

Dios podría haber cambiado la situación. Dios había sanado a mi madre de cáncer terminal años antes. Él es Dios, y podría haber sanado también a mi padre. Todos nos enfrentamos a situaciones que no resultan del modo en que habíamos esperado. Oramos; creímos, y aun así nuestro ser querido no lo logró. Nuestras oraciones no fueron respondidas como nosotros queríamos, o según nuestro calendario.

Es fácil ser negativo, amargarse y renunciar a nuestros sueños. Mi padre y yo éramos amigos íntimos, y yo trabajé con él por muchos años. Viajamos juntos por todo el mundo y, de repente, él ya no estaba. Yo tuve que hacer lo que le estoy pidiendo a usted que haga. Dije: "Dios, sé que esta tormenta no es ninguna sorpresa para ti. Yo no puedo hacer regresar a mi papá, y no puedo hacer que suceda a mi manera. Por tanto, Dios, suelto las velas y dejo que tu viento me lleve donde tú quieras que yo vaya".

Solté el control y regresé a ese lugar de paz.

Me negué a seguir preocupándome: "¿Cómo saldrá todo? ¿Qué sucederá a continuación?". En cambio dije: "Dios, confío en ti. Sé que tú tienes el control de estos vientos".

Esa tormenta me llevó desde estar entre bambalinas en Lakewood hasta la posición en la que estoy ahora como líder de nuestra iglesia. Nunca soñé que podría hablar delante de la gente, pero ahí es donde la tormenta me llevó. Eso es lo que la Escritura quiere decir cuando afirma que lo que tenía intención de hacerle daño, Dios lo utilizará para ventaja de usted.

Los vientos tormentosos puede que estén soplando en su vida hoy, y las olas sean muy altas. Quizá no pueda ver usted el fin. Por qué no da un paso de fe y dice: "Muy bien, Dios, te permito que lo hagas a tu manera. Sé que tú tienes en tu corazón mi mejor interés. Esta tormenta no puede llevarme donde tú no permitirías que fuese. Por tanto Dios, confío en ti".

Cuando hace usted eso, esos vientos le llevarán a un nuevo nivel de su destino. Puede que no suceda de la noche a la mañana, pero Dios es un Dios fiel. El plan que Él tiene para su vida no será detenido por una tormenta, por un mal salto, por la pérdida de un ser querido o por una injusticia. Dios dijo que ninguna arma forjada contra usted prosperará. Dijo que cuando el enemigo llegue como un río Él levantará bandera.

Quizá esté en una tormenta, y puede que haya presión a su alrededor. Podría fácilmente preocuparse, pero sepa lo siguiente: la batalla no es de usted. La batalla es del Señor. Dios está diciendo: "Si confías en mí, yo cambiaré esos vientos, y en lugar de impulsarte hacia atrás te impulsarán hacia adelante".

En la actualidad, la iglesia Lakewood está experimentando sus mejores días de ministerio. Los críticos decían que nunca lo lograríamos, pero hoy día Lakewood es más fuerte que nunca. Dios utilizó los vientos de la tormenta que tenían intención de destruirnos. Él cambió su dirección, y esos vientos nos han llevado a lugares donde nunca podríamos haber ido por nosotros mismos.

Los mismos vientos que intentan retenerle serán los vientos que Dios utilice para impulsarle. Leí sobre un ejecutivo que trabajaba para una gran empresa de reformas en el hogar. Había estado en la empresa por más de treinta años, y estaba en la gerencia. Tenían tiendas por todo el país. Entonces la empresa realizó una reestructuración corporativa, y sus líderes decidieron que ya no le necesitaban. Él prácticamente había construido la empresa desde cero, y justamente cuando pensaba que podía relajarse y disfrutar del fruto de su duro trabajo, tuvo que comenzar de nuevo.

Se sintió traicionado, pero entendía este principio: Dios puede dirigir los vientos de la tormenta. En lugar de amargarse y quedarse sentado todo el día enojado, perdonó a quienes le habían herido.

Soltó el empleo que no había resultado, y comenzó a soñar con nuevas oportunidades. Encontró a algunos amigos y juntos comenzaron otra empresa. Aquella nueva empresa despegó, y se ha convertido en uno de los almacenes de reformas del hogar más grandes y más exitosos de todo el país. De hecho, su nueva empresa hizo salir del negocio a su antigua empresa.

Dios sabe cómo cambiar los vientos que tienen intención de destruirle y en cambio utilizarlos para aumentarle. Deje de lamentarse por lo que perdió; suelte lo que no salió bien; perdone a quienes le hicieron daño. Cuando se atreva a decir: "Dios, confío en que tú enderezarás mis errores", entonces esos vientos que intentan retenerle cambiarán de dirección y le impulsarán hacia adelante.

Dios tiene el control completo. Si Dios quisiera que usted tuviera ese empleo del cual le despidieron, seguiría teniéndolo. Suelte eso. Él tiene algo mejor. Si Dios quisiera que esa persona que le dejó se quedase, entonces esa persona se habría quedado. Suelte eso.

Si sus oraciones no son respondidas del modo en que usted quería y según su calendario, no se amargue; no se desaliente. Suelte eso. Dios tiene algo mejor, algo mayor en su futuro.

Los tres adolescentes hebreos, Sadrac, Mesac y Abed-nego, se enfrentaban a una inmensa tormenta. Estaban a punto de ser lanzado a un horno de fuego porque no se inclinaron ante el ídolo de oro del rey. Estoy seguro de que oraron: "Dios, por favor sacarnos de este fuego. Es peligroso, y podríamos morir. Dios, te pedimos que no permitas que esto suceda".

Querían que Dios lo hiciera a su manera, pero Dios escogió hacerlo de otro modo. A veces, Dios le librará del fuego; otras veces Dios le hará ser a prueba de fuego y le hará atravesar el fuego. Hay dos tipos de fe. Está la fe que libera y también la fe que sostiene.

La fe que libera es cuando Dios le guarda del fuego. Dios le guarda de la adversidad. Pero la mayor parte del tiempo necesitamos fe que sostiene. La fe que sostiene es cuando Dios le lleva a atravesar la tormenta, a atravesar la dificultad, y el viento sopla. Usted está lleno de duda, ansiedad, temor y amargura; tiene todas esas oportunidades para sentirse desalentado. Pero cuando usted sabe que Dios tiene el control de la tormenta, no estará preocupado. Incluso si atraviesa la dificultad, sabe que Dios le cuidará. Él le hará ser a prueba de fuego.

Aquellos tres adolescentes tenían sus manos y sus pies atados con cuerdas, y fueron lanzados al horno de fuego, pero lo único que el fuego quemó fueron las cuerdas que les sujetaban. Ellos entraron atados, pero salieron totalmente libres. El Dios a quien servimos sabe cómo quemar las limitaciones que nos retienen sin hacer daño a nada que necesitemos.

Habría sido una gran victoria simplemente sobrevivir al fuego. Todos celebraríamos eso, pero en realidad, fue una mayor victoria que Dios les llevase a pasar por el fuego y les hiciera ser a prueba de fuego.

El mismo Dios que les mantuvo seguros en el horno de fuego ha puesto un vallado de protección alrededor de usted. Se dé cuenta o no, usted es a prueba de fuego. No se queje por las tormentas. No se desaliente y piense: "Oh, esto es demasiado grande. Este problema de salud, esta dificultad económica, esta batalla legal, serán mi final".

No, lo único que hará es quemar las limitaciones que le retienen. Usted saldrá más fuerte, aumentado, ascendido y sin oler a humo, al igual que aquellos adolescentes.

¿Por qué? Dios todopoderoso tiene el control del horno de fuego. Él tiene el control de los vientos. Dios incluso tiene el control de nuestros enemigos.

Cuando Moisés le dijo al faraón: "Dios ha dicho: 'Deja ir a mi pueblo'", el faraón dijo no; no una vez, no dos veces, no tres veces. Él dijo no una y otra vez. Lo interesante es que la Escritura dice: "Dios hizo que el faraón dijera no". Ni siquiera fue decisión del faraón. Dios le hizo negarse. ¿Por qué? Para que Dios pudiera mostrar su poder de una manera mayor.

A veces Dios no quitará el obstáculo; no le liberará de la tormenta, no porque sea mezquino, y no porque esté intentando que su vida sea desgraciada. Quiere mostrar el favor de Él en su vida de una manera mayor. Quizá esté usted en una tormenta, pero recuerde: Dios tiene el control. Permanezca en paz.

Haga lo que hizo Daniel en las Escrituras. Sus enemigos le habían lanzado al foso de los leones, con leones hambrientos. El rey acudió la mañana siguiente para ver cómo estaba, esperando sin duda encontrarle despedazado. ¿Sabe lo que encontró? A Daniel profundamente dormido y cerca de los leones hambrientos.

Daniel no estaba preocupado; no tomó tranquilizantes ni se ocultó en una esquina. Daniel estaba en paz. Sabía que él era a prueba de leones. Sabía que la tormenta no podía llevarle donde Dios no pudiera guardarle.

Quizá sienta que está en un foso de leones, o quizá en un horno de fuego. Podría fácilmente vivir estresado y preocupado. Dios está diciendo: "Regresa a ese lugar de paz". Él le tiene en la palma de su mano.

Mientras esté usted haciendo lo mejor, honrándole a Él, los vientos feroces pueden llegar, pero Él cambiará los vientos en dirección a usted. En lugar de derrotarle, le impulsarán. Lo que ahora es su prueba se convertirá en su testimonio.

Una señora a la que conozco recibió un mal informe médico. Los doctores encontraron lo que pensaban que era cáncer. Oramos y creímos para que el informe saliera negativo, pero unas semanas después encontraron que ciertamente era cáncer.

Ella ha estado asistiendo a la iglesia Lakewood por mucho tiempo. Sabe que no es una víctima, sino una vencedora. Entiende que Dios tiene el control de la tormenta. Ella no se amargó; su actitud fue: "Dios, he orado; he creído; he hecho mi parte. Ahora Dios, voy a confiar en ti. Creo que estos vientos me impulsarán donde tú quieras que vaya".

Durante un año recibió quimioterapia. Ahora ha estado libre de cáncer por más de seis años. Ella es una de las compañeras de oración de Lakewood. Ora por otros y va a ese hospital y se presta voluntaria, alentando a otros que se enfrentan al cáncer.

Es estupendo que Dios nos libere del fuego. Esa es siempre nuestra oración, pero incluso si no sucede de ese modo, Dios seguirá cuidando de usted. Permanezca en fe. Eso tan sólo significa que tendrá usted un mayor testimonio y verá el favor de Dios de una manera nueva. Me encanta el hecho de que esa mujer que sobrevivió al cáncer ahora esté ayudando a personas a vencer en esa misma área.

Su prueba se convertirá en su testimonio, cuando pueda decir a las personas: "Miren. Dios hizo esto por mí, y también puede hacerlo por usted".

El barco del apóstol Pablo se chocó con una gran duna de arena y se partió. Él y los otros que iban a bordo nadaron hasta una pequeña isla llamada Malta. No fue ahí donde Pablo tenía planeado ir. Podría haber pensado: "Dios, tú dijiste que estaría delante del César. ¿Qué ha sucedido? Tu plan no resultó".

Pero esa tormenta no detuvo el plan de Dios; era parte del plan de Dios. En aquella pequeña isla, el padre del jefe de la tribu estaba muy enfermo, y Pablo oro por él y fue sanado. Llevaron a otros uno a uno hasta Pablo, y él oró y Dios los sanó. Pablo habló de su fe, y toda la isla llegó a conocer al Señor.

¿Qué sucedió? Dios utilizó los vientos de esa tormenta para llevar a Pablo hasta personas con necesidad. Si no hubiera sido por la tormenta, el padre del jefe podría haber muerto, y las personas de Malta nunca habrían escuchado las buenas nuevas.

Las tormentas que usted experimente puede que tengan intención de dañarle, pero Dios sabe cómo dirigir los vientos. Él no sólo le protegerá, sino que también lo llevará a un lugar donde pueda ser usted una bendición para otros que tienen necesidad. En el camino de salida de su tormenta, no se sorprenda si tiene interrupciones, inconveniencias y otros reveses que usted no había planeado. Dios los ordenó para que usted pueda ser una bendición.

No busque solamente su milagro. Conviértase en el milagro de otra persona. Cuando se acerca a otros que tienen necesidad—cuando levanta al caído, cuando alienta a quien está desalentado, cuando es amigo del solitario—, llegará su propia victoria. La Escritura dice que oremos unos por otros para que seamos sanados. Una de las pruebas que tiene usted que pasar es ser bueno con los demás en medio de su tormenta.

He oído la frase: "Cuando todo esté en contra de usted, recuerde que los aviones despegan contra el viento, no a favor del viento". Esos vientos nunca tuvieron intención de derribarle; tuvieron intención de elevarle a un nivel más alto de su destino.

Cuando un águila se enfrenta a una tormenta, no intenta luchar para abrirse camino en medio del viento, en la lluvia, frustrada, luchando y empleando todo su esfuerzo. Simplemente estira sus alas y permite que los fuertes vientos le eleven cada vez más alto. Finalmente se eleva por encima de la tormenta, donde hay tanta calma y paz como puede haber.

Quizá esté preocupado por un informe médico, un hijo o un desafío en el trabajo, y no puede dormir por la noche debido a la ansiedad y el temor. Cuando los vientos están soplando y las cosas parecen estar contra usted, es fácil estar frustrado y comenzar a luchar para intentar cambiar lo que nunca debía cambiar.

Sea un águila en cambio. Ponga su confianza en Dios. "He hecho todo lo que puedo. Ahora voy a dejar de luchar. No voy a intentar hacer que suceda a mi manera. Dios, confío en ti".

Cuando regrese a ese lugar de paz sabiendo que Dios tiene el control de la tormenta, entonces esos vientos que intentaban derribarle terminarán elevándole cada vez más alto.

Puede que en este momento esté en una situación difícil. Dios no le liberó del fuego como hizo con los adolescentes hebreos. Pero permítame alentarle. Dios le ha hecho a prueba de fuego, y saldrá usted de ese fuego ascendido, aumentado y mejor, sin olor a humo.

Lo que ahora es su prueba pronto se convertirá en su testimonio. Sacúdase el desaliento. Sacúdase la autocompasión y prepárese para que Dios haga algo nuevo. Esos vientos que soplan contra usted están a punto de cambiar de dirección. Le impulsarán hacia adelante a la plenitud de su destino.

PARTE
V

---

*No se conforme con
lo bastante bueno*

CAPÍTULO VEINTE

No se conforme con lo bastante bueno

En Génesis 38 hay una historia de una mujer que está embarazada de gemelos. Cuando dio a luz, uno de los brazos del bebé salió primero. La partera le puso una cinta, planeando tirar suavemente de él, pero antes de que pudiera hacer eso, el bebé retiró su brazo hacia atrás y su hermano salió antes que él.

Uno que se estira y uno que se queda.

De modo similar, dentro de cada uno de nosotros hay dos personas. Una dice: "Llegaré a ser todo aquello para lo cual Dios me ha creado. Todo lo puedo en Cristo. Estoy rodeado por el favor de Dios".

La otra dice: "Nunca saldré de la deuda; la economía está demasiado mal. Nunca perderé peso; mi metabolismo está desequilibrado. Nunca romperé esa adicción; aprenderé a vivir con ella".

Una quiere estirarse, y la otra quiere quedarse. Puede usted escoger qué persona será. Demasiadas personas deciden quedarse.

"Mi matrimonio no es lo que debería ser, pero al menos seguimos juntos. Es lo bastante bueno". O: "En realidad no me gusta este trabajo, pero al menos tengo empleo. Es lo bastante bueno". O: "Me encantaría sacar buenas calificaciones en la escuela, pero no soy tan inteligente. Estas calificaciones bajas son lo bastante buenas".

No, no cometa el error de conformarse con lo "bastante bueno". Lo bastante bueno no es su destino; es usted un hijo del Dios Altísimo, y tiene semillas de grandeza en su interior. Si quiere ver la plenitud de lo que Dios tiene preparado, tiene que tener la actitud correcta: "No voy a permitir que lo bastante bueno sea lo suficientemente bueno. Sé que fui creado para la grandeza; fui creado para sobresalir, para vivir una vida sana, para vencer obstáculos, para cumplir mi destino. No voy a conformarme. Voy a estirarme. Suelto las cosas que no funcionaron y me extiendo hacia las cosas nuevas que Dios tiene preparadas".

Quizá haya perdido su fuego. En alguna ocasión puede que haya sabido que rompería una adicción, vencería una enfermedad o encontraría a alguien con quien casarse, pero ha experimentado desengaños, y su vida no ha resultado de la manera en que usted pensó que sería. Ahora ha aceptado el hecho de que su visión para su vida probablemente no sucederá. Se ha vuelto cómodo con lo bastante bueno. Pero Dios le está diciendo lo que le dijo al pueblo de Israel: "Has habitado el tiempo suficiente en este monte".

Es tiempo de avanzar. Dios tiene nuevos niveles delante de usted, nuevas oportunidades, nuevas relaciones, ascensos y victorias. Pero necesita avivar lo que Dios puso en su interior, avivar los sueños y las promesas que ha dejado a un lado.

"No va a suceder, Joel. Soy demasiado viejo. No tengo las conexiones, ni conozco a las personas correctas".

Dios lo tiene todo organizado. Si usted comienza otra vez a creer, comienza otra vez a soñar, comienza a perseguir lo que Dios puso en su corazón, Dios abrirá un camino donde usted no puede ver ningún camino. Él le conectará con las personas correctas. Él abrirá puertas que ningún hombre puede cerrar. Lo que Dios declaró sobre su vida, lo que le prometió en la noche, lo que susurró a su espíritu, esos sueños ocultos Él hará que se cumplan.

La buena noticia es que solamente porque usted haya abandonado un sueño no significa que Dios haya abandonado. Usted puede haber cambiado de idea, pero Dios no cambió de idea; sigue teniendo un plan victorioso delante de usted. ¿Por qué no se pone de acuerdo con Él?

Leí una historia sobre un joven que soñaba con jugar al fútbol americano profesional. En la secundaria era un jugador estrella y ganó todo tipo de premios. Provenía de una ciudad muy pequeña donde todo el mundo le conocía. Todos los niños le admiraban y querían ser como él; era un héroe local. Pero la mayoría de los entrenadores pensaban que era demasiado bajito para jugar en la universidad. Todas las universidades importantes le rechazaron, y terminó en una escuela universitaria y aceptó un trabajo en una pizzería. Dejó de jugar al fútbol.

Una noche estaba llevando una pizza, y un niño de diez años abrió la puerta. Cuando ese muchacho vio al joven, sus ojos se abrieron como platos, y quedó totalmente asombrado. No podía creer que aquella fuera la misma persona a la que había visto jugar en la escuela de secundaria local, el mismo atleta que había emocionado a la multitud tantas veces. Después de un par de segundos, el padre del muchacho salió a la puerta y el joven entregó la pizza al padre. El pequeño quedó muy confundido, y miró a su padre; después miró al joven y dijo de manera muy inocente: "¿Qué haces entregando pizzas?".

Aquellas palabras de un muchacho de diez años encendieron un nuevo fuego en el interior de aquel joven. Después del trabajo aquella noche fue al gimnasio y comenzó a entrenar. Aquel verano entrenó más duro de lo que había entrenado jamás; engordó varios kilos y su cuerpo se volvió más grande, más fuerte y más rápido.

Aquel otoño hizo unas pruebas en una universidad importante que le había aceptado como alumno. Siempre había querido jugar allí. Consiguió entrar al equipo y siguió trabajando hasta que también llegó a ser su jugador estrella. Después de la universidad fue escogido en la primera ronda para jugar al fútbol profesional. En la actualidad es una estrella en la NLF que vive su sueño. Pero dijo: "Nunca habría sucedido si aquel muchacho de diez años no me hubiera preguntado: ¿Qué haces entregando pizzas?".

Mis preguntas para usted son: ¿Se ha conformado con mucho menos de lo que sabe que Dios ha puesto en su interior? ¿Ha renunciado a un sueño, o ha soltado una promesa, porque no se produjo la primera vez?

Quizá haya tenido un revés. Quizá alguien le dijera: "No tienes suficiente talento. No eres lo bastante grande". Pero yo le pregunto con respeto: "¿Qué está haciendo ahí? Usted tiene mucho en su interior. Está lleno de talento, ideas, creatividad y potencial".

Cuando Dios sopló su vida en usted, puso una parte de Él mismo en su interior. Usted tiene el ADN del Dios todopoderoso. Nunca fue creado para ser promedio, para apenas arreglárselas, para batallar siempre, o tan sólo para quedarse con las sobras. Fue creado como cabeza y no como cola.

Usted está equipado; capacitado; plenamente cargado; no le falta nada. No se atreva a conformarse con la segunda mejor opción. No se quede estancado en una rutina pensando que ha llegado a sus límites. Trace la línea en la arena y diga: "Hasta aquí. He permitido que lo bastante bueno sea bastante bueno hasta ahora. Hoy es un nuevo día. Mi sueño puede que no haya sucedido la primera vez que lo intenté, o incluso la quinta vez o la decimotercera vez, pero no voy a conformarme. Estoy estirando mi fe, buscando oportunidades, dando pasos para mejorar. Voy a llegar a ser todo aquello para lo cual Dios me creó".

Cuando usted hace lo natural, Dios hará lo sobrenatural. Cuando usted hace lo que puede, Dios intervendrá y hará lo que usted no puede. No tome el camino fácil; permanezca fuerte y pelee la buena batalla de la fe.

En la Escritura, Abraham es enumerado como uno de los héroes de la fe. Dios hizo uno de los primeros pactos con él; pero lo interesante es que Dios habló al padre de Abraham muchos años antes, y le dijo que fuese donde más adelante le dijo a Abraham que fuese.

Dice en Génesis 11 que el padre de Abraham salió de Ur y se dirigió hacia Canaán. Él tenía su meta; iba a la Tierra Prometida al igual que Dios le dijo a Abraham. Pero dice: "Se detuvo a lo largo del camino y se quedó en Harán".

¿Por qué se detuvo? Había demasiadas dificultades; era difícil viajar con todos sus rebaños y su ganado. Él tenía a su familia y sus posesiones. No era cómodo, y finalmente decidió: "No puedo llegar más lejos. Sé que esta no es la Tierra Prometida, pero es lo bastante buena. Al menos podemos sobrevivir aquí; al menos podemos lograrlo".

¿Cuántas veces nosotros hacemos lo mismo? Empezamos bien. Tenemos un gran sueño; estamos cumpliendo nuestro destino. Pero a lo largo del camino nos enfrentamos con oposición, y surge la adversidad. Demasiadas veces decimos: "¿De qué sirve? Nunca voy a romper esta adicción. Mi matrimonio nunca va a mejorar. Nunca alcanzaré mis sueños. Voy a quedarme aquí; es lo bastante bueno".

Pero yo quiero encender un nuevo fuego en usted hoy. No es usted débil, no está derrotado ni le falta nada. Ha sido armado con fortaleza para cada batalla. Ese obstáculo no es rival para usted, pues tiene la fuerza más poderosa del universo soplando en su dirección.

No sea un débil; sea un guerrero. Vale la pena luchar por su matrimonio; vale la pena luchar por su salud; vale la pena luchar por sus sueños y por sus hijos. Póngase firme y diga: "Estoy en esto para ganar. Sé que Dios no me trajo hasta aquí para dejarme solo. No me voy a conformar a medio camino, a tres cuartas partes del camino o a nueve décimas partes del camino. Voy a realizar todo el camino para llegar a mi tierra prometida".

Si quiere ser victorioso, tiene que tener una mente decidida. Sea determinado. No puede abandonar cuando la vida se vuelva difícil. No puede quejarse porque esté tomando mucho tiempo. No puede desalentarse porque haya experimentado un revés. Vale la pena luchar por todo lo que Dios le prometió, así que necesita estar en ello a largo plazo.

Puede que necesite desmontar sus estacas. Acampó a medio camino, como hizo el padre de Abraham. Se ha vuelto cómodo y ha decidido que sus sueños nunca se cumplirán, su salud nunca mejorará o nunca saldrá de la deuda. Le pido que recoja su tienda, reúna sus pertenencias y comience a avanzar.

Puede que haya experimentado un retraso temporal, pero eso está bien; no evitará que cumpla su destino. Hoy puede ser su nuevo comienzo. Dios está soplando nueva vida a su espíritu; Él tiene mayores victorias por delante de usted. Obtenga una visión de eso.

"Eso suena bien, Joel, pero nunca conoceré a la persona correcta, nunca obtendré el ascenso en el trabajo. Nunca romperé esta adicción". Cada vez que usted tiene esos pensamientos negativos y desalentadores, está deteniéndose antes de su tierra prometida.

El primer lugar donde perdemos la batalla es en nuestro pensamiento. Si usted no piensa que puede ser exitoso, entonces nunca lo será. Si no piensa que puede sobreponerse al pasado, o conocer a la persona correcta, o alcanzar sus sueños, se quedará estancado precisamente donde está. Tiene que cambiar su modo de pensar. El Creador del universo está preparando las cosas en favor de usted. Él dijo que no retendrá ninguna cosa buena porque usted camina rectamente. Él no retendrá a la persona correcta, la sabiduría, los avances o el cambio.

Leí sobre un profesor universitario que estaba haciendo a sus alumnos el examen más importante del año. Antes de darles el examen, dijo a sus alumnos que estaba orgulloso de ellos porque habían trabajado muy duro. Les hizo una oferta especial, y dijo: "Todo el que quiera obtener un aprobado en este examen, levante su mano y le daré un aprobado. Ni siquiera tendrá que hacer el examen".

Una mano se levantó lentamente, y después otra y otra más, hasta que casi la mitad de los alumnos optaron por no hacer el examen. Salieron de la clase aliviados y muy contentos.

El profesor después distribuyó los exámenes al resto de los alumnos. Puso una hoja bocabajo sobre cada escritorio, y después pidió a los alumnos que no diesen la vuelta a las hojas hasta que él les dijera que comenzaran. Durante los siguientes minutos les dio aliento, diciendo que harían grandes cosas en la vida y que siempre deberían esforzarse por realizar su mejor esfuerzo.

Entonces les dijo que diesen la vuelta a las hojas y comenzasen. Pero cuando ellos miraron el examen, había sólo dos frases que decían: "Felicidades. Acabas de sacar un sobresaliente".

En demasiadas ocasiones, como aquellos alumnos, nos conformamos con un aprobado cuando Dios tiene un sobresaliente para nosotros. Si usted dice que nunca se recuperará de una enfermedad, eso es aceptar un aprobado. Necesita cambiar su modo de pensar: "Dios me devolverá la salud. Viviré y no moriré. Voy a estar más fuerte, más sano y mejor".

Eso es ir a buscar el sobresaliente.

O: "Sé que este chico con el que salgo no es bueno para mí. No me trata bien, pero puede que no conozca a nadie más". Eso no es un aprobado. ¡Es un suspenso!

Dios tiene un sobresaliente, pero usted nunca lo verá si sigue aceptando los aprobados. Sí, los aprobados son más fáciles, pues no tiene usted que esforzarse ni tiene que dejar su zona de comodidad. Pero nunca quedará verdaderamente satisfecho si sigue conformándose con aprobados. La buena noticia es que Dios ya tiene sobresalientes en su futuro. Él tiene a la persona correcta, un matrimonio feliz, una carrera exitosa, salud, libertad y victoria.

No tome el camino fácil. Vale la pena luchar por los sobresalientes. No puedo pensar en algo que fuese más triste que llegar al final de la vida y tener que preguntarse: "¿Qué podría haber llegado a ser si no me hubiera conformado con lo bastante bueno? ¿Qué podría haber sido si no hubiese aceptado tantos aprobados pero en cambio hubiese proseguido, esforzándome por lo mejor?".

Quizá haya aceptado algunos aprobados en el pasado. Todos lo hemos hecho. Pero tome conmigo la decisión de que de ahora en adelante sólo irá a buscar los sobresalientes.

Aquí tiene una clave: si no está viendo las cosas en su vida que Dios le prometió en su espíritu, entonces siga avanzando. Es sólo temporal. Al igual que el joven que entregaba pizzas, quizá esté usted haciendo algo que está por debajo de su potencial, trabajando en un empleo en

el cual no está utilizando sus dones. No se relaje cuando esté ahí. Siga
haciendo lo mejor, pero vea eso solamente como temporal.

Tan sólo está de paso. No fije ahí sus estacas. No se conforme con
ese lugar. Si el informe médico no está de acuerdo con lo que Dios
dice sobre usted, no lo acepte como el modo en que siempre será. Su
actitud debería ser: "Esto es solamente un período que estoy pasando,
y voy hacia la salud y la victoria".

Quizá Dios le ha bendecido con cosas buenas como una familia
estupenda, un trabajo maravilloso y buena salud. Usted ha visto su
favor, pero sabe que hay niveles más altos delante de usted. Es fácil
pensar: "Estoy feliz. No tengo quejas. Dios ha sido bueno conmigo".

Pero he aprendido que lo bueno es el enemigo de lo mejor. No permita que eso sea una excusa para no llegar a lo mejor de Dios. Avive
su grandeza. Extiéndase hacia un nuevo nivel.

Es ahí donde el pueblo de Israel falló. Dios los sacó de la escla-
vitud, y se dirigían hacia la Tierra Prometida, una tierra que fluía leche
y miel. Los espías regresaron y dijeron: "Moisés, nunca hemos visto
una tierra tan magnífica y hermosa, exuberante y verde". Las frutas y
las verduras no se parecían a nada que ellos hubieran experimentado.
Fueron necesarias dos personas para transportar los racimos de uvas,
porque eran muy grandes. Esa era la visión que Dios tenía delante de
ellos. Ese era el sobresaliente.

Ellos vieron la bondad de Dios en el desierto; vieron a Dios di-
vidir el mar Rojo, sacar agua de una roca y hacer llover maná desde
el cielo. Pero ¿sabe que aquello solamente era una provisión temporal?
Aquello era solamente el aprobado. El error que ellos cometieron fue
que cuando llegaron a la Tierra Prometida, había personas viviendo
en ella. Lo único que el pueblo de Israel tenía que hacer era luchar
por la tierra. Dios les había prometido la victoria, pero ellos no estuvieron dispuestos a pelear. Pensaron: "No vale la pena. Es demasiada
molestia. Además, esas gentes son más grandes que nosotros, de todos
modos".

Creo que una razón por la que se conformaron tan fácilmente con
el aprobado es que habían visto el favor de Dios en el desierto. Pensaron: "No se está tan mal aquí. Dios cuida de nosotros; nos alimenta;
nos viste. Es lo bastante bueno". Ellos quedaban fácilmente satisfe-
chos, y no entendieron que todo lo que Dios había hecho hasta ese

momento era solamente una provisión temporal; era para sostenerlos hasta que llegasen a su tierra de abundancia.

Usted probablemente pueda decir, al igual que yo, que ha visto a Dios ser bueno con usted. Dios le ha bendecido con salud, una familia y un empleo. Él ha abierto puertas que no se habrían abierto, y le ha mostrado favor y protección. ¿Puedo decirle que fueron solamente provisiones temporales?

Usted no ha llegado a su tierra prometida. Dios le está llevando a un lugar mayor de lo que nunca imaginó. La Escritura dice que ningún ojo ha visto, ningún oído ha escuchado, ninguna mente ha imaginado las increíbles cosas que Dios tiene preparadas para quienes aman al Señor.

No cometa el error que cometió el pueblo de Israel cuando construyeron casas donde deberían haber levantado tiendas. No permita que su provisión temporal se vuelva permanente. Sí, Dios ha sido bueno con usted, pero aún no ha visto nada. Lo que Dios tiene en su futuro sobrepasará a lo que ha visto en el pasado.

Dé gracias a Dios por su bondad. Sea agradecido por la división del mar Rojo, por la protección, la provisión y el favor. Pero si eso no es lo que Dios puso en su espíritu, sea lo bastante valiente para quitar sus estacas y decir: "Dios, todo esto es estupendo. Tú has sido increíble en mi vida, y te doy gracias por ello; pero Dios, creo que esto es solamente provisión temporal. Donde me estás llevando es una tierra de abundancia, un lugar como nunca antes he experimentado".

Eso no es ser egoísta; es liberar su fe para llegar a la plenitud de su destino. Después de todo, Dios dijo: "Te daré casas que tú no construiste".

Permita que estas palabras calen en su espíritu. "Te daré casas que no tuviste que construir. Cosecharás de viñas que no plantaste". Una versión dice: "Que el Dios de tus padres te haga ser mil veces más de lo que eres".

No sé de usted, pero yo no puedo quedarme aquí. Tengo que quitar mis estacas. Dios tiene mil veces más: más gozo, más paz, más influencia, más sabiduría, más ideas, más creatividad y más buenos avances. Quite los límites a Dios.

Cuando Josué estaba dirigiendo al pueblo de Israel, Dios dijo: "Josué, no has pasado antes por este camino". Dios nos está diciendo lo mismo a nosotros. Algo fuera de lo común está llegando a su camino; nuevos niveles de favor, oportunidades sin precedente o conexiones divinas. Dios tiene sobresalientes en su futuro.

Hay personas ya preparadas para ser buenas con usted, y no tiene usted que encontrarlas, pues ellas le encontrarán a usted. Cuando usted honra a Dios, sus bendiciones le perseguirán. No podrá usted sobrepasar las cosas buenas de Dios.

Mi desafío para usted es el siguiente: no se conforme donde está en su salud, en sus relaciones, en su carrera o en su caminar con el Señor. Siga estirándose. Siga creciendo. Siga creyendo. Siga soñando. No permita que lo bastante bueno sea bastante bueno. Esté decidido a llegar a ser todo aquello para lo cual Dios le creó.

Puede que haya estado viviendo en esa misma montaña el tiempo suficiente, y ahora es momento de quitar sus estacas. Reúna sus pertenencias. Siga avanzando. Extienda su visión. Haga espacio en su pensamiento para lo nuevo que Dios quiere hacer. No permita que su provisión temporal se vuelva permanente.

Si aprende este principio de estirarse y no conformarse, entonces verá la plenitud de lo que Dios tiene preparado. Creo que usted vencerá obstáculos y alcanzará sueños. No como el padre de Abraham sino como Josué, va usted a recorrer todo el camino hasta su tierra prometida.

CAPÍTULO VEINTIUNO

Es usted incontenible

Cuando Dios nos creó, puso semillas de aumento en nuestro interior. Nunca fuimos creados para llegar a un nivel y detenernos; fuimos creados para crecer, para avanzar y para aumentar. Deberíamos estar constantemente rompiendo las barreras del pasado, tomando nuevo terreno para nuestras familias y avanzando el Reino de Dios.

Pero a lo largo de la vida siempre habrá fuerzas que intenten mantenernos donde estamos. No pueden detener el progreso que hemos realizado, pero harán todo lo posible para contenernos, para mantenernos en un molde y limitar nuestra influencia.

Hace unos años, la gripe porcina era una gran amenaza en Houston. Muchos expertos creían que comenzó en México, y los oficiales allí cerraron la ciudad de México. Nadie podía entrar ni salir; parecía una ciudad fantasma: nada de tráfico, nada de gente y sin negocios. ¿Qué estaban haciendo? Intentaban contenerla. Sabían que podría ser contagiosa, y si algunas personas eran infectadas, la enfermedad podría extenderse por todas partes, y eso es lo que sucedió.

Finalmente, no pudo ser contenida. Ese es el modo en que las fuerzas de las tinieblas obran contra nosotros; constantemente intentan derribarnos, limitar nuestra influencia y evitar que tomemos nuevo terreno.

Pero ¿puedo darle hoy buenas noticias? Es usted incontenible. Las fuerzas que hay en su interior son mayores que las fuerzas que intentan contenerle. Si usted quiere llegar a ser todo aquello para lo cual Dios le creó, no puede quedarse atascado en una rutina y pensar que ha alcanzado sus límites. Siga estirando su fe, buscando nuevas oportunidades, nuevas ideas y nuevas maneras de extender su influencia.

Cuando yo tenía doce años, jugaba al fútbol americano. Un amigo mío era el corredor en un equipo contrario. Él era muy rápido y casi imposible de detener. La semana en que jugábamos contra su equipo, nuestro entrenador nos dio una defensa especial para intentar contenerle. Esta fue la palabra que utilizó nuestro entrenador durante toda la semana: "Contenerle".

Debí de haber oído esa palabra mil veces. El entrenador nos hizo enfocarnos un grupo en el exterior y un grupo en el interior. Entrenamos y entrenamos intentando imaginar cómo poder detenerle. Cuando llegó el partido, fue como si nunca hubiésemos entrenado.

Mi amigo era mucho más rápido que nosotros. El entrenador podría haber puesto a todo el equipo siguiéndole, y aun así nos habría sobrepasado corriendo a todos. Incluso cuando éramos capaces de agarrarle, era como si estuviera cubierto de aceite. No podíamos retenerle. Él se giraba y siempre se libraba de nosotros. ¿Cuál era el problema? Él era incontenible.

Así es como quiero que se vea a usted mismo. Tiene al Espíritu del Dios viviente en su interior, y su unción en su vida es como el aceite. Cuando algo intenta detenerle o retenerle, no tiene oportunidad alguna. En su imaginación, usted se gira y ve ese algo alejarse. Es usted incontenible.

Quizá se haya vuelto complaciente y se haya conformado donde está, creyendo esas mentiras de que ha llegado tan lejos como puede llegar, quizá sienta que ha cometido demasiados errores, o que proviene de la familia equivocada, o que tiene una desventaja.

Estoy aquí para infectarle con un virus. Es un virus bueno: un virus de Dios. Dice: "Usted fue creado para más, para influenciar más, para alcanzar más, para amar más, para dar más y para tener más".

Tengo que advertirle: yo soy muy contagioso, y le estoy infectando con fe. Le estoy infectando con visión. Le estoy infectando con gozo.

Dios está diciendo que usted no ha tocado la superficie de lo que Él tiene preparado. Él le llevará a lugares con los que nunca soñó; le dará oportunidades que le proporcionen una influencia increíble. Usted no ha visto aún sus mejores días; siguen estando por delante en el camino.

Tiene que ponerse firme y decir: "No seré contenido por personas negativas, por el modo en que me criaron, por errores que he cometido, por la injusticia, el desengaño o incluso alguna desventaja. Tengo una mente decidida. Donde estoy no es donde voy a quedarme. Voy a subir más alto. Yo rompo barreras. Estoy tomando nuevo terreno para el Reino de Dios".

Es momento de que nos levantemos y nos convirtamos en líderes, y tengamos influencia, respeto y credibilidad no sólo en nuestros propios círculos, sino también en el mercado. Eso significa en el público general, en las escuelas, en el gobierno y en las artes, los deportes y el entretenimiento. No debemos ocultar nuestros talentos e ir por ahí sintiendo que somos de segunda clase y que no tenemos tanto que ofrecer.

Mantenga erguidos sus hombros y su cabeza bien alta. Es usted un hijo del Dios Altísimo. Él sopló su vida en usted, y tiene algo increíble que ofrecer. En los próximos días Dios aumentará su influencia.

Me gusta mucho la historia en Hechos 4, en la que Pedro y Juan oraron por personas y estas se pusieron bien. Se habían producido grandes milagros, y tuvieron un estupendo servicio. Sucedieron todo tipo de cosas. Pero los líderes de la ciudad no sabían qué hacer con Pedro y Juan. No estaban a su favor, pues ellos no encajaban en sus moldes. En lugar de estar contentos al respecto, las autoridades ordenaron que dejasen de hacerlo. Ellos dijeron: "No podemos negar que se ha producido un notable milagro, pero este es nuestro plan: que no se extienda más".

Estaban diciendo, en efecto: "Les estamos empujando para que disminuya su influencia y podamos contenerlos". Pero Pedro y Juan entendían este principio. Ellos sabían: "No podemos ser contenidos. Dios puso este sueño en nuestros corazones, y mientras permanezcamos en fe, nada podrá detenerlo".

Su mensaje no estaba restringido, y se extendió como el fuego; y nosotros seguimos hablando de ello en la actualidad. De la misma manera, usted no puede ser contenido. Puede que las personas intenten detenerle; quizá alguien intentó desalentarle y cerrar algunas puertas. Pero si usted sigue hacia adelante y se sacude ese desaliento, Dios abrirá puertas que ningún hombre puede cerrar. Dios le levantará aunque otra persona esté intentando derribarle.

Nelson Mandela fue encarcelado porque se opuso al gobierno del apartheid. Los líderes pensaron que finalmente se habían librado de él, y no tendrían que volver a tratar con su oposición.

El Sr. Mandela podría haber pensado: "Hice todo lo posible, hice todo mi esfuerzo. Supongo que no debía ser así". En cambio, Nelson

Mandela sabía que no podía ser contenido por personas, por injusticia, por racismo, por odio, o incluso por los muros de una cárcel.

Veintisiete años después, salió como un hombre libre. Finalmente, llegó a ser presidente de ese mismo país y ganó el Premio Nobel de la paz.

Lo que Dios ha destinado para su vida llegará a cumplirse. Puede que piense que tiene usted demasiados obstáculos; ha tenido demasiadas puertas cerradas; ha pasado demasiado tiempo y no puede ver cómo podría suceder alguna vez. Recupere su fuego; recupere su sueño. Puede que parezca imposible, pero Dios dice: "Ese revés no puede contenerte. Esa injusticia, ese desengaño, ese mal salto no puede retenerte". Si se libera de esa mentalidad limitada y prosigue en fe, Dios le llevará donde deba usted estar.

Eso es lo que le sucedió al apóstol Pablo. Fue encarcelado por difundir las buenas nuevas. Pablo podría haberse deprimido, desalentado y haber abandonado; en cambio, su actitud era: "Puede que no sea capaz de salir y ministrar, pero tengo una pluma y tengo un pedazo de papel. Puedo escribir".

Pablo escribió gran parte del Nuevo Testamento desde la celda de una cárcel. Sus captores pensaron que le estaban conteniendo, pero su plan salió mal. Pablo ha tenido más influencia con sus escritos de la que tuvo nunca en persona.

Quiero que reciba esto en su espíritu: Dios va a aumentar su influencia. La Escritura dice que Dios hará que su rostro brille sobre nosotros.

Eso es su favor. Necesita usted comenzar a esperar ese favor como nunca antes. Dios quiere que usted rompa barreras; quiere que tome nuevo terreno para el Reino.

Pensamos: "Bueno, no tengo tanto talento. No tengo mucho que ofrecer". Demasiadas veces hemos pensado: "Vamos a tomar las sobras. No podemos permitirnos nada. Ojalá pudieran hacernos un descuento. Ojalá pudieran ayudarnos".

Ninguna influencia. Ninguna mentalidad abundante. De hecho, así es exactamente el modo en que comenzó mi padre. Mi papá se crió en la pobreza extrema, y desarrolló una mentalidad de apenas poder arreglárselas. Nunca pensó que tendría suficiente, y sin duda nunca pensó que tendría ninguna influencia. Necesitó años y años para librarse de esa mentalidad de pobreza, de segunda clase.

Un día entendió que no tenía que ser contenido por el modo en que fue criado, sino que fue creado para vivir una vida abundante, y desarrolló esta nueva mentalidad. Al principio de su carrera, mi padre fue a una tienda para comprarse un traje. Cuando el vendedor se enteró de que él era ministro, le dijo a mi padre: "Permítame que hable con mi gerente. Quizá podamos hacerle descuento para ministros". Años antes, mi padre habría estado dando saltos de alegría: "Dios, tú satisfaces mis necesidades". A mi papá le encantaba conseguir un buen trato, y sin duda no estamos en contra de eso. Pero él había salido de tanta pobreza, carencia y derrota que aquello no le sentó bien.

Mi padre le dijo: "Agradezco que quiera ayudarme, pero no necesito un descuento para ministros. No estoy buscando una limosna. No soy un mendigo, ni tampoco de segunda clase. Soy hijo del Dios Altísimo. Soy bendecido. Soy próspero, y bien capaz de pagar el precio completo".

Aquel vendedor miró a mi padre y dijo: "¡Nunca he conocido a un ministro como usted!".

Mi padre rompía barreras, y creía que podía elevarse más. No era contenido por el modo en que se crió y el ejemplo que recibió cuando que era pequeño. Vio a Dios hacer cosas increíbles en su vida. Pero muchas personas se ven a sí mismas de segunda clase, pobres y derrotadas. Se contentan con tan sólo arreglárselas sin ninguna influencia, sin respeto y sin credibilidad.

Gracias a Dios que este es un nuevo día. Hay una nueva generación que se está levantando con personas que dicen: "Sé quién soy yo: un hijo del Dios Altísimo. No tengo que ser contenido por el modo en que me criaron ni por lo que he visto en el pasado. Sé que rompo barreras. Soy una persona de influencia y por eso sigo adelante tomando nuevo terreno, no sólo para mi familia sino también para avanzar el Reino de Dios".

Todo comienza en su pensamiento. No sea contenido en su propia mente. ¿Quién dijo que no puede elevarse usted más alto? ¿Quién le dijo que nunca sería exitoso, que nunca sería dueño de una bonita casa, que nunca estaría en la gerencia o que nunca tendría más influencia? Son mentiras.

Permítame decirle lo que sé acerca de ustedes. Algunos de ustedes escribirán libros que tocarán a millones de personas. Algunos de ustedes desarrollarán medicinas que influenciarán a nuestro mundo. Algunos de ustedes verán sus películas en lo alto de las listas de éxitos. Algunos de ustedes tendrán un ministerio que conmoverá naciones. Algunos de ustedes desarrollarán software que revolucionará los negocios. Algunos de ustedes comenzarán empresas que serán fuerzas globales en la economía. Algunos de ustedes serán los siguientes líderes de comunidades, ciudades, estados o incluso naciones.

No se atreva a quedarse sentado y decir: "Bueno, eso no podría aplicarse a mí, Joel. Yo no tengo los estudios; no soy tan inteligente; no tengo los contactos".

Necesita verse a usted mismo de modo diferente. Usted rompe barreras; es incontenible. Tiene mucho talento en su interior, mucho potencial; hay semillas de grandeza en usted. Si se libera de su mentalidad limitada y extiende su visión, verá a Dios llevarle a lugares de los que nunca soñó.

Eso es lo que Dios hizo por nuestra iglesia Lakewood. Yo intenté seguir la ruta tradicional y comprar unos terrenos para construir un santuario, pero el sueño de Dios para nuestras vidas siempre es mucho mayor que el que nosotros mismos tenemos. Dios nos dio un edificio de primera en la cuarta ciudad más grande en Estados Unidos.

Rompimos barreras, y Dios nos ayudó a allanar el camino, a ir más lejos. Ahora otras personas pueden llegar detrás de nosotros y hacer lo mismo. Así es como Dios quiere que sea. Cada generación debería aumentar.

Los anteriores terrenos de nuestra iglesia estaban en una calle lateral muy pequeña en una parte rural de la ciudad. Había personas estupendas allí, pero la zona se había deteriorado. A lo largo de los años, personas solían decir a mis padres: "¿Que están haciendo aún aquí en esta parte de la ciudad?".

Algunos incluso les ridiculizaban y les trataban como de segunda clase. Pero ¿no es interesante el modo en que Dios tiene una manera de hacer que usted siempre ría el último? Actualmente no estamos en una calle lateral; estamos en la segunda autopista con más tráfico del país, ubicados en unos terrenos de primera. Dios no sólo nos dio un edificio, sino que aumentó nuestra influencia. Está sucediendo en todas partes y de muchas maneras diferentes.

Cuando yo era pequeño, se podía escuchar música cristiana solamente en nuestros servicios de la iglesia. Quizá de vez en cuando otra estación de radio podía ponerla, pero no con frecuencia. Este es un nuevo día; hace un par de meses estaba viendo un partido, y pusieron un anuncio nacional de una empresa de telefonía. La música que se oía era: "Eres bueno todo el tiempo. Tú eres bueno". Es el canto que el líder de alabanza de Lakewood, Israel Houghton, escribió, y lo cantamos todo el tiempo.

No podemos ser contenidos. Somos peligrosos. No tenemos restricciones. Mis hijos estaban viendo el programa *American Idol* hace un tiempo. Al final del programa, todos los participantes salieron al escenario y comenzaron a cantar una canción que nuestra amiga Darlene Zschech escribió: "Cante al Señor toda la creación". Esa vez, su canto de adoración fue oído no sólo durante un programa en la iglesia, sino en el programa de televisión número uno.

Quiero que esto penetre en lo profundo de su espíritu. Dios está aumentando su influencia. Él está haciendo que sus dones y talentos salgan de maneras mayores. Su rostro está brillando sobre usted en este momento. Libérese de todo pensamiento limitado acerca de no tener talento, de carecer de lo necesario o de ser de segunda clase.

Usted tiene exactamente lo que necesita. Tiene dones, talento, ideas, invenciones, libros y películas. Tan sólo están esperando salir. Cuando lo hagan, será como una explosión. Es mejor que se prepare, pues Dios está a punto de lanzarle a un nuevo nivel de su destino. Usted no puede ser contenido.

Se ha dicho que el estadio deportivo más famoso del mundo es el Yankee Stadium. Hace algún tiempo, cuando los dueños del equipo estaban terminando de construir su nueva cancha de béisbol, alguien de su organización nos llamó. Nos invitaron a llevar una de nuestras "Noches de Esperanza" a la ciudad de Nueva York y convertirnos en el primer evento que no era de béisbol que se realizaba en el nuevo Yankee Stadium.

Cuando mi plantilla de personal me lo dijo, pensé que estaban de broma. Dije: "¿Por qué quieren invitarme a mí?". Podrían invitar a los Rolling Stones o a Madonna, pero en cambio invitaron a este ministro de Texas. ¿Qué estaba haciendo Dios? Estaba aumentando nuestra influencia. Dios estaba abriendo puertas que ningún hombre puede cerrar. Fuimos capaces de tomar nuevo terreno para el Reino.

Pero muchas veces pensamos: "Oh, nada como eso me sucedería a mí, Joel. Usted no conoce mis circunstancias. No sabe lo que he experimentado".

Dios no está limitado por sus circunstancias. Dios no está contenido por su educación, por su ambiente o por el modo en que le criaron. Lo único que Dios tiene que hacer es soplar en dirección a usted; lo único que tiene que hacer es soplar el viento de su favor en su camino. Eso es lo que le sucedió a un amigo mío, el Dr. Todd Price. Él se crió en una pequeña ciudad pobre en Kentucky. Algunos podrían haber pensado que él nunca sería capaz de aportar mucho al mundo.

Pero cuando era pequeño vio un programa en la televisión sobre niños que se morían de hambre y necesitaban alimento desesperadamente. El programa decía que por 15 dólares al mes se podía patrocinar y alimentar a un niño. Nadie le pidió al joven Todd Price que lo hiciera. Sus padres no le alentaron, pero él fue muy movido por ese programa. A los doce años de edad, comenzó a trabajar cortando césped, y utilizaba ese dinero para patrocinar a un niño. Eso fue hace más de cuarenta años.

Actualmente, el Dr. Price tiene una exitosa consulta médica, y hasta ahora ha donado más de 250 millones de dólares en medicinas para personas necesitadas en todo el mundo. Sus donativos pasaron de 15 dólares a un cuarto de millón de dólares.

El Dr. Price rompe barreras. No permitió que las limitaciones del pasado o el modo en que fue criado evitasen que se elevara más alto. En lo natural, no parecía que pudiera llegar a la escuela de medicina, o ni siquiera sacar mucho partido a su vida, pero él no permitió que esas fortalezas echasen raíz.

En su interior sabía que era incontenible; sabía que el Creador del universo estaba soplando en dirección a él. Actualmente, el Dr. Price está dejando una marca que no puede ser borrada.

Vi un reportaje en la televisión en una ocasión acerca de una joven que tenía autismo severo. Su nombre era Carly. Durante años, no pronunció una sola palabra ni comunicó sus sentimientos de ninguna manera; parecía que estaba mentalmente discapacitada.

Se pasaba todo el día tan sólo agitando sus brazos y con arrebatos incontrolables. Cuando Carly tenía siete años de edad, las autoridades intentaron convencer a sus padres para que la llevasen a una institución especial. Les dijeron: "Ella nunca mejorará; ni siquiera comprende el amor que ustedes demuestran, y mucho menos lo que constantemente le dicen".

Los padres de Carly no lo aceptaron. Siguieron amándola, entrenándola y declarándole fe. Cuando Carly tenía once años, un día se sentó frente a la computadora y escribió las siguientes palabras: "Tengo autismo, pero esa no es mi identidad. Tomen tiempo para conocerme antes de juzgarme. Soy inteligente, adorable, divertida, y me encanta pasarlo bien".

En ese momento sus padres entendieron que Carly estaba ahí; tan sólo nunca había encontrado una manera de comunicarse. Más adelante ella escribió: "Papá, gracias por creer en mí. Sé que no soy la hija más fácil del mundo a quien querer, pero siempre estás a mi lado para levantarme cuando caigo".

Su padre dijo que ver la nota de Carly valió la pena cada frustración y cada noche sin dormir. Incluso descubrieron que Carly tenía sentido del humor. Cuando le preguntaron sobre su hermano pequeño, ella se sentó y escribió: "Matthew huele tan mal que incluso las mofetas salen corriendo y se esconden".

Actualmente, Carly nos sigue sorprendiendo. Ha escrito su primera novela aunque aún tiene autismo severo. Sigue estando encerrada en un cuerpo que no funciona con normalidad, pero no puede ser contenida.

Le estoy pidiendo que se libre de sus excusas. Deje de pensar: "No tengo el talento suficiente. He cometido demasiados errores. Tengo esta desventaja". Que estas palabras calen profundamente en su espíritu: es usted incontenible. Usted rompe barreras.

Dios quiere utilizarle tal como es; quiere utilizarle para influenciar a otros. Capte esa visión. Usted puede establecer un nuevo estándar para su familia. Si Carly puede hacerlo, entonces usted puede hacerlo. Deje salir lo que hay en el interior. Sus semillas de grandeza están a la espera de echar raíces y desarrollarse.

Y sepa lo siguiente: Dios está soplando en dirección a usted. La visión que usted tiene está aumentando; su fe se está elevando. Sus sueños están volviendo a la vida. No ha visto aún sus mejores días. Puede que haya tenido algunas victorias en su pasado, pero lo que Dios tiene preparado en su futuro sobrepasará cualquier cosa que pudiera usted imaginar.

Quite las limitaciones a Dios y a usted mismo. Deje de mirar lo que no tiene y lo que no puede hacer, y lo grandes que son sus obstáculos. Sacúdase todo eso y tenga esta actitud: "Soy incontenible. Esta enfermedad no puede contenerme. Soy un hijo del Dios Altísimo, y cumpliré mi destino. Estas personas que intentan derribarme no pueden contenerme. Si Dios está conmigo, ¿quién se atreve a estar contra mí? Incluso los barrotes de la cárcel no pueden contenerme. Quizá no sea capaz de salir, pero puedo hacer como el apóstol Pablo. Tengo una pluma y puedo escribir. Mis dones aun así saldrán totalmente".

En los próximos días Dios le ofrecerá oportunidades para que aumente su influencia de maneras sorprendentes. No se acobarde en temor ni sea intimidado. Usted es capaz; está equipado; está ungido.

Atrévase a dar esos pasos de fe. Decida en su mente: "Donde estoy no es donde me quedaré. No me estoy poniendo cómodo. No estoy atascado en una rutina. Sé que soy incontenible; por tanto, prosigo hacia adelante, estirando mi fe, creyendo por cosas mayores, esperando el favor de Dios de maneras sin precedente".

Declaro que usted irá a lugares que nunca soñó. Tendrá influencia en círculos que nunca imaginó. Romperá barreras y establecerá nuevos límites. Tomará nuevo terreno para su familia. Avanzará el Reino de Dios. Sus dones y talentos saldrán de una manera mayor.

Lo que ha visto hacer a Dios en el pasado palidecerá en comparación con lo que Él está a punto de hacer. Prepárese para el favor de Dios. Prepárese para el aumento. Prepárese para sus bendiciones. Es usted incontenible.

CAPÍTULO VEINTIDÓS

Desarrolle su perla

Puede que no se haya dado cuenta de ello, pero las perlas—una de las joyas más hermosas y naturales—están formadas por irritaciones. Las ostras se alimentan del fondo del océano, y ocasionalmente algo se quedará dentro del caparazón e irritará la ostra; ella responde cubriéndolo con el mismo material utilizado para crear el caparazón. Cuando está totalmente cubierto, el "irritante" se convierte en una hermosa perla.

Las perlas son caras. Las personas pagan miles de dólares para comprar perlas. Las señoras las llevan alrededor de sus cuellos. Pero las perlas nacen de algo incómodo. Las ostras preferirían no tratar los irritantes en sus caparazones. Si pudiéramos preguntarles, dirían: "No nos gusta estar incómodas. No nos den más irritaciones. Hagan que todo sea fácil".

Pero Dios diseñó la irritación para que llegase a ser algo hermoso, para hacerlo más valioso. De la misma manera, cada irritación en nuestras vidas está diseñada para convertirse en una perla. La Escritura habla de que Dios es el Alfarero y nosotros somos el barro. Dios nos da forma y nos moldea permitiendo que estemos incómodos en situaciones: las cosas no salen a nuestra manera. No nos tratan correctamente. No sucede tan rápidamente como nos gustaría.

Esa presión saca a la luz impurezas en nuestro carácter, cosas como orgullo, egoísmo, ser críticos y ofendernos fácilmente. Esas son características de las que debemos liberarnos. Puede que no nos guste, pero Dios utiliza cada situación, incluso un atasco de tráfico y a cada persona difícil, con un propósito. Cada vez que nuestros sentimientos podrían resultar heridos, necesitamos recordarnos: "Esto es sólo una prueba. Es una oportunidad para subir más alto".

La irritación nunca fue diseñada para frustrarle; fue diseñada para ayudarle a crecer, para ayudarle a desarrollar la perla. He aprendido que no puede usted alejar cada situación incómoda orando. No puede reprender cada prueba. Dios permite que las dificultades nos ayuden a crecer, y utiliza a personas que son de trato difícil como una lija para quitar de nosotros las aristas. Si no entendemos el modo en que Dios opera y el proceso que utiliza, entonces iremos por la vida frustrados, preguntándonos por qué Dios no responde nuestras oraciones, y huyendo de cada dificultad.

Puede que diga: "Mi supervisor me pone nervioso. Es desconsiderado y siempre está de mal humor. No tengo que soportar eso. Me voy de ese empleo".

Quizá Dios haya puesto a ese supervisor en su vida para ayudarle a desarrollar su perla, para que pueda aprender a amar a quienes no son fáciles de amar, a ser bueno con personas que no son tan buenas, a desarrollar paciencia y bondad. ¿Sabe lo que es la paciencia? Es cuando usted tiene que pasar mucho tiempo soportando algo que no le gusta.

Con frecuencia bromeo con que aprendí la paciencia cuando era pequeño con mi hermano Paul. Si cada irritación pudiera convertirse en una perla, él me ayudó a tener un collar entero. Entre él y mi hermana Lisa, ¡yo podría abrir una joyería!

Pero si no permite que Dios haga la obra en usted y deja un empleo porque el jefe es difícil de tratar, ¡Dios enviará a otras dos personas como él a su siguiente empleo! Entienda que la irritación, al igual que la ostra, no es Dios intentando hacer que nuestras vidas sean desgraciadas; es que Dios sabe que hay una perla en cada uno de nosotros a la espera de formarse. La única manera en que podemos desarrollarla es pasando esas pruebas al ser amable con un compañero de trabajo que no es amable con nosotros, mordiéndonos la lengua cuando tenemos ganas de reñir a alguien, o al mantener una buena actitud cuando estamos atascados en el tráfico.

Esas son oportunidades de desarrollar nuestras perlas. Nuestra actitud debería ser: "Si es aquí donde Dios me tiene, entonces debo de necesitarlo. No voy a luchar contra ello. No voy a intentar alejarlo con la oración. Acepto el lugar donde estoy, y sé que Dios me ha dado la gracia para estar aquí. Él me ha situado sobre la rueda del alfarero, y por eso mantengo una buena actitud porque sé que detrás de esta irritación hay una hermosa perla".

Para crecer, puede que tenga que sufrir irritaciones y sentirse incómodo durante un tiempo a medida que Dios le refina. Pero si permanece en la rueda—si está dispuesto a cambiar y no orar para alejarse de cada atasco de tráfico o de cada persona difícil—, pasará esas pruebas y llegará a un nuevo nivel de su destino.

El apóstol Pablo dijo en Romanos 8:18: "en nada se comparan los sufrimientos actuales con la gloria que habrá de revelarse en nosotros". Pablo fue maltratado, mintieron sobre él y le persiguieron. Tuvo que soportar todo tipo de injusticia, pero no se quejó; no intentó huir de cada situación difícil. Él dijo, en efecto: "Estos momentos difíciles, estas irritaciones, no son gran cosa. Están ayudando a desarrollar mi perla, y sé que Dios las está usando para hacer una obra en mí".

La Escritura dice que si queremos ser participantes de la gloria de Cristo, debemos estar dispuestos a participar de sus sufrimientos. Este sufrimiento no significa accidentes, tragedias, cáncer, injusticia o abuso. El sufrimiento al que se refiere la Escritura con frecuencia se produce cuando tenemos que decir no a nuestra carne, cuando permanecemos en calma cuando las cosas no salen a nuestra manera, y cuando permanecemos en fe cuando la vida parece injusta. Cuando pasamos esas pruebas, a nuestra carne—la parte humana o natural de nosotros—no le gustará. Nos sentiremos incómodos, y querremos hacer lo que tengamos ganas de hacer. Pero si permanecemos en el camino superior y soportamos la incomodidad, eso permite que Dios nos refine. Nuestro carácter está siendo desarrollado de ese modo. Nuestras perlas están siendo pulidas. La Escritura habla de que vasos de barro y de madera son utilizados para propósitos comunes, pero un vaso de oro se utiliza para el propósito más elevado de Dios. Si permitimos que Dios nos refine de modo que tratamos bien a las personas y manejamos los desengaños sin quejarnos, entonces no seremos vasos utilizados para propósitos comunes como el barro, la madera y la plata; en cambio, podemos llegar al oro y ser utilizados para los propósitos más elevados de Dios.

Todos comenzamos en el mismo lugar. Somos pedazos de barro duro; tenemos impurezas que incluyen orgullo, egoísmo, impaciencia, enojo y resentimiento. Dios nos sitúa en la rueda del alfarero y comienza a darle vueltas. Cuando se encuentra con alguna de esas impurezas, nos pondrá en una situación para solucionarla. La clave es pasar la prueba. No luche contra nada que no le guste. Aprenda a pasar por alto una ofensa. Disculpe a alguien con quien sea difícil llevarse bien.

Deje de sentirse herido porque alguien le ofendió. Sea más duro y pase esas pruebas.

La Escritura habla sobre el "fuego de la aflicción", donde usted podría abandonar y amargarse o decir: "Dios, te mostraré de lo que estoy hecho. Perdonaré a quienes me han ofendido. Seguiré creyendo aunque parece imposible. Permaneceré en fe aunque fue injusto".

Cuando usted pasa esas pruebas, algo es depositado en su interior que nadie puede arrebatar. Hay una confianza, una seguridad que pueden desarrollarse solamente al pasar por el fuego de la aflicción. He aprendido que Dios no está tan interesado en cambiar mis circunstancias tanto como lo está en cambiarme a mí.

El lugar donde está no es tan importante como quién es usted. Mientras Dios está cambiando el "dónde", permítale que cambie el "quién". Él quiere sacar de usted la perla.

Entre las preguntas que me hago a mí mismo con frecuencia se incluyen: "¿Cuánto he crecido en los últimos cinco años? ¿Tengo una mejor actitud? ¿Confío más en Dios? ¿Trato mejor a la gente? ¿Soy más paciente? ¿Perdono con más rapidez?".

Deberíamos estar creciendo, dando más fruto; no deberíamos estar este año en el mismo lugar donde estábamos el año pasado. Si sigue sintiéndose molesto por las mismas cosas que le molestaban hace cinco años, es momento de crecer.

Si la misma persona que le irritaba hace cinco años le sigue robando el gozo, necesita mirar en su interior y realizar algunos cambios. Puede que Dios no cambie a esa persona, y quiere utilizarla para cambiarle a usted.

La vida pasa muy de prisa, y no podemos desperdiciar el tiempo dando vueltas al mismo monte año tras año como hizo el pueblo de Israel cuando se dirigía hacia la Tierra Prometida. Aquel era un viaje de once días, pero les tomó cuarenta años. Usted y yo no podemos permitirnos desperdiciar cuarenta años aprendiendo lecciones que fácilmente podríamos aprender en la fracción de ese tiempo. Póngase firme y diga: "Hasta aquí. Este es un nuevo día. No seguiré dando vueltas a ese mismo monte, teniendo una mala actitud cada vez que las cosas no resultan como yo quiero, discutiendo con mi cónyuge por los mismos problemas insignificantes, cediendo a la misma tentación una y otra vez".

Mire en su interior y decida realizar los cambios necesarios. Cuanto antes comience a pasar esas pruebas, mejor estará. Hay una perla en usted. Puede que tenga muchas aristas; puede que tenga mil áreas en las que necesita mejorar, pero sepa que mientras esté avanzando, Dios se agrada de usted.

Mientras esté haciendo progreso, aunque sea pequeño, Dios está arriba en los cielos alentándole. Pero si su actitud no es mejor ahora de lo que era hace cinco años, Dios está diciendo: "Vamos a trabajar". Él le tiene sobre la rueda del alfarero. Usted puede orar durante todo el día: "Dios, líbrame de estas personas difíciles. Dios, quita todas estas incomodidades. Dios, cambia a mi cónyuge". Eso no va a suceder. Dios quiere que sea usted quien cambie.

Tendrá que pasar esa prueba. Cada vez que la pase, será más fácil, más fácil y más fácil. Lo cierto es que Dios puede que nunca quite la irritación, sino que tendrá usted que crecer hasta tal punto que ni siquiera le seguirá molestando. ¿Qué está sucediendo? Su carácter está siendo desarrollado. Su perla está siendo pulida.

Primera de Pedro 4:12 dice que las pruebas son para probar nuestra calidad. Puede que no nos gusten, pero las pruebas son beneficiosas, pues sacan a la luz cosas que hay que tratar. La mayor parte del tiempo usted es probado en áreas en las que necesita mejorar. Por ejemplo, si batalla con ser impaciente, no se sorprenda si se sitúa detrás de cada conductor lento que existe. Se encontrará con todos los semáforos en rojo, encontrará obras en cada autopista, y tendrá que esperar en todos los pasos a nivel a que pase el tren.

Dios le tiene ahí por una razón: no para frustrarle, sino para refinarle. Tiene que reconocer que esa prueba, esa irritación, no es una coincidencia. Es una prueba de su calidad. ¿Se siente molesto y pierde los nervios como ha hecho en el pasado? O dice: "Reconozco esto como una oportunidad para crecer. Dios no me tendría aquí si yo no lo necesitase, así que mantengo la paz, mantengo una buena actitud y paso esta prueba".

Cuando hace usted eso, subirá más alto. Siempre que pase la prueba, se dirige hacia el ascenso. Cuando Victoria y yo nos casamos y estábamos a punto de ir a alguna parte, yo le preguntaba si estaba lista para salir. Ella decía que sí, y por eso yo me sentaba en el auto y esperaba, esperaba y esperaba. Cinco minutos, diez minutos, quince minutos. Yo me frustraba. Entraba de nuevo a la casa y decía: "Victoria, pensé que dijiste que estabas lista".

"Y *estoy* lista", decía ella.

"Bueno, ¿te importaría ir al auto?", le preguntaba.

Eso sucedía una vez tras otra, y yo me estresaba mucho. Oraba: "Dios, tienes que cambiarla. Dios, haz que haga esto. Dios, haz que haga lo otro".

Yo la tenía situada en la rueda del alfarero. Un día entendí que yo no soy el alfarero; Dios lo es. Es divertido, pero Dios nunca la cambió, sino que la utilizó para cambiarme a mí. Mis oraciones salieron mal. Dios tiene sentido del humor.

Ahora, cuando ella dice que está lista, sé que eso significa que en general está lista. Es parecido a la advertencia de dos minutos en el fútbol americano. El reloj oficialmente dice que quedan dos minutos, pero uno sabe que al menos tomará quince o veinte minutos. Ahora, cuando ella dice que está lista yo me siento, veo la televisión, agarro algo para comer o doy un paseo. No es gran cosa. Ella no se da cuenta de que Dios la ha utilizado para ayudarme a desarrollar mi perla. Sin embargo, ¡ella es una irritación buena!

Muchas veces oramos para que Dios cambie a la otra persona. "Dios, cambia a mi cónyuge, cambia a mi hijo. Dios, tienes que cambiar a mi jefe". He aprendido a no orar para que Dios cambie a otra persona sin antes decir: "Dios, cámbiame a mí".

Una señora que asiste a la iglesia Lakewood siempre llega sin su esposo. Ella tiene muchos problemas en casa, y durante años pasó al frente para recibir oración. Tenía una lista de todas las cosas que Dios quería que arreglase, y no pensaba que pudiera ser feliz a menos que todo eso cambiase. Lo principal que ella quería que cambiase era su esposo.

Entonces, un día le vi en la iglesia y ella estaba rebosante de alegría. Se veía más hermosa y con más paz de la que nunca había visto. Pensé que seguramente todo se habría solucionado; pero ella dijo. "No, Joel. Mi esposo sigue siendo igual. Sigue teniendo muchos problemas y no ha cambiado, pero ¿sabe qué? *Yo* he cambiado. Ya no permito que eso me frustre. No permito que él evite que yo disfrute de mi vida".

¿Qué sucedió? Ella permitió que esa irritación se convirtiera en una perla. Cuando usted puede ser feliz no debido a las circunstancias, sino a pesar de sus circunstancias, entonces nada puede robarle el gozo. Puede que en este momento esté en una prueba, y es una prueba de su calidad.

Estaba yo en la ciudad de Nueva York hace algún tiempo y fui a un pequeño restaurante a desayunar. Un caballero que estaba sentado a distancia de un par de mesas se acercó y dijo que cuando entró en el restaurante esa mañana, la persona que iba delante de él le cerró la puerta en la cara. Esa persona vio claramente que él se acercaba, pero pareció que soltó la puerta a propósito.

Normalmente, este caballero podría haberle reñido, pero dijo que recientemente había visto mi sermón sobre la rueda del alfarero.

Me dijo: "Justamente cuando estaba a punto de reñirle, oí su voz diciendo: 'Suéltelo, y Dios peleará sus batallas'".

Él soltó eso y se sentó a desayunar. Cuando hizo eso, sintió surgir un gozo en su interior como nunca antes había sentido. Cuando yo entré en el restaurante cinco minutos después, dijo que casi se desmaya.

"Supe que Dios estaba diciendo que se agradaba de mí", me dijo.

Cuando usted pase esas pruebas sentirá el sentimiento de aprobación de Dios. Sentirá un nuevo gozo en su interior, y sabrá que el Creador del universo le sonríe.

La Escritura dice que nuestra fe es probada en el fuego de la aflicción al igual que la prueba de fuego purifica el oro. Quizá esté usted en ese fuego refinador en este momento, y no le gusta la situación, pues no parece justa. Pero permítame que le aliente. Si permanece en fe y sigue hacia adelante, saldrá refinado, purificado, más fuerte y mejor de lo que estaba antes.

Había una pareja a la que le encantaban las antigüedades. Un día estaban en una pequeña tienda rural donde encontraron la taza más hermosa que habían visto nunca. Era magnífica. Mientras la admiraban, la taza comenzó a hablar.

"No siempre he tenido este aspecto", dijo. "Hubo un tiempo en que nadie me quería. No era atractiva. Tan sólo era un pedazo de barro. Pero entonces llegó el alfarero y me dio forma".

La taza le dijo a la pareja que el proceso fue muy doloroso, y por eso le dijo al alfarero: "¡Oye! ¿Qué haces? Me estás haciendo sentir incómoda. Eso duele. Déjame en paz".

El alfarero simplemente sonrió y respondió. "Aún no".

Entonces el alfarero puso a esa taza sobre una rueda y comenzó a darle vueltas y vueltas.

"Me mareé mucho", le dijo la taza a la pareja, "pero después de un rato había adoptado una forma nueva. Él me moldeó como la taza que ustedes admiran. Pensé que había terminado, pero entonces me metió en un horno. Hacía tanto calor que pensé que no podía soportarlo. Cuando él llegó para comprobar cómo estaba mirando por el cristal del horno, tenía chispa en sus ojos. Yo grité: '¡Sácame de aquí! ¡Hace demasiado calor!'. Pero él sonrió y dijo: 'Aún no'. Finalmente me sacó y me puso sobre un estante para que pudiera enfriarme. Yo pensé: 'Afortunadamente ya ha terminado. Ahora puedo volver a ser mi yo normal'. Pero entonces el alfarero me pintó, cambiándome el viejo color gris por este hermoso azul".

La taza siguió diciéndole a la pareja que la pintura estaba pegajosa y se sentía incómoda. "Pensé que iba a ahogarme. Le dije al alfarero que se detuviera, pero él dijo: 'Aún no'. Entonces me metió en un segundo horno que estaba el doble de caliente que el primero. Esa vez pensé que todo había terminado, y grité: '¡No estoy bromeando! ¡No puedo soportarlo! ¡Voy a morir!'.

"De nuevo, el alfarero dijo: 'Aún no'".

"Finalmente, abrió la puerta del horno y me puso en un estante. Unas semanas después, llegó y me dio un espejo, y cuando me vi a mí misma, no podía creer lo hermosa que me había vuelto. No podía creer lo mucho que había cambiado. Ya no tenía el aspecto de aquel pedazo de barro que solía ser. Hubo un tiempo en que nadie me quería, pero ahora soy esta hermosa taza: valiosa, cara y única, todo ello debido a ese alfarero. Él me convirtió en algo increíble".

Ese es el modo en que Dios obra en nuestras vidas. Él nos está cambiando poco a poco, de gloria en gloria. Pero en el camino hacia la gloria puede que haya un poco de sufrimiento que tengamos que soportar. Puede que haya veces en que digamos: "Dios, quítame de esta rueda de alfarero. No puedo soportarlo más. No puedo manejar a este hijo. No puedo manejar a ese jefe gruñón".

Pero Dios sonreirá y dirá: "Aún no".

Dios ve el valor que usted tiene, y sabe en lo que le está convirtiendo. A veces nos miramos a nosotros mismos y pensamos: "Tengo muchas imperfecciones. Tengo mal genio. Tengo un problema con mi boca. No soy tan disciplinado". Vemos el barro, pero Dios ve la hermosa taza. La buena noticia es que usted no es un producto terminado. Dios sigue obrando, y si trabaja usted con Dios y le permite eliminar esas impurezas, Él hará más con su vida de lo que usted nunca soñó.

Un día mirará atrás y, como aquella taza, dirá: "No puedo creer lo lejos que Dios me ha llevado".

La Escritura dice que cuando haya pasado la prueba recibirá la corona de vida del vencedor. Mi desafío para usted es que pase su prueba. Hay una corona de victoria que le espera. Reconozca que Dios le tiene sobre la rueda. No luche contra ello. Permita que Dios le refine.

Sus sufrimientos no son nada comparados con la gloria que ha de llegar. Si sigue siendo usted moldeable, flexible y dispuesto a cambiar, no estará en este mismo lugar el año próximo. Dios tomará cada irritación y la convertirá en una perla. Usted no será madera, barro o plata. Creo y declaro que se convertirá en un vaso de oro, un vaso de honor utilizado para los propósitos más altos de Dios.

CAPÍTULO VEINTITRÉS

Sobrepóngase a ello

Demasiadas personas pasan por la vida pensando que alguien les debe algo. Si no tuvieron una niñez perfecta, están enojados con sus padres. Si fueron despedidos después de muchos años en una empresa, están molestos con sus jefes. O quizá tengan una enfermedad; la vida les lanzó una bola con efecto, y ahora tienen rencor y amargura en su interior. Preguntan: "Si Dios fuese tan bueno, ¿cómo pudo permitir que me sucediese esto?".

Pero Dios nunca prometió que la vida sería justa. Sí prometió que si usted permanece en fe, Él tomaría lo que tiene intención de hacerle daño y lo utilizaría para su beneficio. Nada de lo que le sucede es una sorpresa para Dios. Las personas que le criaron podrían no haberle dado todo lo que usted necesitaba. Puede que no fuese justo, pero eso no agarró fuera de guardia a Dios.

No piense que fue usted engañado y tome eso como una excusa para estar amargado. Si se sobrepone a ello, Dios le llevará hacia donde debe usted estar. La persona que le hizo daño en una relación, la traición o el divorcio podría haberle causado dolor, pero si se sobrepone a ello, deja de revivir todo el dolor y sigue adelante, entonces llegará al nuevo comienzo que Dios tiene preparado.

Mi mensaje es muy sencillo y lo ofrezco con respeto: sobrepóngase a cualquier ofensa que le hayan causado.

Quizá sea soltero y todos sus amigos están casados. Sobrepóngase a ello. No permita que sentimientos de amargura echen raíces. Esa actitud solamente evitará que la persona correcta llegue a su vida.

Quizá le gustaría haber nacido en una familia diferente o en un país diferente. Sobrepóngase a ello. Dios sabe lo que hace. Dios no tenía un mal día cuando le creó. No está usted en desventaja. Ha sido creado maravillosamente.

He oído decir: "Puede ser usted lastimoso o puede ser poderoso, pero no puede ser ambas cosas". En lugar de quedarse sentado pensando en todos los motivos que tiene para sentir lástima de usted mismo, tome lo que le hayan entregado y sáquele el máximo partido. Nada de lo que usted ha pasado tiene que evitar que llegue a ser todo aquello para lo cual Dios le creó.

Mi madre tuvo polio cuando era niña, y tenía que llevar un aparato en su pierna. Ahora, una de sus piernas es mucho más corta que la otra. Cuando se compra zapatos, tiene que comprar dos pares del mismo zapato porque sus pies tienen tamaños diferentes. Eso podría haberle avergonzado; podría haberse acobardado e intentar ocultarlo. Pero nunca lo hizo.

Mi madre sabe que fue creada a imagen del Dios Altísimo. Cuando era pequeña, nunca se preocupaba por ponerse un vestido. De hecho, sigue poniéndose vestidos en la actualidad. Casi con ochenta años de edad, ¡sigue mostrando sus piernas!

Ella nunca permitió que su pierna evitase que trabajara en el jardín. Su experiencia con la polio no evitó que ella orase por otros que tenían necesidad de sanidad. A pesar de la "desventaja", ella ha vivido una vida plena y bendecida.

¿Por qué? Se sobrepuso a ello. No puso excusas, ni cayó en la trampa de la autocompasión. A veces puede que seamos tentados a pensar: "Si yo tuviera una vida diferente estaría mejor. *Si tuviera su talento, la familia de ella o su casa, las cosas serían estupendas*". Pero no compare su situación con la de ninguna otra persona. Usted no está corriendo la carrera de él o ella.

Puede parecer que otros tienen más ventajas, o más cosas a su favor, pero Dios le ha dado la gracia que usted necesita para cumplir su destino. No está usted ungido para ser otra persona; está ungido para ser usted mismo.

Sacúdase cualquier autocompasión y cualquier amargura. Su actitud debería ser: "Nadie me debe nada. No estoy en desventaja. No me dejaron fuera, no me ignoraron ni me engañaron. Estoy equipado, capacitado y ungido. Todas las fuerzas de las tinieblas no pueden evitar que llegue a mi destino".

Su tiempo es demasiado valioso, su tarea demasiado importante, para ir por la vida pensando en lo que no obtuvo, quién le hizo daño y lo que no salió bien. Eso es un truco del enemigo para que usted se distraiga y desperdicie valiosa energía en cosas que no importan; a él le encantaría mantenerle desalentado, en autocompasión, culpando a otros, culpándose a usted mismo e incluso culpando a Dios.

Le pido que se sobreponga a cualquier cosa que le retenga: una mala actitud; una ofensa; lo que alguien le hizo; un error que usted cometió. No sea lastimoso cuando puede ser poderoso. El Creador del universo sopló su vida en usted. Cada día de su vida ya ha sido escrito en el libro de Dios. La buena noticia es que su libro termina en victoria.

Todos atravesamos momentos difíciles, pero no debemos quedarnos ahí. Siga dando vuelta a las páginas y llegará a otra victoria.

Dios sabía que habría una situación injusta en su vida, y por eso ha preparado una recompensa por cada revés, una reivindicación por cada ofensa y un nuevo comienzo por cada desengaño. No permita que un mal paso, un divorcio o un hijo difícil le haga estar amargado con la vida.

Si su jefe no le concedió el ascenso, sobrepóngase a ello. Dios tiene algo mejor preparado. Si ciertos "amigos" le dejaron fuera y no le dieron su aprobación, sobrepóngase a ello. Usted no necesita la aprobación de ellos, así que no se ponga a su altura ni intente ganárselos. Tiene usted la aprobación del Dios todopoderoso, y eso es lo que importa.

Quizá su negocio no salió adelante; tuvo usted un revés, y ahora piensa: "¿Qué hice mal? La fastidié. Este es el fin". No, sobrepóngase a ello. No se condene a usted mismo, pues no es usted un fracaso. Dio un paso de fe, y una puerta se cerró. Eso significa que está un paso más cerca de una puerta abierta.

Cuando sea usted derribado, no se quede abajo. Vuelva a levantarse. Nada bueno sucederá mientras esté usted decepcionado consigo mismo, desalentado, enfocado en sus errores y sus desventajas. Esa actitud evitará que alcance el increíble futuro que Dios tiene preparado.

Puede que esté tratando una enfermedad, y siento compasión. Permaneceré en fe con usted. Pero no se atreva a quedarse sentado cuidando sus heridas y pensando: "Pobre de mí. Supongo que mi vida ha terminado. Tengo esta desventaja".

En cambio, pelee la buena batalla de la fe. Dios no le trajo tan lejos para dejarle solo. Cuando el camino se vuelve difícil, los duros tienen que seguir adelante. Sobrepóngase al desengaño. Sobrepóngase a la autocompasión. Sobrepóngase a la duda.

Usted ha sido armado con fortaleza para esta batalla. Ninguna arma forjada contra usted prosperará, y nada puede arrebatarle de la mano de Dios. El enemigo no tiene la última palabra; Dios tiene la última palabra, y dice que Él cumplirá el número de sus días. Por tanto, siga dando la vuelta a la página, orando, creyendo, siendo lo mejor que puede ser, siendo bueno con otras personas, y llegará a otro capítulo, un capítulo de victoria.

Piense en la historia de Job. Él tenía mucho a lo que sobreponerse. Perdió su salud, su familia y su negocio. Si alguien tuviera un derecho, al menos en lo natural, para sentir resentimiento, para estar enojado y amargado, tendría que ser Job. Él era un hombre bueno; amaba a Dios; hacía lo mejor; sin embargo, su vida cambió por completo.

La Escritura dice que la lluvia cae sobre justos e injustos. Me encantaría decirle que si usted tiene fe y ama a Dios, entonces nunca tendrá ninguna dificultad. Pero eso no es realidad. Puedo decirle que cuando lleguen las tormentas, si tiene su casa construida sobre la roca, si tiene una inconmovible confianza en Dios, si conoce al Señor como su pastor, entonces las tormentas llegarán pero no se sentirá derrotado.

Al final, puede que atraviese el fuego, atraviese la inundación y atraviese el hambre, pero saldrá fuerte. No sea desalentado por la tormenta, y no caiga en la autocompasión. "No sé lo que hice mal". Puede que no haya hecho nada mal. Quizá se deba a que está haciendo algo bien. Puede que esté tomando nuevo terreno para el Reino; está estableciendo una nueva norma para su familia. El enemigo no desplegará la alfombra roja para permitirle cumplir su destino; pero sepa lo siguiente: las fuerzas que están a su favor son mayores que las fuerzas que están en contra.

Job podría haber renunciado a la vida, haber culpado a Dios y pensar: "Esta es mi suerte. Hago lo mejor y miren lo que me sucede". En cambio, justamente en medio de sus desafíos, cuando podría haber estado amargado, levantó su vista a los cielos y dijo: "Aunque me mate, en Él confiaré".

Estaba diciendo, en efecto: "Sin importar lo que llegue a mi camino, no voy a estar amargado, enojado, ofendido o con resentimiento. Puede que mi situación no sea justa, pero conozco un secreto. Mi Dios sigue estando en el trono, y Él enderezará mis ofensas. Puede que no me guste, pero voy a sobreponerme a ello y seguir adelante".

Nueve meses después, Job salió con el doble de lo que tenía anteriormente. Cuando usted se sobrepone a ello, se posiciona para recibir el doble. Cuando perdona a alguien que le ofendió, prepárese para el doble. Cuando tiene una buena actitud aunque la vida le haya agarrado en curva, prepárese para el doble. Cuando pasa por la vida haciendo lo mejor que puede, aunque parezca que está en desventaja, prepárese para el doble.

Sus pensamientos pueden decirle que no tiene usted tanto talento, tanta influencia o tanta ventaja como otros, pero usted sabe que no debe creer esas mentiras. En lugar de estar deprimido, se sacude todo eso, sabiendo que ha sido creado a la imagen del Dios Altísimo; tiene sangre de la realeza corriendo por sus venas.

Usted no permite que lo que la gente dice o las circunstancias difíciles le derriben. Independientemente de lo que llegue a su camino, sobrepóngase a ello y siga adelante. Cuando hace eso, es mejor que se prepare, pues Dios le dice lo que le dijo a Job: "Llega el doble a tu camino".

El doble de gozo. El doble de paz. El doble de favor.

¿Hay algo a lo que necesite sobreponerse hoy? ¿Necesita sobreponerse a la traición de un amigo? ¿Necesita sobreponerse a un trato de negocios que no salió bien? ¿Necesita sobreponerse a una niñez que no fue tan estupenda? A menos que se sobreponga, eso evitará que llegue a la plenitud que Dios tiene preparada.

La clave para ganar el doble es no amargarse. No tenga resentimiento o sienta que le deben algo. No ponga excusas ni viva amargado. Muchas personas echan la culpa a su pasado de la amargura o la falta de éxito; echan la culpa al modo en que fueron criados, a lo que no recibieron o a quien no estuvo su lado.

Dios no se sorprende por lo que hizo falta o fue doloroso en su pasado. No utilice esas cosas como excusa para ir por la vida sintiendo que le deben algo. Siga adelante. Este es un nuevo día. Dios sabía quiénes serían sus padres; sabía en qué tipo de ambiente se criaría. No estoy tomando a la ligera las dificultades y las heridas, pues algunas personas crecieron en situaciones muy injustas y difíciles. No obtuvieron el amor, la aprobación o el apoyo que deberían haber tenido, pero no creo en darles a las personas el derecho a sentir lástima de sí mismas.

Eso le mantendrá alejado del increíble futuro que Dios tiene preparado. Puede que no haya sido justo, pero si tiene usted la actitud correcta, entonces en lugar de ser un revés será una preparación para que Dios haga algo grande en su vida.

Conozco a personas de más de cincuenta años que siguen hablando de lo que su mamá no les dio. ¿Ha pensado alguna vez que quizá mamá no tenía eso para poder darlo? Quizá su padre hizo lo mejor que podía con lo que tenía. A veces nos apoyamos demasiado en las personas cuando deberíamos apoyarnos en Dios.

Salmos 27:10 dice que el Señor nos adopta como sus propios hijos. Su madre o su padre puede que no le dieran lo que usted necesitaba, pero si comienza a mirar a Dios, Él compensará todo lo que a usted le faltó.

He oído decir: "Si quiere que alguien le dé el 100 por ciento, no mire a su alrededor. Mire hacia arriba. Dios es el único que puede darle todo lo que usted necesita".

A algunas personas nunca les enseñaron a demostrar amor y expresar aprobación. No tuvieron ejemplos a seguir para eso, y transmiten lo que han experimentado. Si usted solamente mira a otras personas, quedará decepcionado, pues le defraudarán. Y si no tiene cuidado, se sentirá amargado y resentido hacia esas personas. Puede que piense: "Me deben algo. ¿Por qué no me lo dan? ¿Qué pasa?". Pero quizá Dios le esté enseñando a no apoyarse en las personas sino en Él. Suelte a las personas, y deje de intentar que otra persona lo sea todo para usted. Nadie tiene el cien por ciento. Nadie puede satisfacer todas sus necesidades, independientemente de lo buena que pueda ser esa persona, lo amorosa o lo amable. En cierto momento le defraudará.

En cambio, levante su vista a su Padre celestial y diga: "Dios, sé que tú me darás todo lo que necesito".

Mi padre me dijo que cuando tenía cuarenta y tantos años comenzó a pensar sobre lo difícil que había sido su niñez. Su familia era muy pobre, y a veces apenas tenían alimentos para poder sobrevivir. Él vestía ropa vieja y harapienta, con agujeros. Un día comprendió que era muy injusto, y se sintió molesto con sus padres. Pensó: "¿Por qué no me criaron mejor? ¿Por qué no estuvo mi padre a mi lado para darme el apoyo y el aliento que yo necesitaba?".

Cuando usted abre la puerta a la autocompasión y a la culpa, todo tipo de pensamientos negativos inundarán su mente. El enemigo estará precisamente ahí para añadir más cosas y decirle: "Tienes razón. Te ofendieron, te engañaron. Deberías tener resentimiento. Necesitas enderezar las cosas".

Mi padre estaba a punto de conducir desde Houston a Dallas para decirles a mis padres que no hicieron una buena tarea al criarle y que le pusieron en desventaja, lo cual no era justo. Antes de que se fuera, Dios le habló; no en voz audible sino en su corazón.

Mantuvo una conversación con Dios parecida a lo siguiente:

"Hijo, no te trataron bien, ¿verdad?"-

"Sí, Dios, no lo hicieron", dijo papá.

"Ellos no te dieron lo que tú necesitabas, ¿verdad?".

"No, Dios, no lo hicieron".

"No fue justo, ¿verdad?".

"No, no fue justo".

"Hijo, ¿cómo lo habrías hecho tú si hubieras estado en lugar de ellos? Sin dinero, sin aire acondicionado, sin lavavajillas, sin lavadora. Tu madre trabajaba doce horas al día para ganar diez centavos por hora. Tu padre tenía estudios de cuarto grado y lo perdió todo en la granja durante la Gran Depresión. Tuvieron que estar en la cola para recibir alimentos", dijo Dios. "Hijo, ¿crees que tú habrías cometido algunos errores?".

Cuando mi padre lo vio desde esa perspectiva, se dio cuenta de que sus padres habían hecho una tarea impresionante considerando las circunstancias que tenían. Es fácil quedarse en lo que no obtuvimos y en los errores que nuestros padres cometieron, o en que deberían haberlo hecho mejor. Pero la mayor parte de las veces, si nos ponemos en su lugar, descubriremos que hicieron lo mejor que pudieron con lo que tenían.

¿Por qué no suelta a quienes le hicieron daño? Deje de esperar que ellos sean perfectos, y mire a Dios para recibir lo que las personas no pueden darle. De otro modo se sentirá amargado, y cuando está amargado, eso envenena cada área de su vida.

Hebreos 12 habla de una raíz de amargura. He aprendido que una raíz de amargura siempre producirá fruto amargo. Las personas amargadas no tienen buenas relaciones, pues son demasiado negativas. Cuando estamos amargados, eso afecta a nuestras actitudes, y lo vemos todo con unos lentes de crítica. Nada es nunca lo bastante bueno. Las personas amargadas pueden sonreír por fuera, pero en el interior están pensando: "No me caes bien. ¿Por qué viniste aquí?".

La amargura da color a todo con respecto a esas personas. Infecta todo lo que usted hace y le sigue dondequiera que vaya. Hubo un abuelo cuyos nietos decidieron gastarle una broma durante su regular siesta de la tarde. Agarraron queso de olor muy fuerte y lo frotaron sobre su bigote mientras él estaba profundamente dormido en el sofá. Un par de minutos después comenzó a picarle la nariz. Él se despertó rápidamente y dijo: "Vaya, apesta en esta habitación".

Salió de la sala para escapar al olor, pero también estaba en la cocina. Él olía aquí y allí. "Aquí también apesta", decía.

Frustrado, salió el exterior para respirar aire fresco. Respiró profundamente, meneó su cabeza y dijo: "Vaya, ¡el mundo entero apesta!".

Si el mundo entero apesta para usted, ¿podría sugerirle que mire en su interior? Quizá haya algunos ajustes que necesite hacer. La amargura le seguirá dondequiera que vaya. Un hombre al que conozco estaba enojado porque sentía que su anterior jefe le había tratado mal. En general, su jefe había sido muy bueno con él, amoroso y amable, pero el hombre sentía algunas cosas erróneas que le había hecho aquí y allá. Podría haberlo pasado por alto y haberse centrado en lo bueno, pero cometió el error de permitir que la amargura echase raíz. Más de veinte años después, el amargo fruto de aquellas raíces de resentimiento es obvio. Él es negativo; siempre encuentra faltas y está resentido.

Cuando nos aferramos a cosas que deberíamos soltar, negándonos a perdonar, recordando lo peor, solamente envenenamos nuestras propias vidas. Dios está diciendo: "Sobreponte a ello".

La vida pasa muy rápido, y no tiene usted tiempo que desperdiciar al ser negativo, sentirse ofendido o amargado. Si alguien le ofendió, sobrepóngase a ello y Dios le compensará. Si tuvo un mal avance que le dejó en desventaja, sobrepóngase a ello. Dios sigue estando en el trono.

Mi amigo Nick Vujicic nació sin piernas y sin brazos. Podría haberse quedado diciendo: "Dios, esto no es justo. No tengo razón alguna para vivir. No tengo futuro alguno por delante". No, Nick ha agarrado las cartas que le dieron y está sacándoles el máximo partido. En la actualidad es un ministro que viaja por todo el mundo desafiando a las personas a que no permitan que ninguna desventaja les retenga.

¿Está poniendo excusas para el porqué no puede tener éxito o ser feliz? ¿Siente que no puede perdonar a alguien que le hizo mucho daño? Usted es responsable de su felicidad. Tiene que perdonar a quienes le ofendieron, no por causa de ellos sino por usted mismo. Perdone para poder ser libre.

"He tenido algunos momentos difíciles. He experimentado un mal salto en mi negocio".

Sobrepóngase a ello. No estaría usted vivo a menos que Dios tuviera otra victoria por delante. Nada en la vida le ha sucedido a usted; ha sucedido para usted. Cada desengaño. Cada ofensa. Cada puerta cerrada ha ayudado para convertirle en quien es hoy. Usted no está definido por su pasado; está preparado por su pasado. Puede que se haya encontrado con algunos grandes obstáculos, pero solamente porque Dios tiene un gran futuro por delante de usted. Si se sobrepone a lo que cree que es una desventaja, Dios tomará lo que parece una desventaja y lo convertirá en un bien. Quizá no sea algo físico, pero puede ser su niñez o su pasado. Alguien le ofendió, cometió usted un error o algo malo le sucedió.

"Si no hubiera tenido ese accidente, entonces podría cumplir mis sueños".

"Si no hubiera experimentado ese divorcio".

"Si no me hubieran despedido".

Esos "si" pueden evitar que cumpla su destino. Nick Vujicic podría estar diciendo: "Si tuviera brazos y piernas, entonces podría hacer algo con mi vida".

Mi madre podría decir: "Si no hubiera tenido polio".

Mi padre podría haber dicho: "Si me hubiese criado en un mejor ambiente".

David podría haber dicho: "Si Goliat no fuese tan grande".

Gedeón podría haber dicho: "Si proviniera de una mejor familia".

José podría haber dicho: "Si mis hermanos no me hubieran vendido como esclavo".

Todo el mundo tiene desafíos, pero no puede usted ir por la vida pensando solamente en "si". Lo que le sucedió puede parecer una desventaja ante sus ojos, pero no es una desventaja ante los ojos de Dios.

No le está alejando de su destino; le está *lanzando* a su destino. Ahora tiene usted que hacer su parte y sobreponerse a cualquier cosa que le esté reteniendo. Sobrepóngase a lo que cualquiera dijera sobre usted. Ninguna otra persona puede determinar su destino; Dios hace eso.

Sobrepóngase a las cosas que no han funcionado tal como usted esperaba. Sobrepóngase a los errores que ha cometido. Sobrepóngase a los desengaños. Puede que algo le haya sorprendido y le haya retenido, pero no es ninguna sorpresa para Dios. Él ya ha organizado la recompensa.

Su actitud debería ser: "Nadie me debe nada. No voy por la vida con resentimiento. Suelto las cosas que no funcionaron. Perdono a quienes me ofendieron. Desentierro las raíces de amargura, y sigo adelante hacia el increíble futuro que Dios tiene preparado.

Si aprende este sencillo principio de sobreponerse a las cosas, entonces creo y declaro que ningún desengaño, ningún mal avance, ninguna injusticia le alejarán de su destino. Dios tomará lo que tenía intención de hacerle daño y lo utilizará para su beneficio.

Al igual que Job, usted no sólo saldrá de los tiempos difíciles, sino que también saldrá mejor, más fuerte y aumentado, con el doble de gozo, el doble de paz y el doble de victoria.

CAPÍTULO VEINTICUATRO

Ponga acciones detrás de su fe

La Escritura nos dice que había un hombre paralítico que pasaba sus días en la cama. Un día escuchó que Jesús estaba en una ciudad cercana enseñando en una casa privada, y pidió a cuatro de sus amigos que le llevasen a aquella casa. Cuando llegaron, estaba tan llena de gente que no podían entrar.

Habían hecho muchas cosas para llegar hasta allí. Estoy seguro de que los cuatro hombres estaban cansados; les dolían los hombros y también la espalda. Se habían apresurado para llegar allí, de modo que cuando no pudieron entrar quedaron decepcionados y defraudados. Fácilmente podrían haber abandonado y pensado: "Mala suerte. No va a suceder".

Pero el paralítico no iba a abandonar, y les dijo a sus amigos: "Llévenme al tejado. Hagan un agujero y entonces háganme bajar para que pueda tener un asiento en primera fila".

Ellos le llevaron hasta el tejado. Jesús estaba en mitad de su sermón y comenzó a caer polvo desde el techo. La gente levantó la mirada, pensando: "¿Qué está sucediendo?". De repente desapareció una teja, y después otra y luego otra. Finalmente bajaron al paralítico hasta la habitación, tumbado sobre su lecho, justamente delante de Jesús.

La Escritura dice en Marcos 2:5: "Al ver Jesús la fe de ellos". Esa es mi pregunta para usted. ¿Tiene usted una fe que Dios pueda ver? ¿Está haciendo algo fuera de lo común para demostrar a Dios que cree en Él? No es suficiente sólo con pedir; no es suficiente sólo con creer. Al igual que el paralítico, tiene usted que hacer algo para demostrar su fe.

Jesús miró al paralítico y dijo: "Levántate, toma tu lecho y anda". Inmediatamente el hombre se levantó de su lecho, agarró su camilla y se fue a su casa, perfectamente sano.

Todo comenzó cuando él hizo algo para que Dios pudiera ver su fe. ¿No sabe que había otras personas en la sala que no quedaron sanas? Otras personas tuvieron la misma oportunidad. La diferencia fue que este hombre puso acciones detrás de su creencia. Dios busca personas que tengan fe que Él pueda ver. No una fe que Él solamente pueda oír, no una fe que solamente cree, sino una fe que sea visible, una fe que sea demostrada.

Un día, después de un servicio en Lakewood, hablé con un caballero que había fumado cigarrillos desde que estaba en la secundaria; parecía tener cuarenta y tantos años. Había estado fumando tres paquetes diarios durante los últimos diez años. Fumaba la misma cantidad sin ni siquiera pensarlo cada día. Quería dejarlo. Había orado; había creído; tenía amigos y familiares que intentaban ayudarle, y le alentaban a que dejase de fumar, pero nada funcionaba.

Entonces un día escuchó este principio: tiene que poner acciones detrás de su fe. De modo que comenzó a dar sencillos pasos cada día para romper su hábito con la nicotina. Siempre que abría un nuevo paquete, inmediatamente tiraba tres cigarrillos. Esa era su manera de decir: "Dios, lo estoy intentando. No sólo te pido tu ayuda, no sólo estoy creyendo que soy libre de esta adicción, no sólo espero que un día lo dejaré. Estoy dando un paso más y demostrando que te lo digo en serio poniendo acciones detrás de mi fe".

La acción que usted emprenda no tiene que ser algo grande. Podría ser tan sólo un pequeño paso para demostrar a Dios su fe. Después de un par de meses de tirar tres cigarrillos de cada paquete, ya no los extrañaba, de modo que dobló la cantidad y cada día comenzó a tirar seis de cada paquete. Finalmente llegó hasta el punto de poder eliminar un paquete entero por día, y siguió recortando cada vez más.

Varios años después de haber emprendido la acción por primera vez para romper su adicción, se dio cuenta de que ya no tenía los deseos. Él ya no fuma nada.

"Joel, no me he sentido tan bien en treinta años", me dijo.

Esto es lo que quiero decir: él podría haber orado veinticuatro horas al día para que Dios quitase su adicción. Podría haber creído que sucedería algún día, y duraría el resto de su vida. Pero el poder llegó cuando él dio un paso más y demostró a Dios que lo decía en serio poniendo acciones detrás de su fe.

¿Está haciendo usted algo para demostrar a Dios que va en serio acerca de que sus sueños se cumplan? Dios no es movido por sus necesidades; Él está interesado en nuestras necesidades, pero es movido por nuestra fe. Cuando Dios ve que usted hace lo que puede para ponerse bien, cuando ve que llega al trabajo un poco antes porque quiere conseguir ese ascenso, cuando ve que pasa por delante de la caja de las galletas porque ha estado creyendo para perder peso; es entonces cuando sucederán cosas extraordinarias.

Al igual que el hombre que dio pequeños pasos para romper su adicción a la nicotina, descubrirá usted que tiene una capacidad para hacer lo que no podía hacer antes. Verá favor y oportunidad que le impulsarán a un nuevo nivel cuando emprenda la acción para demostrar su fe.

Cuando mi hermana Lisa tenía unos tres años, quería ir a la oficina con mi padre. Cuando oyó a mi padre decir que iba a ir a la iglesia, y cuando le pidió ir con él, él le dijo: "No, Lisa, te llevaré en otro momento, pero hoy no. Tengo reuniones y voy a estar ocupado. Quizá mañana o la semana próxima".

Pero Lisa no iba a aceptar un no por respuesta. Ella no quería ir en otro momento; quería ir aquel día. Estaba tan decidida que ignoró a mi padre, corrió hacia su cuarto y se vistió como si fuera a ir con él. Uno habría pensado que no había oído ni una sola palabra de las que mi padre dijo. La respuesta negativa que él le dio simplemente no quedó registrada en su mente.

Después de vestirse, Lisa oyó que se abría la puerta trasera, y se dio cuenta de que nuestro padre iba a salir. Despegó para agarrar sus zapatos, a plena velocidad. Mi padre se dio la vuelta y vio a su pequeña hija de tres años de repente vestida y batallando por ponerse su último zapato. Se le derritió el corazón.

No pudo decirle no.

"Vamos, Lisa, puedes venir conmigo", le dijo.

¿Qué marcó la diferencia? Él vio la fe de ella. Cuando vio lo mucho que quería ir, y lo decidida que estaba, cuando vio todo lo que había hecho para prepararse, quedó tan tocado que cambió de opinión y le permitió ir con él. Las acciones de Lisa hablaron más alto que sus palabras. Ella podría haberle rogado todo el día; podría haberse sentado en un rincón enojada, pero ninguno de esos enfoques habría funcionado. Nuestro padre no fue movido por la súplica o por el enojo; fue movido cuando vio la fe de la pequeña Lisa.

Dios también es así. ¿Puede Él ver su fe? Una cosa es pedir la ayuda de Dios, una cosa es creer que Él le ama; pero si quiere captar la atención de Dios, dé un paso más y ponga acciones detrás de su fe.

Un hombre al que conozco se sintió llamado al ministerio. Dio un paso de fe al rentar un pequeño auditorio de una escuela de secundaria para realizar su primer servicio. Invitó a acudir a sus amigos y vecinos, y difundió la noticia mediante el periódico local.

Estaba muy emocionado. La primera gran reunión comenzaba a las siete en punto, y él no podía esperar para ver cuántas personas iban a acudir. Pero a las 6:30 no había ninguna. Las 6:45, y ninguna. El reloj dio las 7:00 de la tarde, y el auditorio estaba vacío; no había ni un alma en los asientos. Mi amigo estaba solo en la plataforma. La única persona que había era un técnico en la mesa de sonido. Quedó muy desalentado, y sintió deseos de regresar a su casa y dejarlo todo. Pero justamente cuando estaba a punto de abandonar, algo se avivó en su interior: una determinación santa.

"No voy a regresar a casa como un fracasado. He preparado mi mensaje", pensó. "He dado este paso de fe, así que voy a emplear todo mi esfuerzo".

Subió a la plataforma, y sin ninguna persona en el auditorio predicó como si estuviera abarrotado. Prosiguió durante más de una hora dándole su mejor esfuerzo.

Al final incluso hizo un llamado al altar e invitó a las personas a recibir a Cristo. Parecía como si lo estuviera fingiendo todo. Más adelante, me dijo que se sintió como un tonto y un completo fracaso.

Pero cuando terminó su invitación a pasar al altar, se abrió una puerta lateral y un viejo caballero, que era parte del personal de limpieza, caminó hasta el frente, dio un apretón de manos al joven ministro y dijo: "Yo quiero aceptar a Cristo".

El hombre le dijo más adelante: "No fue su mensaje lo que me llegó; fue el hecho de que usted predicó con todo su corazón sin tener a ninguna persona en la sala".

Unos segundos después de que llegase el conserje, el técnico de sonido se unió a ellos diciendo: "Quiero hacer un compromiso con Cristo".

El joven ministro regresó a su casa aquella noche sin sentirse como un fracasado en absoluto; en cambio, supo que la mano de Dios estaba en su vida. Aquel fue un momento decisivo. Una puerta tras otra se abrió después de aquello. En la actualidad tiene una iglesia con miles de personas en la congregación, y viaja por el mundo ministrando. Cuando Dios pueda ver su fe, sucederán cosas extraordinarias.

La Escritura nos dice que un grupo de leprosos en una ocasión vio a Jesús que pasaba. Se acercaron y le dijeron: "Jesús, por favor sánanos". Jesús podría haberlos sanado en aquel momento fácilmente, pero les pidió que hicieran algo para expresar su fe. Les dijo: "Vayan a mostrarse a los sacerdotes".

Y mientras iban de camino, fueron limpiados de su enfermedad. Jesús les pidió que hicieran algo que la ley no les permitía hacer. No podían acercarse a otras personas; tenían una enfermedad contagiosa y eran considerados impuros.

Estoy seguro de que debatieron si seguir o no sus instrucciones. "¿Deberíamos hacer lo que nos ha dicho que hagamos? Mi piel no se ve diferente. No estoy bien. ¿Por qué debería ir?".

Pero pusieron acciones detrás de su fe. La Escritura dice que mientras iban de camino fueron limpiados. En otras palabras, si no hubieran tenido la valentía de demostrar su fe, entonces no habrían visto la bondad de Dios. Cuando comenzaron a caminar, puedo imaginar que cada cierta distancia decían: "Miren, estoy un poco mejor". Otro kilómetro: "¿Pueden verlo? Creo que mi piel se está aclarando".

Ellos siguieron avanzando, demostrando su fe, y cuando llegaron a los sacerdotes estaban perfectamente normales.

Muchas veces queremos cambiar sin emprender la acción. "Dios, abre todas las puertas y entonces entraré. Dame el poder para romper esta adicción, y entonces haré recortes. Dame las grandes multitudes y entonces lanzaré mi ministerio. Permite que mi esposo se enderece, y entonces comenzaré a tratarle mejor".

Sin embargo, Dios dice: "Mientras vayas de camino, mientras me demuestras tu fe, entonces te daré lo que necesitas".

La iglesia Lakewood seguía estando en su primer auditorio pequeño en el año 1972. Albergaba 270 personas, y estaba muy llena durante la mayoría de las reuniones. Necesitábamos un edificio mayor. Mi padre tenía algunos planos para un edificio con capacidad para mil personas. Se calculaba que costaría unos 200 000 dólares.

Un domingo recogió una ofrenda especial para los fondos para la construcción de la iglesia, y los donativos llegaron a 20 000 dólares.

Pasó un mes tras otro mientras mi padre esperaba a que llegara el resto de los fondos. Los donativos iban llegando, con unos cuantos cientos de dólares aquí y allá. A ese ritmo, Lakewood habría necesitado otros cinco o diez años para recaudar todo el dinero necesario para una nueva iglesia.

Un día llegó de visita un viejo amigo de mi papá.

"John, ¿qué sigues haciendo en este pequeño edificio?", le preguntó. "Tienes que tener más espacio para poder crecer".

Mi padre dijo: "Lo sé; pero no tengo el dinero".

"¿Cuánto tienes?".

"Sólo tengo 20 000 dólares", respondió mi padre. "Eso es suficiente sólo para los cimientos".

El hombre miró a mi padre y dijo con mucha firmeza: "John, echa los cimientos y observa lo que Dios hará".

Le estaba diciendo: "Pon algunas acciones detrás de tu fe". Mi padre reunió valentía, y echaron los cimientos. Poco después llegó el dinero para el forjado, y después para el exterior. No pasó mucho tiempo antes de que todo el edificio estuviera terminado y totalmente pagado.

¿Qué sucedió? Al igual que aquellos leprosos, mi padre dio un paso y vio la bondad de Dios. Cuando él demostró su fe, vio a Dios intervenir de maneras sorprendentes.

Puede que tenga un sueño que está a la espera. Al igual que mi padre, usted ha esperado, y esperado a que todo encaje en su lugar, pensando que cuando lo haga entonces usted se estirará y se moverá. Y sí, es bueno tener un plan, es bueno permanecer en el momento de Dios, pero no puede esperar toda su vida. En algún momento tiene que decir: "Voy a dar un paso de fe para poner acciones detrás de lo que estoy creyendo. Voy a demostrar a Dios que voy en serio en cuanto a cumplir mi destino".

Cuando yo era pequeño, mi padre viajaba al extranjero para hacer trabajo misionero, y a veces se ausentaba durante semanas. Mi madre se quedaba en casa para cuidar de nosotros cinco ella sola. Cuando mi padre estaba lejos en esos largos viajes, invariablemente un par de nosotros nos poníamos enfermos o teníamos algún tipo de accidente que hacía que fuese incluso más difícil para nuestra madre. En una ocasión, yo me hice un corte en la pierna al jugar un partido de béisbol en la liga menor y tuvieron que darme puntos.

Parecía que todas aquellas pequeñas emergencias siempre se producían cuando mi padre no estaba. Mi madre comenzó a aborrecer que él se fuera. Si tenía un viaje planeado, parecía que agarrábamos un resfriado o fiebre antes de que él empezara a hacer las maletas. Mi madre pensaba: "Ya lo tenemos aquí otra vez".

Mi padre se hartó, y dijo: "Dios, me voy para hacer tu obra, para ayudar a personas, y aquí mi propia familia de nuevo tiene problemas". Mi padre era valiente, así que decidió que se aseguraría de que Dios pudiera ver su fe. En lugar de solamente orar por nosotros, nos pidió a todos los niños que saliéramos fuera. El más mayor, Paul, tenía unos trece años, y la menor, April, tenía unos tres años en aquella época.

Nos puso en fila del mayor al menor, y teníamos que agarrar los hombros de la persona que teníamos delante, como si fuésemos un tren. Mi madre y mi padre se pusieron delante.

Nuestro papá nos dirigió alrededor del perímetro de nuestra propiedad diciendo: "Padre, quiero darte gracias porque ninguna arma forjada contra mi familia prosperará, y tú dijiste que tus ángeles los cuidarán y ninguna enfermedad se acercaría a nuestra morada".

Nos hacía repetir sus palabras: "Ninguna enfermedad y ningún accidente".

Allí estábamos en el patio, y yo esperaba que él no nos dirigiera hasta la parte delantera. Los vecinos ya pensaban que estábamos locos, y estábamos a punto de demostrar que tenían razón. Efectivamente, mi padre nos hizo marchar hasta la parte delantera. Yo estaba tan avergonzado que tenía agachada mi cabeza. Veía a amigos pasar y quedarse mirando, vecinos que miraban por las ventanas y autos que aminoraban la marcha.

¿Sabe que desde aquel día en adelante cuando mi padre realizaba aquellos largos viajes nunca volvimos a ponernos enfermos mientras él no estaba? Nunca tuvimos ninguno más de aquellos accidentes cuando mamá estaba sola. Años después, cuando estábamos intentando adquirir el anterior Compaq Center para que fuese nuestra iglesia, Victoria y yo íbamos allí en la noche cuando nadie podía vernos y caminábamos alrededor.

Caminábamos en círculo diciendo: "Padre, gracias porque este edificio es nuestro. Gracias porque estás peleando nuestras batallas por nosotros. Gracias porque estás abriendo camino donde no hay ningún camino".

¿Puede ver Dios su fe? ¿Está haciendo algo para demostrar su confianza? No es suficiente sólo con orar. No es suficiente sólo con creer. La Escritura dice que la fe por sí misma, si no está acompañada por la acción, es muerta. Conozco a personas que tienen fe y aman a Dios, pero no están viviendo una vida abundante. Tienen fe, pero no están haciendo lo que deberían estar haciendo. No les está ayudando a vencer obstáculos; no les está ayudando a alcanzar sueños.

¿A qué se debe? Su fe está muerta; no están poniendo ninguna acción detrás de ella, de modo que no está activando el favor de Dios ni está activando la bondad de Dios.

Sus acciones no tienen que ser algo grande. Cuando usted va al trabajo cada día y emplea el cien por ciento de su esfuerzo, eso está demostrando su fe. A veces tan sólo levantarse en la mañana y poner una sonrisa en su cara es poner acción detrás de su fe. Tan sólo el hecho de que asista a la iglesia es una acción de fe que Dios puede ver.

Podría estar usted descansando, trabajando o haciendo recados, pero cuando toma tiempo para honrar a Dios, Él lo sabe. En este momento, leyendo esto, está usted poniendo acción detrás de su fe, y eso me dice que su fe no está muerta. Su fe está viva; su fe está activando el poder de Dios; su fe está permitiendo a Dios pelear sus batallas; su fe está abriendo la puerta a lo extraordinario.

Escuché de una señora a quien diagnosticaron cáncer de ovarios. Ella intentaba mantenerse positiva y esperanzada, pero tenía mucho miedo. Tenía dos hijos, y los médicos le habían dado solamente un 15 por ciento de posibilidad de supervivencia. Ella oraba y creía, y tenía amigos y familiares apoyándola.

Un día, alguien le regaló una pequeña piedra gris con las palabras "Espera un milagro" escritas sobre ella. Hemos visto pequeños objetos con versículos escritos sobre ellos. Pero cuando le regalaron esa sencilla piedra, algo en su interior se avivó.

Su fe se encendió. Ella supo: "Va a sucederme a mí. Voy a ponerme bien". Desde entonces, dondequiera que iba llevaba aquella piedra con ella. Durante todo el día la llevaba en su bolsillo. En la noche cuando se iba a la cama, ponía la piedra debajo de su almohada. Era un recordatorio para agradecerle a Dios que estuviera operando y darle las gracias porque estaba restaurando su salud.

La pequeña piedra en sí misma no era nada especial, pero era la manera que ella tenía que poner acción detrás de su fe. Cuando Dios miró y le vio que llevaba siempre esa piedra, reconoció una fe que Él no sólo podía oír, sino una fe que también podía ver.

La mujer recibió quimioterapia y pasó por varias operaciones. Después de meses de pelear la buena batalla, llegó el momento de que los médicos realizaran biopsias para determinar si los tratamientos habían funcionado. Los médicos examinaron cien lugares diferentes donde pensaron que pudiera haberse extendido, y le dijeron que no se hiciera esperanzas. Había poca o ninguna posibilidad de que todos ellos estuvieran libres de cáncer.

Ella fue a los exámenes llevando su piedra. Cuando se despertó después de las pruebas, vio a una hermosa mujer mayor vestida con un vestido blanco resplandeciente, y creyó que era una enfermera. La señora le dijo muy amablemente: "¿Es usted quien está esperando un milagro?".

Esta paciente de cáncer estaba un poco mareada, pero en ese estado se preguntó cómo aquella extraña señora podría haber sabido que ella estaba esperando un milagro. Respondió. "Sí, soy yo".

La señora del vestido blanco le entregó una pequeña placa que decía: "Suceden milagros cada día". Cuando la paciente lo leyó, sintió que una calidez atravesaba todo su cuerpo. Lo siguiente que recordaba era despertarse y ver a su esposo inclinado sobre ella con una gran sonrisa.

Le dijo: "Cariño, han llegado los resultados. No hubo cáncer en ninguna de las cien biopsias".

Ella nunca descubrió quién era aquella mujer vestida de blanco, pero sigue teniendo la placa en su pared. "Suceden milagros cada día". Permítanme desafiarle a tener una fe que Dios pueda ver. Ponga acciones detrás de lo que cree. No es suficiente sólo con orar, no es suficiente sólo con creer. Dé un paso más y demuestre su fe.

Quizá no vea cómo su sueño podría salir bien, pero al igual que aquellos leprosos, cuando dé pasos de fe verá a Dios comenzar a abrir nuevas puertas. Tendrá la fortaleza para hacer lo que no podía hacer. Verá su favor de maneras inusuales.

CAPÍTULO VEINTICINCO

Dios terminará lo que Él comenzó

En el momento en que Dios puso un sueño en su corazón, en el momento en que la promesa echó raíz, Dios no sólo le dio comienzo, sino que también fijó una fecha de finalización. A Dios se le llama el autor y consumador de nuestra fe. Dios no le habría dado el sueño, la promesa no se habría avivado, si Él no tuviera ya un plan para hacer que se cumpla.

No importa cuánto tiempo haya pasado o lo imposible que parezca. Su mente puede que le diga que es demasiado tarde; que ha dejado escapar demasiadas oportunidades; que nunca va a suceder. Dios está diciendo: "No, no ha terminado. Yo tengo la última palabra, y ya he fijado la fecha de finalización". Si usted permanece en fe y no se convence de otra cosa, es solamente cuestión de tiempo el que llegue a suceder.

Quizá en cierto momento creyó que podría hacer algo grande. Tenía usted un gran sueño. Creía que podía comenzar ese negocio. Creía que volvería a recuperar la salud. Creía que se enamoraría y se casaría. Pero ha pasado demasiado tiempo. Usted lo intentó y no salió bien. El préstamo no fue concedido. El informe médico no fue bueno. Ahora, las mentiras del "nunca" ya están jugueteando en su mente. "Nunca me recuperaré". "Nunca me casaré". "Nunca cumpliré mis sueños".

No, tiene que tener una nueva perspectiva. El Creador del universo ya ha fijado esa fecha de finalización. Sólo porque aún no haya sucedido no significa que no vaya a suceder. Dios ya ha preparado a las personas correctas, los avances correctos y las respuestas correctas. Todo lo que usted necesita ya está en su futuro. Ahora, tiene que sacudirse la duda, sacudirse el desaliento. Haya pasado un año, cinco años o cincuenta años, Dios sigue teniendo toda la intención de hacer que suceda lo que Él le prometió.

En la Escritura, un ángel se apareció a un hombre llamado Simeón y le dijo: "No morirás hasta que veas el nacimiento de Cristo". Podrá imaginar que lo lejana que parecía esa promesa.

Pasaron los años, y Simeón no veía ninguna señal del Mesías. Cinco años. Diez años. Estoy seguro de que llegaron pensamientos negativos: "Has malinterpretado a Dios. Ha pasado demasiado tiempo. Nunca va a suceder".

Nosotros tenemos el mismo tipo de pensamientos: "¿En realidad crees que vas a ponerte bien? Has visto el informe médico. ¿Realmente crees que podrías lograr esos sueños? No tienes los fondos ni las conexiones".

Deje que esos pensamientos entren por un oído y salgan por el otro. Puedo ver a Simeón pensando todo el día: "Dios, sé que tú eres un Dios de finalización. Tú dijiste que no me iría a la tumba sin ver cumplirse esta promesa; por tanto, Señor, quiero darte las gracias porque está en camino".

Simeón se despertaba cada mañana creyendo, esperando y sabiendo que sucedería. Veinte años después, vio nacer a Cristo. La promesa llegó a su cumplimiento.

Dios le dice a usted lo que le dijo a Simeón: "Aún no puedes morir; hay demasiadas promesas que no se han cumplido en tu vida". Dios va a terminar lo que Él comenzó. Nada puede evitar que Él cumpla sus promesas. Los malos avances no pueden evitarlo. La enfermedad no puede evitarlo. La muerte ni siquiera puede evitarlo.

Necesita usted prepararse. Dios completará lo que a usted aún le falta. No se irá a la tumba sin ver sus sueños cumplirse, incluso las peticiones secretas de su corazón. Puede que parezca imposible, pero recuerde que nuestro Dios es todopoderoso. Él dio existencia al mundo con sus palabras, y le tiene usted en la palma de su mano.

Dios no le creó para que fuese promedio, para que fuese arrastrándose por la vida insatisfecho y sin recibir recompensa. Él le creó para hacer algo increíble; puso semillas de grandeza en su interior; le ha susurrado cosas en mitad de la noche que pueden parecer demasiado grandes, exageradas, imposibles. Pero Dios está diciendo: "Esa fue mi voz. Ese es mi sueño para tu vida. Es mayor, es más gratificante".

Puede parecer imposible, pero si usted permanece en fe, todo lo que Dios le prometió llegará a cumplirse. Conocí a un hombre de 106 años de edad en nuestro vestíbulo después del servicio hace algún tiempo, y él estaba muy feliz; parecía que tenía treinta años menos. Le pregunté cuánto tiempo planeaba seguir viviendo, y él me dijo que iba a seguir por aquí un tiempo, porque tiene siete hijos, y uno de sus hijos se ha apartado del camino.

"No puedo morir aún porque Dios prometió: 'pero yo y mi casa serviremos al Señor'", dijo. "No puedo irme al cielo hasta que vea que Dios cumple cada promesa".

La vida intentará derribarle, robar sus sueños y convencerle para que se conforme con la mediocridad. Pero quiero que usted tenga esta nueva actitud y crea que cualquier cosa que Dios comenzó en su vida, Él la terminará. Aquí está la verdadera pregunta: ¿Seguirá usted creyendo aunque parezca imposible? ¿Permanecerá en fe, aunque todas las voces le digan que no va a suceder?

Mis amigos Jeff Hackelman y su esposa, Eileen, pastorean la iglesia Family Faith en Huntsville, Texas. Jeff me dijo que cuando estaba en la secundaria condujo hasta el golfo de México cerca de Galveston, Texas, para ir a pescar un día. Jeff había hecho eso muchas veces antes, pero aquel día él y sus amigos decidieron pescar en una zona con la que no estaban familiarizados, que estaba cerca de algunos pozos de gas cerca de la costa.

Cuando Jeff estaba soltando el bote, preguntó al hombre en el puerto cómo regresar al puerto desde la zona cerca de los pozos de gas. El hombre le dijo: "Estamos directamente al norte de ellos. Si está usted en algún lugar cerca de los pozos de gas, tan sólo diríjase hacia el norte y regresará a este puerto".

Jeff y sus amigos viajaron una hora en su pequeño bote antes de llegar a su destino cerca de las plataformas. Se estaban divirtiendo mucho y pescando muchos peces, y no se dieron cuenta de que había llegado una densa niebla. Sucedió tan rápidamente que les agarró por sorpresa.

De repente, podían ver solamente de veinte a treinta pies en cada dirección. El sol comenzaba a ponerse, y Jeff se preocupó por encontrar el camino de regreso en medio de la niebla y la oscuridad. Le dijo a su amigo: "Sube el ancla. Tenemos que irnos".

En la niebla, Jeff había perdido su sentido de la dirección; no podía ver ninguna línea costera. Las estrellas aún no eran visibles. Toda su lógica decía: "Necesitamos ir por este camino. Su amigo, que había crecido pescando con su padre le dijo: "No, Jeff, no es esa dirección. Es por este camino".

Entonces Jeff recordó que llevaba una brújula a bordo, así que la comprobó. Demostró que ambos estaban equivocados. En contra de todos sus instintos, Jeff arrancó el motor y comenzaron a viajar con dirección norte. Todo en su mente le decía: "Estás cometiendo un gran error. Vas por el camino equivocado. Es mejor que te des la vuelta".

Su mente recordó lo que le había dicho el hombre en el puerto. "Diríjase hacia el norte y podrá regresar". Mantuvo el motor a baja velocidad, con cuidado porque no podía ver en medio de la niebla y la luz que se desvanecía. Viajaron durante quince minutos, treinta minutos, cuarenta y cinco minutos; después pasó una hora.

Ya estaba totalmente oscuro. La voz interior de Jeff le dijo: "Si estuvieras en la dirección correcta, a estas alturas estarías viendo la línea costera". Cuántas veces cuando estamos creyendo lo que Dios nos prometió escuchamos ese mismo tipo de voces. "Si fueras a ponerte bien, te sentirías mejor a estas alturas. Si fueras a casarte, ya habrías conocido a alguien a estas alturas. Si fueras a tener éxito, ya habrías sido ascendido a estas alturas".

Siempre habrá voces que intenten convencerle de que está en la dirección equivocada, que nunca va a suceder, que es demasiado tarde para que la promesa de Dios se cumpla. Otras puede que intenten convencerle de que tienen razón, como hizo el amigo de Jeff.

En cierto momento, el amigo se asustó mucho y le gritaba a Jeff. "Da la vuelta al bote. Nos estás llevando a mar abierto. Vamos a quedarnos sin combustible. Podríamos morir".

A pesar de toda su confusión y sus preocupaciones, Jeff siguió viajando en la dirección que su brújula decía que era el norte. Otros treinta minutos. Otros cuarenta y cinco. Pasó otra hora.

Entonces, precisamente cuando se estaban quedando sin combustible, pudieron vislumbrar tierra en la distancia. Con gran alivio, se dirigieron hacia allí y siguieron la línea costera hasta que encontraron su puerto y regresaron sanos y salvos.

A veces en la vida llegará la niebla. Usted no sabrá si se dirige en la dirección correcta. Sabe que Dios puso una promesa en su corazón, pero todas las voces le dicen que es usted demasiado mayor, dejó pasar demasiadas oportunidades, que nunca va a suceder. En esos momentos de neblina, tiene que ponerse firme y decir: "Dios, creo lo que tú me prometiste a pesar de cómo me siento, a pesar de lo que me dice la gente, a pesar de lo que parece. Dios, creeré que lo que tú dijiste es verdad. Creo que tú estás en el trono, y sé que eres un Dios fiel. Tú cumplirás lo que prometiste".

La Escritura dice que Dios puso el sueño de tener un hijo en el corazón de Raquel. Pasaba año tras año y ella no podía concebir. Al mismo tiempo, su hermana, Lea, tuvo un hijo. Raquel estaba contenta por ella y la felicitó, pero al mismo tiempo Raquel seguía orando y creyendo que algún día ella podría tener un hijo.

Raquel seguía sin tener ningún hijo mientras que Lea seguía teniendo un bebé tras otro. Raquel estaba contenta por su hermana, pero seguía deseando tener su propio hijo.

Es bueno estar contento por los demás, es bueno regocijarse con ellos, pero Dios no quiere que usted tan sólo celebre las vidas de otros. Dios quiere que sus sueños se cumplan; quiere darle los deseos de su corazón, quiere que usted sea celebrado. Raquel hizo todo lo posible por seguir orando y creyendo; pero después de años de frustración, viendo a su hermana tener un hijo tras otro, Raquel se desalentó y dijo, en efecto: "Esta es mi suerte en la vida. Nunca va a suceder".

Una de las cosas que me encanta sobre Dios es la siguiente: sólo porque abandonemos un sueño no significa que Él también lo abandone. La Escritura dice: "Dios se acordó de Raquel". No dice que Raquel se acordó de Dios.

Así es lo mucho que Dios quiere cumplir su destino. Dice: "Dios se acordó de Raquel, respondió su oración y le dio un hijo". Dios es muy amoroso; es muy bondadoso. Incluso cuando nosotros estamos demasiado desalentados para creer, Dios no se olvida de lo que nos ha prometido.

Puede que usted se sienta como Raquel. Quizá su vida no ha resultado del modo en que había esperado. Usted oró. Creyó. Trabajó duro. Empleó esfuerzo, pero no funcionó.

Quizá haya decidido: "Nunca volveré a ser feliz. Nunca me casaré. Nunca cumpliré mis sueños". Pero entienda que Dios no sólo se acuerda de usted, sino que también se acuerda de la promesa que puso en su interior. Él sabe que lo que ha destinado para que usted haga. Puede que usted ya haya dicho: "De todos modos, nunca sucederá.

La buena noticia es que usted no tiene la última palabra. Dios tiene la última palabra, y Él dice: "Lo que yo comencé en tu vida, lo terminaré". Quizá usted haya abandonado su sueño, pero Dios no lo ha hecho.

Cuando mi hermano Paul tenía doce años, fue a África con mi padre. Estaban en un diminuto país, conocido anteriormente como Rodesia del Norte, de pie sobre asfalto caliente, esperando que su pequeño avión repostase. Allí en la pista del aeropuerto, Dios plantó un sueño en el corazón de Paul de que un día él regresaría a África y estaría en misiones médicas. El Creador del universo hizo nacer eso en él aquel día. Paul llegó a ser médico, y pasó diecisiete años como jefe de cirugía en un hospital en Little Rock, Arkansas. En su interior, seguía queriendo hacer misiones médicas, pero estaba muy ocupado; tenía mucha responsabilidad con sus pacientes, y no podía hacerlo.

Entonces en 1999, mientras conducía de regreso a casa después del servicio memorial de mi padre, Paul escuchó a Dios hablar a su corazón diciéndole que abandonase su consulta médica, regresara a casa y nos ayudara a pastorear la iglesia. En lo natural, eso no tenía sentido. Paul tenía muchos años de formación médica y de práctica como cirujano. ¿Cómo podía alejarse de su exitosa consulta en Little Rock?

Durante diez años, Paul nos ayudó en el ministerio y nunca volvió a pensar en la medicina. Creyó que sus días como cirujano habían terminado; pero Dios no se olvidó de lo que le prometió cuando era niño. Dios recuerda los sueños, las metas y las cosas que usted siempre quiso hacer.

Un día, un grupo de médicos de nuestra iglesia pidió a Paul que fuese a África con ellos para una misión médica. Él se unió al grupo, pensando que solamente observaría desde un segundo plano y apoyaría. Pero cuando llegó a África, los otros médicos asignaron a mi hermano a un quirófano y le dijeron: "Necesitamos que hagas estas operaciones". Él no había operado por más de diez años. ¡Yo le doy gracias a Dios porque no fui su primer paciente aquel día!

El viaje de misión médica a África duró dos semanas. Avanzada la última noche allí, Paul se despertó y salió al exterior. Levantó la vista al firmamento africano lleno de estrellas y le llegó el pensamiento: estaba haciendo lo que Dios había puesto en su corazón cuando tenía doce años.

Lo que Dios comienza, Él lo terminará. Quizá usted no entienda cómo puede suceder; puede parecer que es demasiado mayor, que dejó pasar demasiadas oportunidades y que ya no es posible. Pero Dios lo tiene todo organizado. Él sabe cómo unir los puntos.

Aquí está la clave: Dios no está contento con que usted cumpla la mitad de su destino. No está contento con que usted cumpla parte de él. Dios se asegurará de que usted complete aquello para lo cual Dios le puso aquí.

En la actualidad, mi hermano pasa cinco meses al año en las remotas aldeas de África haciendo cirugías a los pobres y necesitados. Uno de los lugares donde regresa con frecuencia es Zambia—anteriormente llamada Rodesia del Norte—, el lugar exacto donde Dios plantó el sueño en su corazón hace unos cuarenta y cinco años. Dios sabe cómo finalizar lo que Él comenzó.

Pensé en esto mientras leía una historia sobre Bill Havens, un remero que tenía posibilidades de ganar al menos una medalla de oro en los Juegos Olímpicos de verano de 1924 en París, Francia. Pero su esposa se quedó embarazada, y la fecha de dar a luz era el mismo momento en que se realizaban los Juegos Olímpicos de verano.

En aquellos tiempos, no tenían viaje por aire de alta velocidad como tenemos actualmente. Havens tendría que viajar por barco hasta Francia, y se habría perdido el nacimiento de su primer hijo. Informó a su entrenador de que no podía competir en los Juegos Olímpicos.

Se perdió los Juegos, pero estuvo ahí cuando su hijo Frank nació. A medida que pasaron los años, padre e hijo intimaron. El joven Frank compartía el amor de su padre por el remo, especialmente en canoa en aguas bravas. Pasaban muchas horas juntos en el agua, y pronto las habilidades de su hijo sobrepasaron las del papá. Él siguió practicando y entrenando, mejorando cada vez más.

En 1952, Frank Havens se clasificó para los Juegos Olímpicos de verano en Helsinki, Finlandia. Fue allí y compitió. Un día, Bill Havens recibió un telegrama. Decía: "Querido papá, gracias por esperar a que yo naciera. Voy a llegar a casa 28 años después con tu medalla de oro olímpica".

Frank ganó la medalla de oro. Después regresó a su casa y se la presentó a su padre. Después de tantos años de pensar que nunca sucedería, Bill Havens tuvo la medalla de oro que siempre había soñado.

Pero esa medalla significó mucho más para él, porque vino del hijo al que tanto amaba.

Así es nuestro Dios. Puede que pensemos: "Es demasiado tarde. Nunca podría suceder. He dejado pasar demasiadas oportunidades". Pero Dios sigue teniendo una manera de hacer que sus sueños se cumplan.

La Escritura lo expresa diciendo que tengamos confianza en lo siguiente: el que comenzó la buena obra en ustedes la terminará. Dios le está diciendo que Él completará lo que a usted le falta. Él recuerda los sueños que puso en su corazón. Él tiene preparadas a las personas correctas y las oportunidades correctas. No es demasiado tarde. Usted no ha dejado pasar demasiadas oportunidades. No ha cometido demasiados errores. Recupere su fuego. Recupere su pasión. Las cosas han cambiado en favor de usted. Dios va a terminar lo que Él comenzó.

Ahora haga usted su parte y dé el salto de cualquier cosa que le retenga. Haga oraciones del tamaño de Dios. No se conforme con lo bastante bueno. *Sí* está en su futuro. Siga adelante en fe, y sus semillas de grandeza echarán raíz. Sobrepasará usted sus barreras y se convertirá en todo aquello para lo cual Dios le creó, y tendrá todo lo que Él quiso que usted tuviera.

Usted nos importa

Creo que hay un vacío en cada persona que solamente una relación con Dios puede llenar. No estoy hablando de encontrar una religión o unirse a una iglesia en particular. Hablo de desarrollar una relación con su Padre celestial por medio de su Hijo Jesucristo. Creo que conocerle a Él es la fuente de la verdadera paz y la satisfacción en la vida.

Le aliento a orar: "Jesús, creo que tú moriste por mí y resucitaste de la muerte, y ahora quiero vivir para ti. Me alejo de mis pecados y pongo mi confianza en ti. Te reconozco como mi Salvador y Señor, y te pido que guíes mi vida desde ahora en adelante".

Con esa sencilla oración, puede usted tener un nuevo y limpio comienzo, y establecer una relación íntima con Dios. Lea la Biblia cada día; hable con Dios mediante la oración, y asista a una buena iglesia basada en la Biblia donde pueda encontrar amigos que le alienten en lugar de derribarle. Mantenga a Dios en el primer lugar en su vida y siga los principios de Él. ¡Él le llevará a lugares que usted nunca imaginó!

Para recibir información gratuita sobre cómo puede fortalecerse en su vida espiritual, le alentamos a que se ponga en contacto con nosotros. Victoria y yo le amamos y estaremos orando por usted. ¡Nos encantaría tener noticias de usted!

Para ponerse en contacto, escriba a :

Joel y Victoria Osteen
P.O. Box 4600
Houston, TX 77210-4600

O puede ponerse en contacto en línea en
www.joelosteen.com.